刑事訴訟法理論の探究

川﨑英明・白取祐司=編著

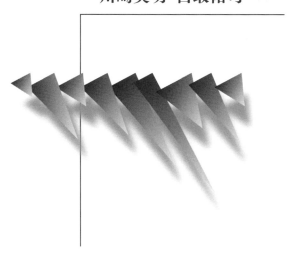

日本評論社

はしがき

　本書は、気鋭の若手研究者が、共通の問題意識のもとに、刑事訴訟法学が直面する重要課題に取り組み、理論的に掘り下げて検討し、解決への道筋を示す論稿を編んだものである。世代を異にする私たち編者の論稿2編も加わっている。

　現行刑事訴訟法が公布（1948年）されて六十有余年経った。この間、刑事訴訟法学は、判例・実務や立法動向を正面に見据えて、理論的営為を積み重ねてきた。刑事訴訟法学は、国の刑事政策（立法）、刑事実務あるいは社会の変化に対応するため、研究対象やその方法論の見直しを余儀なくされる。しかし、刑事訴訟法が憲法の価値原理を実現するためのものである以上、時代は変わっても、刑事訴訟法学（理論）は、目先の変化に追随することなく、人権とデュー・プロセスを志向したものでなければならない。最近の刑事訴訟法学の状況を見るにつけ、このような学問的姿勢を保持することの重要性を感じるが、もちろんそれは、歴史の検証にたえられるだけの確かさと理論水準を保持したものである必要がある。

　このような共通認識にたって、私たちは、刑事訴訟法の理論探究研究会を立ち上げ、年に数回全国から集まって、刑事訴訟法の今日的論点について議論し、検討を行ってきた。その成果は『法律時報』84巻4号から86巻9号まで15回にわたって連載されたが、今回一書として刊行するにあたり、各論稿には大幅に加筆修正を行うとともに、編者による論稿を新たに加えた。

　刑事訴訟法をめぐる動向はなお定まらず、いくつかの「改正」の動きもあるが、本書によって、ひとまず現時点における理論探究として一定の水準と成果は示し得たのではないかと自負している。本書が、刑事訴訟法理論の発展に、いささかなりとも貢献できれば幸いである。

　2015年4月

　　　　　　　　　　　　　　　　　　　　　　　川﨑英明　白取祐司

目　次

はしがき　i

戦後刑事訴訟法学の歩みと現状 …………………………………………… 1
白取祐司
 1　はじめに　1
 2　団藤理論と平野理論　2
 3　デュー・プロセス理論の展開　8
 4　刑訴法と日本的特色論　11
 5　刑事訴訟法学の今日的課題と担い手　15

捜査

［1］強制処分概念と任意捜査の限界に関する再検討
 ——強制処分法定主義と議会の「自己決定義務」………………………… 19
斎藤　司
 1　はじめに　19
 2　強制処分法定主義と重要な権利・利益侵害説　20
 3　強制処分法定主義と民主主義　22
 4　強制処分法定主義と議会の「自己決定義務」　25
 5　任意捜査の限界について　28
 6　むすびにかえて　33

［2］捜査機関による緊急性・必要性の作出と令状主義
 ——刑事訴訟法220条1項の場合 ………………………………………… 34
緑　大輔
 1　問題の所在　34
 2　緊急事態の作出　35
 3　緊急事態の「作出」をめぐる議論の含意——220条1項を例として　40
 4　結びに代えて——応用の可能性　46

[3]
別件逮捕・勾留
――実体喪失説の有力化と本件基準説の課題……………………………48
京　　明
   1　問題の所在――実体喪失説の有力化　48
   2　実体喪失説の意義　49
   3　従来の本件基準説にとっての課題　53
   4　現代的な問題状況　57

[4]
犯罪対策と新しい捜査手法……………………………………………63
内藤大海
   1　犯罪対策の現状　63
   2　PC 等の差押えに関する新たな処分　66
   3　情報の集約に基づく総合的監視　74
   4　おわりに　76

[5]
秘密交通権をめぐる議論状況……………………………………………77
德永　光
   1　問題の所在　77
   2　取調べにおける接見内容の聴取　79
   3　接見時における録音機等の使用　86

公訴・公判

[6]
起訴基準の再検討
――いつ捜査は終結するのか？……………………………………………93
石田倫識
   1　はじめに　93
   2　イギリス法の概要　95
   3　日本法への示唆　102
   4　おわりに　106

[7]
公判前整理手続の目的と限界
―― 争点の整理と証拠の厳選に着目して……………………………………………… 107
高平奇恵
    1   はじめに   107
    2   争点の整理   108
    3   証拠の厳選   113
    4   裁判所が公判前整理手続で果たす役割   118
    5   結びに代えて   121

[8]
証拠開示の運用と全面開示の展望 ……………………………………………… 123
伊藤　睦
    1   はじめに   123
    2   2004年証拠開示制度と改革動向   124
    3   アメリカにおける開示ルール   128
    4   公判前整理手続と証拠開示の改革に向けて   137

[9]
訴因の機能と特定・変更
―― 訴因の防御機能の位置づけと被告人の防御権保障のあり方 ………………… 139
関口和徳
    1   はじめに   139
    2   学説にみる訴因の機能   140
    3   判例にみる訴因の機能   144
    4   訴因の防御機能の位置づけと被告人の防御権保障のあり方   149
    5   結びに代えて   152

証拠

[10]
科学的証拠と誤判 …………………………………………………………………… 155
笹倉香奈
    1   本稿の目的   155
    2   最近の問題状況   155
    3   誤判原因としての科学的証拠   157
    4   検討①――科学的証拠の証拠能力に関する判断枠組み   158

5　検討②——科学的証拠による有罪認定のあり方　167

[11]
違法収集証拠排除法則の現状と展望 ……………………………………… 169
中島洋樹
　　1　はじめに　169
　　2　違法収集証拠排除法則の理論的根拠　170
　　3　証拠排除の判断基準　173
　　4　下級審における排除法則の採用と展開　175
　　5　最高裁における排除法則の採用と展開　176
　　6　おわりに　182

[12]
黙秘権保障と自白法則 ……………………………………………………… 184
渕野貴生
　　1　黙秘権と供述の強要　184
　　2　判例・実務における黙秘権保障　185
　　3　黙秘権の意義　189
　　4　自白法則の捉えなおし　192
　　5　派生問題　194

[13]
伝聞概念と要証事実
——犯行計画メモを検討素材として ……………………………………… 201
豊崎七絵
　　1　本稿の課題　201
　　2　心理状態の供述をめぐる議論状況　202
　　3　犯行計画メモをめぐる議論状況　204
　　4　犯行計画メモと要証事実の捉え方　207
　　5　「条件論」の批判的検討　211
　　6　分析的・客観的な事実認定論の意義と証拠能力問題としての
　　　　伝聞性判断　215

裁判と上訴

［14］
合理的疑いの役割 …………………………………………………… 218
高平奇恵

  1 はじめに 218
  2 日本における「事後審論」の展開 219
  3 「合理的疑い」の役割 220
  4 結びに代えて 231

［15］
刑事控訴審の構造
——当事者主義とのかかわりを中心に ………………………………… 233
緑 大輔

  1 はじめに 233
  2 最高裁平成21年決定と控訴審の構造 234
  3 控訴審における当事者主義 238
  4 攻防対象論とのかかわり 243
  5 おわりに 247

刑事訴訟法学の課題と展望 ……………………………………………… 249
川﨑英明

  1 刑事訴訟法学に問われているもの 249
  2 戦後刑事訴訟法学の軌跡と刑事訴訟法学の課題 256
  3 「刑事訴訟法理論の探究」——その展望 261

戦後刑事訴訟法学の歩みと現状

白取祐司

1　はじめに

　本稿は、現行刑事訴訟法の公布（1948年）・施行（1949年）から今日までの刑事訴訟法学の歩みをたどり、その到達点と課題を確認しようとするものである。とくに刑事訴訟法「学」の歩みを扱うという意味は、たんに刑訴法に関する判例や立法の変化をたどるのではなく、それらと連関しながら発展してきた刑事訴訟法固有の理論的営為を検討の対象とするからに外ならない。

　刑事訴訟法は、捜査にはじまる刑事手続を規制する法律であり、必然的に（刑事）実務と実務家を包摂する。したがって、刑事訴訟法理論もまた、実務と向き合い、ときには実務とぶつかり合う。どの法分野にも、その法理論と実務の間に何らかの緊張関係があるものだが、刑事訴訟法においては、理論と実務間の距離、あるいは理論と実務家の距離は小さくない[1]。しかし、刑事訴訟法学にとって実務は主たる研究対象のひとつであって、実務をおよそ意識しない刑訴法理論など考えられない。そこで以下では、実務との距離感を念頭におきつつ、戦後の刑事訴訟法理論の歩みをたどっていくことにしよう[2]。

1）白取祐司『刑事訴訟法の理論と実務』（日本評論社、2012年）4頁以下参照。

2 団藤理論と平野理論

(1) 団藤理論の基本的性格

　戦後の刑事訴訟法学は、団藤理論をその出発点として始まった[3]。現行刑事訴訟法の立法に関与された団藤重光（敬称略。以下同じ）の理論だけに、その存在と影響は大きかったと思われる。ただし、団藤理論じたいは、基本的に戦前の旧刑訴法時代に形成されたものである。戦後第7版まで改訂された団藤の『刑事訴訟法綱要』の初版は1943年であるし、現行刑事訴訟法の施行年に刊行された『訴訟状態と訴訟行為』（弘文堂、1949年）の収載論文も、戦前に書かれたものであった。それにもかかわらず、団藤理論が戦後の新刑訴法のもとでも十二分に通用したのは、なぜか。三島由紀夫は、若き日の団藤が講じた刑事訴訟法の講義を聴いて、「その徹底した論理の進行が、特に私を魅惑した」と語る。三島によれば、団藤の刑事訴訟法学は、「独立した純粋な抽象的構造、それに内在する論理によつてのみ動く抽象的構造」だったという[4]。いうまでもなく、団藤の基礎理論は、20世紀前半のドイツ「訴訟法の一般理論」（Allgemeine Prozeβrechtslehre）、「全体としての訴訟」（Prozeβ als Ganzes）の影響を強く受けたものであり、背景に強固な職権主義がある。しかし、抽象的に「理論」化されることで普遍的理論のような装いをまとう。たとえば、団藤理論のひとつに、手続維持の原則がある[5]。一見、訴訟手続の特性に合致した、何の問題もない原則のようにもみえる。しかし、団藤は、弁護人なしに審理を行っていたところ必要的弁護事件であることが判明した場合について、手続維持の原則を理由に、以前の（弁護人のいない）手続を無効にすべきでないという[6]。しかしこの結論に関しては、職権主義的で必要的弁護制度の趣旨を没却するとの批判も強い[7]。団藤は、現行法に

2）戦前の刑事訴訟法学の歩みについては、小田中聰樹「刑事訴訟理論の歴史的概観」吉川経夫ほか編著『刑法理論史の総合的研究』（日本評論社、1994年）715頁参照。
3）川崎英明「刑事手続法理論史研究の発展」法律時報67巻1号（1995年）32頁。
4）『決定版 三島由紀夫全集31』（新潮社、2003年）684頁。
5）団藤重光『訴訟状態と訴訟行為』（弘文堂、1949年）44頁以下。なお、松尾浩也『刑事訴訟の理論』（有斐閣、2012年）239頁［初出1987年］参照。

なって起訴状一本主義や訴因制度などの当事者主義的規定が置かれた後においても、「刑事裁判については、職権主義は本質的なものであるといわなければならない。新法では当事者主義が強調されることになったが、その背後にはつねに職権主義がひそんで［いる］」[8]という。価値中立的にみえる団藤の基礎理論の背後に根強い職権主義が控えていることに注意しなければならない。

　それでは当時、団藤は刑事実務をどのようにとらえていたのか。団藤は、現行憲法制定直後の論文で、捜査実務について改善すべき点として、①「警察の留置場の改善」、②「犯罪の捜査をもう少しあっさりとやること」、③「科学的捜査を一そう発展させること」を提言していた[9]。その理由だが、団藤は、①は旧態依然だった代用監獄の改善のため、②は「微に入り細をうがつ」捜査がなされ起訴が慎重なため英独仏と比較して極端に無罪率が低い（1931～1940年で0.3％）ことにみられるような「捜査および起訴についての日本的特色」を改めるため、③は自白偏重の改善のためだという[10]。団藤は、当時の実務に問題があり改善すべきことは十分に認識していたようだ。ただ、そのことと刑事訴訟法の「理論」とは無関係だと考えていたと思われる。この点は、後述する平野理論によって厳しく指弾されることになる。

(2)　当時の理論状況

　ここで、当時の理論状況を概観しておこう。上述のように、この時期盛んに論じられた基礎理論は、ドイツの「訴訟の一般理論」の影響のもと、訴訟の発展過程を二面説あるいは三面説の観点から分析するのだが、団藤は次のように述べて二面説を主張する。団藤は、「訴訟は発展する」[11]というテーゼ

---

6)　団藤重光『刑事訴訟法綱要〔7訂版〕』（創文社、1967年）144頁。7訂版になってもこの結論は維持されているのである。
7)　高田卓爾『刑事訴訟法〔2訂版〕』（青林書院新社、1984年）101頁、岸盛一『刑事訴訟法要義』上巻（廣文堂書店、1961年）122頁。
8)　団藤重光『新刑事訴訟法綱要〔6訂版〕』（創文社、1958年）75頁。
9)　団藤重光『刑法の近代的展開』（弘文堂書房、1948年）130頁以下〔初出1946年11月14日〕。
10)　同上。
11)　団藤・前掲注5)　2頁以下。

から出発し、次のような論理を展開する。すなわち、訴訟の発展過程は、実体面（実体形成面）と手続面に区別される。前者は、嫌疑から具体的法律関係が形成されるまでの浮動的法律状態である。訴訟の手続面では、そのような実体形成は問題にならず、原則として裁判所を主体とする権利義務の関係、すなわち訴訟法律関係が成立する。このような理解にたって、団藤の二面説は、①判断基準について、実体面では浮動的に実体形成がなされるため最終段階が判断基準となるが、手続面の効力は、それがなされた時点を基準として決定される（手続維持の原則）ことを導きだし、②訴訟行為とその追加・無効、判決の効力など刑事訴訟法の基本概念について、実体面・手続面からの分析により、統一的な理解と位置づけを示す[12]。

これに対して、井上正治は、団藤説に一定の理解を示しつつ、手続過程に手続「形成」的過程が認められるのであれば、「むしろ率直に訴追過程というものをのこして考へることの方が、訴訟構造の本質をとくのに、より正当なものではあるまいか。訴訟追行過程は発展する訴訟の中核であることを銘記しなくてはならない。」（傍点、井上）[13]として三面説を主張した。小野清一郎は、団藤理論が「職権主義的な旧刑訴のもとで成立したことを反省してみなければならない」とし、新刑訴法のもとでは「訴訟追行（攻撃および防御）の線について独自の考慮を払う必要」があるとし、「例へば、公訴事実は職権主義的な実体形成の線に属するが、訴因は当事者主義的な訴訟追行の線に属する」という[14]。

他方で、岸盛一は、「現行法の手続に即して考えるならば、三面説の主張するような訴訟追行過程を独立の発展過程として追加することは訴訟手続の構造の分裂性を深くするだけのもので必要はない」とし、「訴訟過程の理論分析としてはやはり二面説を妥当と解する」と主張する[15]。かくして、訴訟過程論について二面説か三面説かが学説上の論点とされ、当時の司法試

---

12) 団藤・前掲注5）40頁以下。当時の理論状況につき、高田卓爾「訴訟過程」高田卓爾＝田宮裕編『演習刑事訴訟法』（青林書院新社、1972年）16頁。
13) 井上正治『新刑事訴訟法原論』（朝倉書店、1949年）138-139頁。
14) 小野清一郎『犯罪構成要件の理論』（有斐閣、1953年）139頁。
15) 岸・前掲注7）68頁。

験でも出題されている[16]。ただし、この頃は未だ現行刑事訴訟法の施行から日も浅く、共通の理論的ないし理念的基盤が十分形成されていなかった。今の時点にたってコメントするなら、現行刑訴法が旧法の職権主義から当事者主義ないし適正手続へと大きく価値転換を果たしたことへの自覚が、学界全体に不十分であったようにも思われる。一例をあげると、当時、旧法に馴染んでいた実務家の間では訴因制度に対する抵抗が強く、「訴因抹殺論」さえあったという[17]。それほどに、旧法からの負の遺産は大きかったのである。

(3) 平野の基礎理論

以上のような理論状況の中、平野龍一の当事者主義理論が登場する。平野は、理論が自己目的化しているかのような学界の状況、とりわけ団藤理論に対するアンチテーゼとして、次のような主張を展開した。まず、平野にとって、「法律学は真実を発見しようとする科学ではなく、社会統制のための技術」であり、「訴訟法でも一定の理論は一定の政策に奉仕するもの」である[18]。そして、刑事訴訟における政策的基礎で最も基本的なものは、職権主義と当事者主義であり、現行法にいたって「当事者主義を徹底することになった」のであるから[19]、当事者主義を反映しない「基礎理論」などあり得ない。この点で団藤理論には問題がある、と平野は考えた。平野は、団藤の『訴訟状態と訴訟行為』((1949年)の書評の中で、次のようにいう。旧刑事訴訟法は、戦後の新憲法のもとで当事者主義と適正手続を基本構造とした新刑訴法（現行法）に「大転換」したのに、団藤の基礎理論は、「ほとんど何らの修正も加えることもなく、そのまま維持」された[20]。しかし、これでは、「訴訟が対立当事者の利益追求であるという面があまりに捨象されすぎて」いないか、と[21]。

---

16) 旧司法試験の1954年度、刑事訴訟法第1問は、「訴訟法律関係説によって控訴の発展を説明できるか」であった。
17) 三井誠『刑事手続法Ⅱ』（有斐閣、2003年）177頁。
18) 平野龍一『刑事訴訟法の基礎理論』（日本評論社、1964年）2-3頁。
19) 平野龍一『刑事訴訟法』（有斐閣、1958年）2頁、15頁。
20) 平野龍一「団藤重光著『訴訟状態と訴訟行為』」同『刑事法研究 第4巻』（有斐閣、1981年）56頁。

団藤の二面説についても、平野は、同説が「訴訟が当事者の対立する利益の追求であるという面があまりに抽象されすぎている」[22]ことを指摘し、当事者主義的利益を考慮するためには、換言すれば、訴訟が検察官の主張であり嫌疑の表現ではないことを確認するためには、二面説ではなく、訴訟追行過程を実体過程、手続過程と区別された独自な過程として強調する基礎理論（三面説）を採用すべきであると主張したのである[23]。平野は、この「基礎理論」と、当事者主義か職権主義かなどの「政策論」を対置させ、両者が密接に関連し「純粋にみえる理論」も実践的な目的とつながっていることを強調する[24]。当時、平野はすでに体系書『刑事訴訟法』（有斐閣、1958年）を著しているが、同書では「政策的基礎」（第1編第1章）が、「理論的基礎」（同第2章）より前に置かれている。この点について、平野自身、（ドイツの代表的な教科書が「法理論的基礎」の次に「法政策的基礎」を置いているのとは）「順序が逆になっていることに注意してください。どちらが重要かという点について意見が違うためです」[25]と明確に述べているように、平野にとっては「政策論」あっての「基礎理論」なのである。そして、平野は徹底した当事者主義の立場から、個々の論点、すなわち捜査構造論、審判対象論、公訴権論などについて、職権主義の残渣の残る従前の理論を論破し、当事者主義に依拠した「基礎理論」とその具体的帰結を提示するのである[26]。

(4) 平野の当事者主義論

　それでは、平野は、当事者主義をどのようなものと理解していたのか。平野龍一『刑事訴訟法の基礎理論』（日本評論社、1964年）8頁以下では、「当事者主義の精神」について次のように語っている。すなわち、当事者主義と

---

21) 同上57頁。
22) 同上。
23) 後藤昭「平野刑訴理論の今日的意義」ジュリスト1281号（2004年）59頁参照。
24) 平野龍一「刑事訴訟法の基礎理論」同『刑事法研究 第4巻』（有斐閣、1981年）1頁以下［初出1960-1961年］。
25) 平野「はしがき」同・前掲注18)。
26) 平野の基礎理論の意義につき、酒巻匡「刑事訴訟法理論の現代的意義」ジュリスト増刊・刑事訴訟法の争点（有斐閣、2013年）5頁参照。

は、「民主主義の精神そのものだといってもいいすぎではありません。民主主義のもとでものごとを決定する場合には、判断者はあらかじめ結論を出してこれを人におしつけてはいけないのであって、とらわれない気持ちで、すべての、おのおの立場や見方の違った人々の意見を十分に聞き、その上で決断を下さなければなりません。このような民主主義の精神の訴訟への反映が、当事者主義にほかならないのです」。これに対して、職権主義は、「国家機関である裁判所はつねに良心的であり、まちがいのない判断をすることができるものだという国家への信頼を前提としているといってもいいでしょう。その意味では職権主義の訴訟は国家主義的な考え方の現れだということができます」という。

　捜査に関して後の学説・実務に強い影響を与えたのが、平野の弾劾的捜査観である。平野は、捜査の構造には以下の2つがあるという[27]。ひとつは糾問的捜査観で「捜査は、本来、捜査機関が、被疑者を取り調べるための手続であって、強制が認められるのもそのため」であり、「捜査は被疑者の取調のための手続」だとする見方である。他のひとつは弾劾的捜査観で、「捜査は捜査機関が単独で行う準備活動にすぎない。被疑者も、これと独立に準備を行う」とし、「逮捕・勾留は、将来公判廷へ出頭させるためであって、取調のためではない」として被疑者がたんなる取調べの客体であるとする第1の見方を否定する。そのうえで、現行法の解釈としても弾劾的捜査観にたつべきことを主張する。この捜査「観」は、学説上は直ちに通説の地位を得たが、実務上は今日にいたっても受け入れられていない。

　こうして、平野は、職権主義か当事者主義かという政策的対抗軸を提示し、その基底に国家か個人（人権）かという問題があることを明らかにした。そのうえで、平野は後者を選択し、それを当事者主義的な基礎理論、政策論に結びつけ体系化したのである[28]。

27）平野・前掲注19）83頁以下。
28）小田中聰樹「平野刑事訴訟法学の軌跡と真髄」法律時報76巻12号（2004年）73頁。

3 デュー・プロセス理論の展開

(1) 平野理論の学説・実務に対する影響

　平野理論は、糺問的で職権主義的な捜査・裁判実務を強く意識し、その変革を企図した実践性をもつものだったが、弾劾的捜査観をはじめとする彼の理論は、実務には受け入れられなかった。たとえば、今日まで続く被疑者の取調べ受忍義務の問題では、学説が平野の受忍義務否定論を受け入れ、これが通説化したのとは対照的に、捜査実務は強い拒絶反応を示した。他方、審判対象論（訴因論）については、当事者主義を徹底する平野・訴因論が通説のみならず実務にも定着した。当時、団藤が、「訴因は現実的な審判の対象であり、公訴事実は、潜在的な審判の対象である」という審判対象論を提示し通説的地位を占めていたのに対して、平野は、訴因とは犯罪の嫌疑から切り離された青写真、換言すれば、検察官の主張である「事実についての観念形象」にすぎないと主張した[29]。この姿勢は、訴因変更についても貫かれており、訴因変更も公判廷にあらわれた嫌疑とは理論的に切り離されたかたちで説明される。訴因変更が許される「公訴事実の同一性」も、「訴因と訴因の比較」以上の意味を認めない、徹底した訴因説が展開され、これが通説・判例となる。

　では、当事者主義の徹底を主張する平野理論の中で、訴因論が実務に受け入れられたのは何故か。後藤昭の説明仮説を借りれば、訴因＝審判対象説が当事者主義的ではあっても検察権限強化と結びつくから受容されやすかった、ということであろう[30]。

　逆に、平野の「確実なものだけ、自信のあるものだけを起訴」するという検察官の高い起訴基準（極めて低い無罪率）を改め、「何はともあれ、裁判所に連れてゆき、ある程度の無罪はがまんする」という主張は[31]、弾劾的捜査観からの当然の帰結である。しかし、学説は、弾劾的捜査観に従いつつ、平

---

29) 平野龍一「訴因概説」同『刑事法研究 第4巻』（有斐閣、1981年）65頁以下。
30) 後藤・前掲注23) 63頁。
31) 平野龍一「刑事訴訟の促進の二つの方法」同『刑事法研究 第4巻』（有斐閣、1981年）186頁。

野の訴追観（弾劾的訴追観）には距離をおく傾向にあった[32]。捜査の弾劾化の観点から起訴基準を見直すべきだという主張があらわれるのは、最近のことである[33]。

(2) 田宮裕とデュー・プロセス論

その後の学説は、平野理論を継承し発展させることに傾注する。1966年に公刊された『刑事訴訟法の基礎知識』（有斐閣）は松尾浩也と田宮裕の共著書であるが、その「はしがき」で、わが国の刑事司法の現実を作り出し、動かしている根源的な思想的因子について、「われわれは、これを実体的真実主義とデュー・プロセスとの対立として把握する」と書く。ここにデュー・プロセスとは、憲法31条以下の適正手続のことで、同書1頁では、「訴訟もひたすら犯人の処罰を求めて真実を探求すればよいのではなく、公正な手続にのって行なわれる必要がある。この手続の公正の要求をデュー・プロセス（適正手続）という。」と説明される[34]。かくして、実体的真実主義 vs デュー・プロセスの対立図式が明らかにされるのだが、それは、職権主義 vs 当事者主義という訴訟構造の違いと密接に関連する。すなわち、「訴訟のありかたの理念型としては、『実体的真実主義＝職権主義』というモデルと『デュー・プロセス＝当事者主義』というモデル」に分析できる[35]、と。平野・当事者主義論は、田宮・松尾によって、「デュー・プロセス・モデル」というかたちにバージョンアップされたのである。そして田宮は、刑事手続を支える思想を「必罰主義モデル」と「デュー・プロセス主義モデル」の2つに対置させたうえで、「近代的な民主社会では、デュー・プロセス・モデルへと脱皮が図られなければならない」のであり、そのためには両者の調和などではなく、「必罰主義の完全な放棄でなければならない。なぜなら、ここで問題なのは思想と構造そのものなのだから」、という[36]。

---

32) 松尾浩也『刑事訴訟法上〔新版〕』（弘文堂、1999年）133頁。なお、松尾浩也『刑事訴訟の理論』（有斐閣、2012年）319頁参照。
33) 石田倫識「起訴の基準に関する一試論——黙秘権の実質的保障に向けて」法政研究（2011年）78巻3号493頁。
34) 田宮裕執筆。後に、田宮裕『刑事訴訟とデュー・プロセス』（有斐閣、1972年）に所収。
35) 田宮裕『刑事訴訟とデュー・プロセス』（有斐閣、1972年）145頁。

田宮によれば、デュー・プロセスには2つある、ひとつは真実発見とは矛盾しないデュー・プロセス、そしてもうひとつは、「真実の発見と矛盾してでも貫かれるデュー・プロセスである」、と[37]。後者のデュー・プロセスを貫くと、強制・拷問などによる自白が排除され、あるいは違法捜査が行われた場合に証拠の排除法則が要請される。田宮がこれを執筆した時代は、未だ最高裁が違法収集証拠排除法則を採用する以前であり、田宮は「判例の展開に期待するものが大きい」[38]と締めくくる。

デュー・プロセスの担い手として田宮は、裁判所の法創造（判例）に期待するのだが、田宮のこの志向がよくあらわれている所説に「新しい強制処分」説がある[39]。この説によれば、強制処分法定主義（刑訴197条1項但書）にいう「強制の処分」とは、現に刑事訴訟法に規定のある逮捕・勾留、捜索・差押えなどの既成の強制処分を指し、写真撮影や盗聴（1999年の通信傍受法で立法化）のように刑訴法制定当時に立法者が予定していなかったものについては、端的に法律が存在しないことになる。その場合でも、憲法の令状主義の支配は受けるが、解釈として導かれる要件を満たせば刑事訴訟法に規定がなくても「強制の処分」は許される、と主張するのである。この「新しい強制処分」説は、立法が動かない時代に、判例法によって実務上の要請に応えようとしたものであり、当時としてはそれなりに説得力もあった。しかし、「判例による法創造」を唱えるこの所説は、20世紀末から刑事立法が活発化するに及んで支持を失った。刑事訴訟法の「理論」が実務や立法と相即不離の関係にあることを示す一例といえようか。

(3) 鈴木説——3つの三面説

ところで、「理論は政策に奉仕するもの」という平野のテーゼは、二面説・三面説に代表される、いわゆる基礎理論に止めを刺したようにみえたが、

---

36) 田宮・前掲注35）171頁。2つのモデルは、パッカーのモデル論を参考にしたものである。白取・前掲注1）22頁以下参照。
37) 田宮・前掲注35）203頁以下［初出1966年］。
38) 同上208頁。
39) 田宮裕『捜査の構造』（有斐閣、1971年）258頁等。

1970年代になって、鈴木茂嗣によって改めて問題とされた。鈴木によれば、かつての基礎理論が「必ずしも理論的に整理されているとはいい難い点があった」ので、「従来の諸見解の真に目指そうとしたところを私なりに整理し、理論的に有効な新た三面説を主張する」として、「三つの三面説」を提示する[40]。すなわち、訴訟過程は、第1に、訴訟状態面・訴訟関係面・訴訟行為面という「縦の三面説」、第2に、訴訟状態面に関する分析としての、対象面・実体面・手続面という「横の三面説」、第3に、訴訟による実体法の実現する際の、実体面・訴追（基盤）面・訴訟面という三面（説）から構成されるという。学説史的にみると、時計の針を逆回しにするかにみえるが、鈴木の意図は、「基礎理論にも、当事者主義や職権主義と直接かかわりのない客観的な分析というもの」、たとえば訴訟法律関係説か訴訟法律状態説かといった問題を、平野理論は「中断ないし切断してしまった」が、「このような分析も、訴訟の動的な性格を解明するうえで基礎理論的には重要な課題であって、今後さらに理論的に詰めていく必要のある問題だと思います」という後年の発言にあらわれている[41]。

たしかに、鈴木が他の基礎理論の例としてあげる訴訟条件論は、横浜事件の再審で実務的にも問題となっている。一見観念的ないし抽象的にみえるというだけで「理論」が無意味とされることはない。ただ、多くの「理論」は、経年変化によって価値ないし存在意義を低下させていく。時代と社会情勢から無縁の「理論」など、法の世界にはありえないのではないだろうか。

4　刑訴法と日本的特色論

(1)　「日本人の国民性」論

旧刑訴法時代からの高い有罪率と"緻密"な捜査の実態は、現行刑事訴訟法のもとでも改まらなかった。このような法現象に対して学説は概ね批判的であったが、これを日本的法文化ととらえ、日本人の国民性に適合的であると

---

40) 鈴木茂嗣『刑事訴訟法の基本構造』（成文堂、1979年）191頁注1）［初出1975年］。
41) 2008年の座談会における鈴木発言。座談会「刑事訴訟法と刑事訴訟法学の60年」ジュリスト1370号（2009年）33頁。

して肯定的に論じる者があらわれた。青柳文雄は[42]、批判の多い被疑者取調べ重視について、「平野・田宮理論の反対はあるけれども、立法的にこれを改めようとの動きもないというのは、この程度の取調は日本人にとってその自由な権利を著しく侵害されたとの意識がないからである」[43]と論じる。日本人は厳しい取調べに寛容だという主張は、さらに、日本人に余罪の自白が多いのは日本人被疑者の「捜査機関なり裁判機関なりとの和合の願望の現れ」であり、アメリカ法やフランス法と比べて長時間取調べが行われるのも、「日本人が自白しやすく、しかもその自白は通常の場合無理な取調によるものでなく、虚偽であることがないという経験的事実に負う」[44]という。そして、欧米人と比べ日本人が自白しやすい事情として、①「日本人が一神教の宗教をもたないから」であり、②日本人が「捜査官なり裁判官なりと和合して日本人の調和の世界に戻りたいから」であり、③「捜査官なり裁判官なりが法の番人であると同時に道徳の番人でもあるから」だという事情をあげ、そこから、「日本人の自白の量と質は旧刑訴から現行刑訴まで一貫した連続性をもっている」[45]との結論を導く。

　このような国民性論は、学説からは支持されなかったが、その後検察実務家の一部の論稿などにかたちを変えて登場した。個別論点においても、たとえば青柳の一事不再理効を制約する理論について、土本武司は、「本説が国民の正義感情に合致する既判力理論の樹立を目指したもの」であり、「被告人を不当に苛酷に取り扱うことも被告人を不当に厚く保護することも国民の願う正義ではない」として同説を擁護する[46]。しかし、この一事不再理制約論も学説は支持しなかった。

　結局、国民性論は、学問的評価に堪えられなかったようだ。だが、客観的に何らかの「日本的特色」が存在することじたいは否定しえない。これを対

---

[42] 青柳は、1937年から1948年まで検事任官、その後大学研究者と裁判官の間を2回ほど往復するというキャリアをもつ。
[43] 青柳文雄『刑事裁判と国民性［総括篇］』（有斐閣、1979年）201頁。
[44] 青柳・前掲注43）91-92頁。
[45] 青柳・前掲注43）210頁。
[46] 土本武司「訴因の拘束力と既判力の範囲」司法研修所論集55号（1975年）85頁。詳しくは、白取祐司『一事不再理の研究』（日本評論社、1986年）308頁以下参照。

(2) 「精密司法」論

　国民性論は、当初より糺問的な捜査実務を正当化するねらいをもった「理論」であったが、同じように刑事司法の日本的特色を捉えるのに、松尾浩也は「精密司法」という概念を創案した。松尾によれば、青柳の「国民性」論は、「アメリカ法の浸透を限定すべきだという価値判断が先行しており、『国民性』の観念はそのために利用された観がある」とし、松尾じしんは、「事実判断に立脚して日本刑事訴訟の現実の姿を追求することに努めた結果、『精密司法』の観念に到達した」[47]のである。ここに精密司法とは、松尾の言葉を借りて要約すれば、「取調べを中心とする徹底した捜査活動に始まり、検察官は詳細な資料を手中にして、証拠の確実性と訴追の必要性の両面から事件を綿密に検討し、続いて公判では、弁護人の十分な防禦活動をも加えて、裁判所は細部にわたる真相の解明に努め、その結果に従って判決する。通常、起訴の時点で、書証を中心とする証拠固めが終わっており、公判においても書証を多用される。判決の内容は、有罪である場合が圧倒的に多い」という刑事司法の日本的特色のことである[48]。そして、このような理解にたって当事者主義を理解しようとすれば、日本の当事者主義は英米式のものではなく、「擬似当事者主義」でなければならない。ここに「擬似当事者主義」とは、「きめ細かな真実の発見であり、（中略）精密司法の実現である」という[49]。

　松尾は、田宮らの〈デュー・プロセス〉モデル論について2つの欠陥を指摘してその限界を論じ、モデル論からの離脱を宣言する。ここに2つの欠陥、松尾のいう「2つの『躓き』」とは以下の2点である[50]。すなわち、第1は、「ドイツ法とアメリカ法とを対比させ、日本法をいわばその中間に置いて、『実体真実』から『適正手続』へという図式を樹てたこと」であり、これは正しくは、ドイツ法・アメリカ法対日本法であるというものである。第2は、

---

47) 松尾浩也『刑事訴訟の理論』（有斐閣、2012年）30頁。
48) 松尾・前掲注47) 319-320頁。
49) 松尾・前掲注47) 103頁以下。
50) 松尾・前掲注47) 318頁以下。

より本質的な問題で、モデル論は実在の刑事手続を高度に抽象化したものであるが、作成された段階で固定されやすいし、「モデルの一部分を取り出して現実に適用しようとする場合、他の部分との関連は失念され勝ち」であるという。後者の例として、弾劾的捜査観からは公訴提起における嫌疑の基準も抑えなければならないはずだが、検察実務はそうなっていない。松尾は結論において実務を支持したが、「これは同時に、モデル論からの離脱を余儀なくさせるものであった」という。精密司法論は、モデル論に対するアンチテーゼでもあった。

(3) 精密司法論の評価

精密司法論は、創案者の松尾の意図からすれば、日本の刑事司法の現実を表現しただけのもので、決して現状肯定的なねらいはなかったと思われる。松尾じしん、後年になって次のように語っている。「私は、簡潔なところで『精密司法』という言葉を選択したわけですが、『精密』というのは、正確で緻密だという意味で使ったのではないので、むしろ、英語であればminute、非常に細かい点まで真実につなげようとする、そういう傾向が強いというつもりで使ったのです」、と[51]。ただ、「精密」というプラスイメージをもつ言葉が選ばれたこともあり、効率的な日本の刑事司法に自信をもつ実務法曹に広く受け入れられ、しばしば現状を肯定的に描く道具概念として用いられた[52]。そのためもあってか、これまで、精密司法論に対して厳しい批判がなされてきた[53]。私もかつて同様の批判をしたことがあった。すなわち、精密司法論は、実務の現状を静的に観察するのみで、改革の視点を覆い隠してしまうのではないか。黙秘権を始めとする防御権、手続上の諸々の人権という普遍的であるはずのものが日本に十分根付いていない実情を前に、その「改革」を語るのではなく、「精密司法」ないし「日本的特色」の名の下に肯認

---

51) 「座談会・刑事訴訟法と刑事訴訟法学の60年」ジュリスト1370号(2009年)27頁[松尾浩也発言]。
52) 小田中聰樹『現代司法と刑事訴訟の改革課題』(日本評論社、1995年)298頁参照。
53) 小田中・前掲注52)300頁以下、福井厚「いわゆるモデル論の意義」ジュリスト増刊・刑事訴訟法の争点(有斐閣、1979年)21頁等。

してしまうのではないか、と[54]。しかし、改めて考えてみると、「精密司法」は、日本の刑事司法の実態を言語化した概念であり、批判されるとしたら、その実態の方ではないのか。高田昭正は、日本の特殊な「刑事手続の基本的あり方」を「日本的基層」と呼んだが[55]、「精密司法」であれ「日本的基層」であれ、論ずべきはネーミングの善し悪しではなく、その対象であろう。

　1985年、平野は、「現行刑事訴訟の診断」と題する論文の中で、精密司法という用語こそ用いなかったが、起訴に高度な嫌疑を要求するため訴訟の実質が捜査手続に移ってしまうこと、被疑者を強制的に出頭させ厳しい取調べで詳細な自白を得るという実務の存在、伝聞法則が形骸化し公判で心証をとらず「自室で証拠調べをする」実態が慣行化していることなどから、「わが国の刑事裁判はかなり絶望的である」と論じた[56]。この「診断」から15年後、平野は「調書裁判・精密司法からの脱却の契機」と「刑事訴訟の改革の視点」から、参審制の採用を提言する[57]。これが今日の裁判員制度へとつながっていく。日本の刑事司法の歪んだ実態を言語化し、「精密司法」と命名したことじたいは、必ずしも現状を固定化し改革の歩みを妨げるものではなかったように思われる。「擬似当事者主義」概念にしても、重要なのは、憲法と法の予定した当事者主義からズレが生じていることを（言語化して）認識したうえで、それを改革していく道筋を明らかにすることである。むろん、そのための実践の理論が別途用意されなければいけないであろう。

5　刑事訴訟法学の今日的課題と担い手

(1)　刑事手続改革の担い手

　平野の「絶望診断」に対しては、異論もあった。川崎英明は、「『診断』が

---

54) 白取・前掲注１) 46頁。
55) 高田昭正「刑事手続における特殊な『日本的基層』とその変革の課題」法律時報79巻12号（2007年）４頁。
56) 平野龍一「現行刑事訴訟の診断」『団藤重光博士古稀祝賀論文集 第４巻』（有斐閣、1985年）407頁以下。
57) 平野龍一「参審制採用の提唱」ジュリスト1189号（2000年）50頁。同『刑事法研究 最終巻』（有斐閣、2005年）所収。

妥当するのは、裁判官を担い手とする当事者主義ないしデュー・プロセス論の立場においてである。……見直すべきは、当事者主義の担い手ということになる」とし、「刑事裁判の現実を弁護の実践によって変革することが当面するもっとも重要な課題」であり、「弁護権を軸とした当事者主義論」にたつべきことを提唱する[58]。田宮のデュー・プロセス論も、上述したように、その担い手を判例ないし裁判所・裁判官に期待したものであり、そこが批判の対象ともされた[59]。

ただ、平野や田宮が当時、弁護権に依拠する理論を提示しえなかった背景に、少なくとも80年代までの刑事弁護が、一部の労働公安事件、えん罪事件を除き、あまり活発ではなかったことがあるように思う[60]。その後、80年代に全国で始まった接見妨害を理由とする国賠訴訟、1992年から全国実施された当番弁護士制度、1995年の雑誌『季刊刑事弁護』の創刊、2004年の刑訴法改正による被疑者国選弁護制度の実施（施行は2005年）などにより、刑事弁護は「低調」を脱して実務における存在感を十分に示すにいたっている[61]。法科大学院時代になって弁護士が数の上で大幅に増加したことも、刑事弁護の充実化を下支えしているように思われる。刑事弁護に依拠した当事者主義論は、その基盤を獲得し、その理論の実践と現実化に向けて、日々の実務と切り結んでいる。

他方で、裁判所をデュー・プロセスの担い手から排除する必要はないのではないか。判例も（裁判官も）多様であり、刑事弁護の充実と学説からの働きかけいかんによっては、十分に担い手として期待できるように思われるからである。裁判員裁判の実施（2009年）以降、最高裁判例の傾向にも変化の

---

58) 川崎・前掲注 3) 32-33頁。同旨、大出良知「刑事司法改革の契機と展望」法律時報71号 3 号（1999年）38頁。
59) 小田中聰樹『現代刑事訴訟法論』（勁草書房、1977年）269頁。
60) 青柳文雄は、刑事手続の日本的特色として、「弁護活動の低調」をあげている。青柳・前掲注43) 202頁［初出1979年］。この議論が、当時の捜査弁護が低調な中での議論であることは留意しておく必要がある。
61) 刑事弁護の活性化の契機は、1989年の日弁連人権第32回大会（松江）であった。川崎英明「刑事訴訟法の半世紀と展望」村井敏邦ほか編『刑事司法改革と刑事訴訟法』上巻（日本評論社、2007年）10頁以下。

兆しがあらわれており[62]、「新時代の刑事司法」をいびつなものにしないためにも、立法への提言と批判とは別に、今まで以上に司法への働きかけを強める必要もあると思う。

(2) 刑事訴訟法学の課題と担い手

刑事実務の「改革」の担い手を誰にするにせよ、改革の理念や理論枠組みを提供するのは、理論ないし学説の役割である。本稿では十分に取りあげられなかったが、今日、刑事司法をめぐる課題は多い。裁判員裁判、被害者参加制度、科学的証拠をはじめとする多様で多彩な論点が目白押しである。刑事訴訟法「学」の果たすべき役割は、ますます大きくなると想像される。そこで重要なのが、「学」の担い手の質と量である。最後に、普段あまり語られることの多くない、刑事訴訟法学の担い手について、論じてみることにしたい。

まず、「学」の担い手は、大学に籍をおく研究者であることが多いが、学問的方法論を踏まえた議論（論文）がなされるなら、実務家を排除する理由はない[63]。現に、刑事訴訟法学に関する文献で、実務家が書いた優れた著書・論文は少なくない。以上、担い手の質的問題である。

次に、「学」の担い手の量的問題について述べる。大学研究者の数は、戦後法学部が多数新設されたこともあって、急激に増大した。第1回の日本刑法学会は、十数人だったようだが[64]、近時は参加者だけで500名余り、会員数は1,500人を超えている。かつては、学界（学会）が小規模だったため、日本刑法学会編で『法律実務講座刑事篇』、『刑事法講座』、『刑事訴訟法講座』（1958～1963年）などの刊行が可能であり、学界（学会）内に共通理解のための基盤があった。それが、研究者数（刑法学会でいえば会員数）の増大に

---

62) 一連の証拠開示判例のほか、たとえば、最一小決平26・11・17裁時1616号17頁は、痴漢事件の勾留請求却下裁判に対する準抗告決定を取り消し、勾留を認めなかった決定である。この決定は、これまでの「人質司法」に風穴をあける可能性をもつ注目すべき判例である。

63) ただし、たとえば法書で自らの立場・地位に縛られた議論しかできないなら、「学」の担い手としては相応しくない。

64) 平野龍一「刑法学会についての若干の回顧と展望」日本刑法学会編『日本刑法学会50年史』（有斐閣、2003年）26頁。

より、一方で研究対象が拡散し、他方で学界をあげての研究交流（共同研究や「講座」ものの出版など）が難しくなってきた。後者の課題を解決するため、学界内に数多くの研究グループができ、また、犯罪社会学会など刑事法に関連する学会もつくられるようになった。量は増えたとはいえ、研究グループ内外の交流もあって、学界としては比較的活発に活動してきたように思う。

　しかし、20世紀から21世紀にかけて、大きく２つの変化が生じた。ひとつは法科大学院（2004年開設）である。すでに多くの論者が指摘していることだが、刑事訴訟法学をはじめとする実定法研究は、法科大学院の登場によって"危機"を迎えた。第１に、研究者＝教員の多忙化による研究への圧迫である。第２に、司法試験の合格率低迷もあって法科大学院の予備校化、これに連動した教育の場における学説軽視の問題。第３に、研究者の後継者養成の困難化である。いずれも一朝一夕に解消しえない難問であり、「学」の担い手の苦難の途は続く。

　もうひとつの変化は、1999年の通信傍受法成立以降、秩序・治安志向の刑事立法が相次いだことである。そこで問われたのは、「学」者の社会的役割ないし存在意義であった。立法が動かない時代には、学説は未来を見据えて（？）理想を語ることができた。だが、目の前に人権抑圧的な刑事法案があったら、専門家として態度決定を迫られる。刑事訴訟法学が時の権力（の刑事政策の実現）に奉仕するためのものであるなら、それは、「官学」としての刑事訴訟法学である。ごく少数の担い手でその需要はまかなわれ、市民社会や学界に背を向けても存立は可能である。しかし、刑事訴訟法学が、圧政から人民を守る武器であると考えるなら、それは、「権力に対抗する武器」としての刑事訴訟法学である。捜査権を強化し防御を危うくする刑事立法が相次ぎ、さらにいくつもの危険な法案が控えている今日、「権力に対抗する武器」としての刑事訴訟法学への期待は大きく、その果たすべき課題は多い。（後者の意味での）刑事訴訟法学（理論）のあくなき探究が必要とされるゆえんである。

捜査
[1]
強制処分概念と任意捜査の限界に関する再検討
強制処分法定主義と議会の「自己決定義務」

斎藤　司

1　はじめに

　通説とされる重要な権利・利益侵害説は、最三小決昭51・3・16（刑集30巻2号187頁）による「個人の意思を制圧し」、「身体、住居、財産等に制約を加えて、強制的に捜査目的を実現する行為など、特別の根拠規定がなければ許容することが相当でない手段」との判示などをもとに、強制処分を「相手方の明示または黙示の意思に反する、一定の重要な権利・利益の制約」と定義する[1]。他方で、昭和51年決定は、警察官の行為が直接に対象者に向けてなされる場合について、「相手方の権利・利益を制約し、かつその行為の方法ないし態様が相手方の意思を制圧する程度のもの」という強制処分の基準を採用したもので、対象者が気づかないうちに行われる処分については、判例（最三小決平11・12・16刑集53巻9号1327頁など）は上述の重要な権利・利益侵害説の基準を採用したとする見解も有力である[2]。

　このような判例やその解釈をもとにした見解（以下、これらの見解を「通

---

1 ）井上正仁『強制捜査と任意捜査』（有斐閣、2006年）8頁以下。もっとも、井上正仁「強制捜査と任意捜査の区別」刑事訴訟法の争点57頁は、昭和51年決定自体が、自身の見解における「意思の制圧」や「権利・利益の侵害・制約」の「考え方を採っていたとか、そこまで含意するものであったとするものでは必ずしもない」とする。

説」とする）は、強制処分の内容として、「対象者の同意の有無」、「意思の制圧」といった対象者の「意思」の要素と「重要な権利・利益の侵害や制約」という「権利・利益」の要素をあげる。そのうえで、通説は、対象者の同意が存在するが重要な権利や利益を侵害・制約する処分や重要でない権利や利益を侵害・制約する処分を任意捜査の限界の問題として位置づける。しかし、後述するように、とくに前者の処分については、通説の立場からも、比例原則適用の理論的根拠をどのように設定するか、比例原則適用によって適切に規律できるのかなど、さまざまな見解や疑問が示されている。また、志布志事件や足利事件などのように任意同行による取調べの問題性が現実化した事件は、現在も後を絶たない。強制処分の定義やそれにともなう任意処分の規制の問題は、依然として刑訴法上の重要問題であることは明らかである。

そこで本稿では、「権利・利益の侵害・制約」という要素を中心に、強制処分概念について、その根拠とされる強制処分法定主義の趣旨も含め再検討し、そのうえで任意捜査の限界についても検討する。

2 強制処分法定主義と重要な権利・利益侵害説

刑訴法197条1項但書は、「強制の処分は、この法律の特別の定めのある場合でなければ、これをすることができない」として強制処分法定主義を定めている。その趣旨をどのように理解するかは、強制処分の定義と密接に関連する。

いわゆる新しい強制処分説は、「197条1項但書きは、既成の強制処分は、各々の規定のとおり法定の令状主義に従う」ことを意味し、「令状主義の重要性に照らしてとくに設けられた総則・確認規定」とする。その結果、強制

---

2) 川出敏裕「任意捜査の限界」小林充先生・佐藤文哉先生古稀祝賀『刑事裁判論集・下』（判例タイムズ社、2006年）26頁以下など。これらの見解や判例を詳細に整理・検討したものとして、大澤裕「強制処分と任意処分の限界」刑事訴訟法判例百選〔第9版〕4頁以下、井上・前掲注1)「強制捜査と任意捜査の区別」、青沼潔「強制処分の意義及び任意捜査の限界──判例の読み方活かし方の一例を踏まえて」法学セミナー712号（2014年）120頁以下。

処分法定主義は「令状主義の同意異語にほかならない」とされ、「ある処分の相当性が令状裁判官によるケース・バイ・ケースの動的抑制によって担保される方式であって、当事者主義にふさわしいもの」として位置づけられる[3]。この見解においては、強制処分に対するコントロールとして令状主義を中心とする適正手続主義が適用されることになる。それゆえ、この見解は、既に決定されている強制処分以外の処分については、上記の意味での適正手続主義を踏まえた裁判官の判断（判例による法形成）によるコントロールを積極的に認める。

　これに対し、通説は、強制処分との関係における判例による法形成や令状主義のみによる強制処分の規制を消極的にとらえ、強制処分法定主義の独自の意義を積極的に示している。すなわち、①憲法31条は「個人の生命や自由などの重要な権利・利益を奪う処分であるので、その要件や手続を予め法律で明示しておくことにより、濫用を防ごうとするものだと一般的に解されているが、それにとどまらず、まさにそのような重要な国民の権利・利益を奪う処分であるので、そもそもそのような処分を用いることを許すかどうか自体、国民自身が、その代表である国民を通じて、意識的かつ明示的に決断すべき」との趣旨を含むと解し、②これとの関連で刑訴法197条1項但書にいう強制処分法定主義については、「人の重要な権利・利益を本人の意思に反して制約することを内容とする強制処分は、国民の代表による明示的な選択を体現する法律……に根拠規定がない限り許されない趣旨」と理解すべきとする[4]。このように強制処分法定主義は、憲法31条を根拠としつつ、国民の重要な権利・利益に対する侵害・制約する処分を予め法定・明示すべきとする「自由主義的機能」と、このような侵害・制約の内容・要件・手続を国民の代表である国会を通じて定めるという「民主主義的機能」を有するものとして定義されることになり、さらに、「その実体法における現れが『罪刑法定主義』であり、手続法においては『強制処分法定主義』として表現されていると理解」[5]されることになる。

3）田宮裕『刑事訴訟法〔新版〕』（有斐閣、1999年）72頁、田宮裕編著『刑事訴訟法Ⅰ』（有斐閣、1975年）132頁。
4）井上・前掲注1）『強制捜査と任意捜査』10頁。

このように、強制処分法定主義を令状主義とは独立かつそれに優先する意義を有するものと理解することは、通説のいう「重要な権利・利益の侵害や制約」という強制処分の定義とも密接に関連している。通説は、現行刑訴法の強制処分に関する規定で定められた要件や手続がかなり厳格なものであること、強制処分は原則として令状主義の支配を受けることを理由に、「そのような立法による意識的・自覚的な採否の決定に服させ、かつ法定の厳格な要件・手続によって保護する必要のあるほど重要な権利・利益に対する実質的な侵害・制約を伴う場合にはじめて、強制処分ということになるものと解すべき」とする[6]。ここでは、立法による意識的・自覚的な採否の決定や法定の厳格な要件・手続が、「重要な権利・利益の侵害や制約」という強制処分の定義の根拠とされていることがわかる。

3　強制処分法定主義と民主主義

強制処分法定主義に独自の意義を認める通説の立場は、多くの見解の支持を得ている。本稿も、この方向性は妥当と考える。しかし、通説における強制処分法定主義の理解が、「重要な権利・利益の侵害や制約」という強制処分の定義に直結するかについてはいくつかの疑問がある。第1に、令状主義の支配を受けていることが、このような強制処分の定義に直結するかという疑問である。この点、令状主義は、すべての強制処分に適用されるわけではなく、強制処分であっても、憲法33条（「逮捕」）や35条（「住居、書類及び所持品について」の「侵入、捜索及び押収」）に含まれないものについては、強制処分の根拠が刑訴法に規定され、その定めに従って行われれば足りるとする見解がある。これによれば、強制処分法定主義の対象となる捜査手段は、令状主義の対象よりも広いということになる[7]。さらに、この見解は、「捜査

---

5) 酒巻匡「強制処分法定主義」法学教室97号（1997年）30頁、同「捜査に対する法的規律の構造（1）」法学教室283号（2004年）283頁など。
6) 井上正仁「強制処分と任意処分の限界」刑事訴訟法判例百選〔第8版〕5頁。
7) 後藤昭「強制処分法定主義と令状主義」法学教室245号（2001年）10頁以下、緑大輔『刑事訴訟法入門』（日本評論社、2012年）47頁の注4）など。

のための権利制約を規制する」という強制処分法定主義の目的を踏まえて、「同意に基づかない権利制約があれば、侵害の程度を問わず強制処分とするという基準の方がより忠実」とする[8]。この見解が示すように、令状主義の支配を受けることは、強制処分の定義とは直結しないといえる。

　第2に、「法定の厳格な要件・手続」が、「重要な権利・利益に対する実質的な侵害・制約」という強制処分の定義に直結するかである。まず、この「厳格な要件・手続」は幅のある概念で、それほど明確なわけではないし、強制処分にも「厳格な要件・手続」といい難いものも存在する（たとえば、刑訴法129条や165条以下など）。これらの規定に比べ、強制処分とされない任意出頭や滞留、取調べに関する刑訴法198条などのように「厳格」といえる規定も存在する。198条は強制処分ではないからである、という見解もあり得ようが、強制処分の定義を議論する際に、その反論は結論の先取りといえよう。以上のように、「厳格な要件・手続」は重要な権利・利益を保護するため「だけ」に存在するかについては疑問が残る。

　第3に、「立法による意識的・自覚的な採否の決定に服させ」ることと強制処分の定義との関係である。上述のように、通説は、「重要な国民の権利・利益を奪う」処分の濫用防止という趣旨に加え、「そのような処分を用いることを許すかどうか自体、国民自身が、その代表である国民を通じて、意識的かつ明示的に決断すべき」ことを、強制処分法定主義の趣旨であるとする。捜査機関による強制捜査権限の濫用防止という趣旨に加え、立法機関による意識的・明示的な決断の「責務」というべきものが示されていることが、通説の特徴である。しかし、後者の「責務」が、重要な権利・利益の侵害を許すかどうかの判断のみに課されるべきものかは必ずしも明らかではない。通説は、「そもそもある態様の強制処分を許容するかどうか、許容するとしてこれをいかなる要件手続によって統制するかは、主権者である国民自身が、国会を通じて決断すべき」[9]とも述べている。ここにいう「ある態様の強制処分」について、この強制処分法定主義の趣旨から直接に導かれるの

8）後藤・前掲注7）12頁以下、緑・前掲注7）47頁など。
9）酒巻・前掲注5）「捜査に対する法的規律の構造（1）」62頁。

は、「立法機関が、当該処分を許容すべきかどうか、どのような要件や手続で行うべきかを判断すべき処分」であって、重要な権利・利益の侵害・制約に限定される必然性はないといえる。

　この点で注目されるのが、近年主張されている捜査協力強制説である。この見解は、刑訴法197条1項本文は、捜査機関による処分について、一定の捜査目的達成のために「必要な」範囲で、すなわち、比例原則に則って行われるべきことを確認するとし、同条但書は、「一定の捜査目的の実現のために、たとえ必要かつ相当な処分であっても、それに対する協力を人に『強制』することは、刑事訴訟法の『特別の定め』、すなわち、『国民の代表による明示的な選択を体現する法律』の根拠がない限り許されない旨定める」とする[10]。この見解は、捜査機関の処分により重要な権利・利益が侵害・制約されることがあるとしても、それは、当該処分によって実現されるべき「目的」でも、また当該処分の「内容」とするところでもなく、それとは別個の一定の手続上の「目的」ないし「内容」の実現に「副作用」的にともなうものであるにすぎないという点を重視し、強制処分法定主義により「国民の代表による明示的な選択」が要求されるのは、捜査機関に「人の重要な権利・利益を本人の意思に反して制約すること」を許すか否かではなく、むしろ、「一定『内容』の処分によって一定の捜査『目的』を、『強制』的に、すなわち、その対象者のそれに協力するか否かの意志の如何にかかわらず実現することを許すか否かである」とする[11]。

　この見解が、「立法による意識的・自覚的な決断」という強制処分法定主義の趣旨に着目したうえで、当該趣旨が「重要な権利・利益の侵害・制約」という強制処分の定義に直結するものとはせず、一定の処分の目的や内容を対象とするものとしている点は重要といえる。議会による「意識的かつ明示的に決断」の対象は、捜査機関が、どのような場合に、どのような処分を、どのように行うことができるか、であるといえる。もっとも、このような理解が、「捜査協力の強制」という強制処分概念と直結するかについては、疑

---

10) 松田岳士『刑事手続の基本問題』（成文堂、2010年）242頁以下。
11) 松田・前掲注10）241頁。

問も残る。「重要な権利・利益の侵害・制約」が副作用であるとしても、それを当該処分の（「目的」はともかく）「内容」から除外することはできるのだろうか。現に、この見解は、強制処分に該当するか否かについて、「当該処分により一定の捜査目的を実現するにあたり、①個人に、一定内容の能動的行為を行うことが求められる場合や、②住居、身体、財産等の個人の権利・利益が不可避的に制約ないし侵害されることになるために、当該権利・利益主体によるその「受忍」が求められる場合」をあげる[12]。②のように、「受忍」といえるためには、権利・利益の侵害・制約が副作用とはいえ処分の「内容」となっていることが必要であろう。

4　強制処分法定主義と議会の「自己決定義務」

　それでは、議会による「意識的・自覚的な決断」という強制処分法定主義の趣旨は、強制処分の定義とどのように関係するのであろうか。この点、立法機関による法律の制定手続の機能について、法律の留保との関係で着目する議論（「本質性理論」[13]）が、行政法の領域にも存在することが参考になると思われる。本質性理論は、1970年代のドイツで、判例法上確立された考え方であるが、その特徴は以下のようにまとめることができる[14]。①市民の権利・利益の保護を目的として議会のコントロールを及ぼすという法治国家原則の観点に立ち、基本的人権の保障のために法律の根拠を要請する（この点においては、侵害留保の考え方が維持されている）。②国家におけるすべての本質的決定は議会に留保され、議会は本質的事項に関する限り、行政に委ねることなく自ら自己決定するよう義務づけられる。「介入行為の前提・状況・結果についての本質的な決定は、立法者自身によって行われなければならず、行政に委ねてはならない。」③②は、「野党をも含む法律制定過程は、官僚だ

---

12) 松田・前掲注10) 243頁。
13) ドイツにおける本質性理論の展開過程を検討するものとして、大橋洋一『現代行政の行為形式論』（弘文堂、1993年）1頁以下など。
14) 大橋洋一『行政法Ⅰ現代行政過程論』（有斐閣、2009年）33頁以下、松本和彦『基本権保障の憲法理論』（大阪大学出版会、2001年）41頁以下、原田大樹「法律による行政の原理」法学教室373号（2011年）4頁以下など参照。

けからなる行政過程よりも多元的な見解を統合する機能に優れていること、国会の審議経過は、マスメディアにより報道されるなど公開性に優れて」いるという法律制定手続の機能から導かれる。④本質性理論によれば、法律の留保原則は、議会が自ら決定すべき排他的事項の範囲を確定するものといいかえられることになる。このことからすれば、単に根拠規定を置いたという形式的判断では足りず、個々の根拠規定が議会の規律責務を果たしたと評価できるほど十分な規律密度を有しているかも同時に問われるべきことになる。

　もちろん、行政法の議論を刑訴法の領域に直接持ち込むことには慎重でなければならない。しかし、この本質性理論において示されている「本質的事項」についての議会の「自己決定義務」という考え方は、強制処分法定主義の趣旨を理解するうえでも活用できると考えられる。なぜなら、「捜査こそ人権侵害の可能性が高い国家作用であり、そのために憲法は令状主義をはじめとする厳格な規律の下においたはず」[15]で、さらに憲法31条を踏まえ刑訴法197条1項但書という特別の規定が置かれたことからすれば、行政法と同じく、捜査機関による捜査活動も本質的事項に関係するものが存在し、その本質的事項に関する介入行為の前提・状況・結果についての決定は、捜査機関に委ねられてはならず、立法者自身によって行われなければならないと考えることも可能だからである。上述のように、通説も、この議会の自己決定義務を考慮しているとも評価できる。

　このように考えると、刑訴法197条1項但書にいう強制処分法定主義の民主主義的側面の趣旨は、議会の自己決定義務という意味での議会による「意識的・自覚的な決断」と捜査機関による強制捜査権限の濫用防止にあるということも可能である。これらの趣旨は別個のものではなく、コインの表裏の関係にあるといえる。そして、「強制の処分」とは、「議会が、その前提・状況・結果に関する決定を通して、規制すべき処分」と定義されることになろう。裏返せば、その前提や状況、結果について捜査機関の独断に委ねてはならない処分ともいえよう[16]。もちろん、当該処分に該当するかどうかを判断するうえでは、その処分が国民の権利や利益を侵害する内容であるかどうか

---

15) 宍戸常寿『憲法　解釈論の応用と展開』（日本評論社、2011年）22頁。

が考慮される。さらに、捜査機関の独断に委ねてはならない処分という観点からは、従来の歴史的経緯なども踏まえて、捜査機関による権限濫用の危険性が高い処分も含まれることになろう。たとえば、刑訴法198条も強制処分として「法定」された処分だということも可能になる。その詳細は後述する。

　このように、法定すべき強制処分かどうかは、権利・利益の侵害や制約の有無に加え捜査権限濫用の危険性なども含めて判断されることになる。他方で、対象とされる権利・利益の「重要性」も、（法定すべきかどうかではなく）、どのように法定すべきかを判断するうえで考慮される。この点についても、本質性理論が、すべての権利侵害行為を含めた本質的事項に係る行為について法律の留保が必要であることを前提とし、議会が自己決定したといえるほどの十分な規律密度を有した法律上の根拠を求めていることが参考になる。このことを踏まえると、権利や利益の重要性は、法定すべきかどうかの段階ではなく、十分な規律密度を有した法律上の根拠を規定すべき議会の自己決定義務、すなわち「どの程度の密度で法定すべきか」という意味での議会の自己決定義務の強度において考慮されることになる（立法レベルにおける比例原則の具体化ともいえよう[17]）。通説が根拠とする「法定の厳格な要件・手

---

16) 稲谷龍彦「刑事手続におけるプライバシー保護——熟議による適正手続の実現を目指して」刑法雑誌53巻2号（2014年）120頁以下は、アメリカにおける「情報収集・分析能力や、法形成能力に難のある裁判所に謙抑を求め、むしろ制度的能力に勝る議会や、人民の利害関係を直接に反映しうるコミュニティポリシングを重視するという、民主主義的刑事司法のルネッサンス」は、日本でも参照されるべきとして、「強制処分については、特別の法的規制によって、捜査機関を特に方向づけることが必要される捜査活動」、「任意処分については、国民の利益を最大化するために、専門家としての訓練を受けた捜査機関に、その実施にあたって一定の裁量を与えることが適当な捜査手法」とする。国会を通した民主主義的統制を重視することで強制処分を定義しようとする点では、本稿の立場と近いと考える。同見解の詳細については、稲谷龍彦「刑事手続におけるプライバシー保護——熟議による適正手続の実現を目指して（1）～（8・完）」法学論叢169巻1号（2011年）1頁以下～173巻6号（2013年）1頁以下。同見解について検討するものとして、緑大輔「強制処分法定主義」法学教室411号（2014年）16頁以下。

17) 緑・前掲注7）37頁は、「条文の規定の粗密は、『犯罪の予防・社会秩序維持の段階か、犯罪の発生を受けて証拠収集を行う段階か』という公権力行使の必要性の基礎となる『事情の強固さ』の程度と、権利制約の程度のバランスを考慮して設定されている」という意味で、「立法レベルでの比例原則が条文の粗密に影響しているのではないか」、「つまり、比例原則は、個別具体的な法の解釈・適用のレベルで作用するのみならず、より一般的抽象的な条文の形式のレベルにおいても作用しているのではないか」とする。

続」は、強制処分の厳格な定義を直接導くものではなく、上記の議会の自己決定義務に満たすほどの十分な規律密度を有した要件・手続と解されることになる。そして、令状主義は、重要な権利や利益を侵害する処分に関する十分な規律密度を有する規定のうち必要な要件・手続を要求したものと解されることになろう。また、たとえば、手段として行われる「必要な処分」（刑訴法222条1項、111条1項、129条など）それ自体が強制に至る場合には、より具体的な規定が必要であるといった[18]、強制処分に関する規定のあり方に関する検討の視点も導かれることになる。

このように、強制処分法定主義は、法治国家原則や民主主義を根拠としながら、①すべての権利を侵害・制約する処分や権限濫用の危険のある処分など、「議会が、その前提・状況・結果について決定を通して、規制すべき処分」について、その根拠、要件や手続を法定すべきこと、②重要な権利・利益が重要であればあるほど、そして権限濫用の危険が高ければ高いほど、その要件や手続についての議会の自己決定義務、すなわち規律密度は高度なものが求められることを要求するものと理解することは可能と考える[19]。

5　任意捜査の限界について

次に、以上の検討を踏まえて、任意処分の限界につき、任意同行や宿泊をともなう取調べの問題を素材としながら検討する。任意同行後や同行後に取調べについて、最二小決昭59・2・29（刑集38巻3号479頁）は、2段階の判断枠組みを示したとされている。すなわち、第1段階として、「任意捜査においては、強制手段、すなわち、『個人の意思を制圧し、身体、住居、財産等に制約を加えて強制的に捜査目的を実現する行為など、特別な根拠規定がなければ許容することが相当でない手段』が用いたかどうかが判断される。これは、任意同行や同行後の警察署への滞留について、一定の客観的事情が

---

18) 緑・前掲注7) 84頁以下を参照。
19) 本稿の立場を前提とすれば、たとえば、GPSを対象者に仕掛け、その動静を監視する捜査手段は強制処分として位置けられることになる。また、DNA型の検査や監視カメラによって得られた情報の管理などについても、法定が必要となろう。

あれば、被疑者の同意の有無を問わず実質的逮捕とする昭和59年決定以前の下級審裁判例の判断枠組みに近いものと評価されている。第1段階において強制手段は用いられていないと評価された場合でも、第2段階として、「事案の性質、被疑者に対する容疑の程度、被疑者の態度等諸般の事情を勘案して、社会通念上相当と認められる方法ないし態様および限度に」とどまっているかどうかが判断される。

同決定に対しては、学説からの批判が強い。まず、判断枠組み自体に対して、被疑者の行動の自由や意思の自由を侵害・制約するような取調べが、「社会通念上相当」の判断枠組みにより許容されることになるなどと批判されている[20]。ここでは、本質的に被疑者の行動の自由や意思の自由に対する侵害・制約の高い危険性を有する任意同行やその後の取調べについて相当性判断を行うこと自体の問題性が前提とされているといえる。

他方で、判例の論理を前提としても、その相当性判断（比例原則の適用）を行う根拠について様々な解釈が存在する。第1の類型として、意思決定の自由は侵害されるか否かのいずれかしかないところ、被疑者が任意に取調べに応じたと評価される（上記の強制手段性が否定される）以上、何らの法益侵害も存在しないことになり、比例原則の適用において捜査の必要性と衡量されるべき反対利益たる被侵害法益も想定しえないことになるという見解があげられる。この見解によれば、被疑者の権利・利益という観点からは、任意捜査に対する相当性判断という規律の根拠を説明できなくなる。そこで、この見解は、意思決定の自由に対する制約以外の根拠をあげる。まず、被疑者の権利や利益には還元されない、いわば公的利益をあげる見解がある。この見解は、昭和59年決定の説明として、被疑者の権利・利益以外の要素、すなわち捜査機関に対する行為規範やより一般的な捜査の適正さをあげる[21]。このように理解すると、同意が存在する場合であっても任意捜査を規律すべき根拠を説明できる。また、意思決定の自由以外の被疑者の権利・利益をあげる見解もある。この見解は、任意同行やその後の取調べにおいては、捜査機

20）酒巻匡「任意取調べの限界について」神戸法学年報7号（1991年）293頁以下など。
21）佐藤隆之「在宅被疑者の取調べとその限界（1）」法学68巻4号（2004年）9頁。

関に対する同意が存在したとしても、取調べにともなう行動の自由や心身の苦痛・疲労に関する利益に関する放棄が存在するとまではいえないことを比例原則適用の根拠とする[22]。

しかし、この見解に対しては、意思決定の自由はあったか否かという二者択一で割り切ることが妥当か、行為規範が発生する根拠が不明確である、さらには意思決定の自由以外の被疑者の権利・利益も自由な意思決定により放棄されるのではないかなどの批判が示されている[23]。そこで、たとえ有効な同意があろうとも、取調べを受けることで被疑者の行動に対する現実の制約や心身の苦痛・疲労といった負担や不利益は生じうること、被疑者は権利侵害（上記の負担・不利益を受けること）に同意したが、その同意はそうした侵害の発生自体を消し去るものではないことを比例原則の適用の根拠とする見解も示されている[24]。

第2の類型として、意思決定の自由に対するある程度の侵害や制約が存在することを比例原則適用の根拠とする見解があげられる[25]。この見解に対しては、第1類型の見解が批判として示されよう。また、この見解は、被疑者が取調べにしぶしぶ応じるような場合には比例原則の適用を認めることにつながるだろうが、積極的に応じているような場合には、ある程度の侵害や制約も存在しないのであるから、比例原則の適用は根拠づけられないのではないかとの批判もありうる。

これらの見解は、任意同行やその後の取調べが、意思決定の自由や行動の自由、あるいは心身の苦痛、疲労といった負担・不利益などの被疑者の権利や利益を侵害・制約する危険を内在することを前提としていると思われる。第1類型の見解も、このことを前提に、意思決定の自由の侵害を想定しえないケースについて規制の根拠を導出しようとしているのであろう。そのうえで、被疑者の同意の内容やそれによりもたらされる効果をどのように位置づ

---

22) 川出・前掲注2) 37頁。
23) 堀江慎司「宿泊を伴う取調べ」刑事訴訟法判例百選〔第9版〕17頁、大澤裕＝川上拓一「任意同行後の宿泊を伴う取調べと自白の証拠能力」法学教室312号（2006年）82頁以下など。
24) 堀江・前掲注23) 17頁。
25) 大澤＝川上・前掲注23) 82頁［川上発言］、堀江・前掲注22) 17頁など。

けるかで見解は分かれている。

　しかし、「被疑者の同意」という概念の複雑さ[26]、さらに捜査機関と対面した被疑者がどこまで的確に同意できるか、同意の認定の困難さという問題など、被疑者の同意を前提とするアプローチは必ずしも成功していないようにも思われる。それゆえ、上記のような任意同行やその後の取調べといった捜査手法の本質的な危険性を前提としながら、被疑者の同意以外の根拠から規制する論理が検討されるべきである。この点、第1類型の見解のように、被疑者の権利・利益以外の観点から捜査機関の行為規範や一般的な捜査の適正を想定することが考えられるが、上述のようにその根拠の不明確さには批判がある。しかし、上記の見解も指摘するように、被疑者の行動に対する現実の制約や心身の苦痛・疲労といった負担や不利益は、被疑者の同意によってその発生自体が消し去られるものではない。このような負担や不利益は当該捜査方法に本来的に内在するものといえる。その意味では、当該捜査手法は、対象者の権利や利益を侵害するとまではいえなくとも、捜査機関の権限濫用の危険性の高いものといえる。

　本稿の理解によれば、現行法において具体的な根拠規定を有し、要件や手続が規定されている任意同行やその後の取調べも強制処分と位置づけられるべきことになる。そして、議会が自己決定義務を果たしたと評価できるほどの規律密度で要件や手続が規定されていること、すなわち権限濫用の危険のある捜査手法について捜査機関の独断に委ねていないことが必要だということである。その規定方法の1つとしては、上記の本来的に内在する危険性を積極的に除去するような手続を定めることが考えられる。この点について参考となると思われるのが、富山地決昭54・7・26（判時946号137頁）である。同決定は、任意同行とその後の取調べについて、「物理的な強制が加えられたと認められる資料はない」としつつ、取調べが「長時間にわたり断続的に続けられ、しかも夕食時である午後7時ころからの取調は夜間にはいり、被疑者としては、通常は遅くとも夕食時には帰宅したいとの意向をもつと推察されるにもかかわらず、被疑者にその意向を確認したり、自由に退室したり

26）松田・前掲注10）234頁における注16）参照。

外部に連絡をとったりする機会を与えたと認めるに足りる資料はない」として、このような取調べは、「仮に被疑者から帰宅ないし退室について明示の申出がなされなかったとしても、任意の取調であるとする他の特段の事情が認められない限り、任意の取調とは認められない」とした。同決定は、午後7時以降は帰宅する意向を確認したり、自由に退室する機会を与えたり、外部と連絡をとる機会を与えるという任意の取調べを維持する捜査機関の義務を定め、それを遵守したという「特段の事情がない限り、任意の取調とは認められない」としたと理解することも可能であろう。このように、上記のような捜査手法の危険性を除去するのは被疑者の同意・協力ではなく、捜査機関側の行為であり義務だと考えることは可能だと思われる。その内容には、被疑者の同意を得るだけでなく、被疑者の権利の告知、手続の説明、同意を得る、一定時間ごとに十分な休憩時間をとる、退室する機会や外部と連絡する機会を付与するなど、行動の自由の制約や被疑者の心身の苦痛や疲労の軽減のための措置をとる義務も含まれる。その意味では、被疑者の同意を得たという捜査機関の行為は、上記の危険性を除去した適法な捜査というための必要条件にすぎない。

　刑訴法198条は、上記の危険性を本来的に有する任意同行やその後の取調べを用いる条件・資格として、捜査機関の遵守すべき義務を規定したものといえる。このような危険性の除去義務を果たさない限り、任意同行やその後の取調べは、違法な強制処分として評価されることになる。そして、この除去義務を果たしたことを訴追側が積極的に立証した場合にのみ適法な強制処分として適法ということになろう。また、近年の取調べの改革に関する世論の高まりも踏まえるならば、この任意同行やその後の取調べについてはより高度の規律密度をともなった立法が議会には義務づけられているといえよう。なお、通説の理解を前提とした解釈論としても、上記の被疑者の負担や不利益の内在を前提とした、「社会的通念上相当と認められる方法ないし態様及び限度」という捜査機関の行為規範として、上記のような捜査機関の危険除去義務を想定することは可能だと思われる。

6　むすびにかえて

　本稿では、議会の「自己決定義務」という趣旨から強制処分法定主義をとらえ直し、「強制の処分」概念を広くとらえながら、侵害・制約されうる権利や利益の重要性、さらには捜査権限濫用の危険性が高ければ高いほど、規律密度を高くすべきとする見解を採用することも可能であることを主張した。捜査に対する民主主義的コントロールをより徹底し、さらにはその規律方法についても比例原則の適用を認める見解であるともいえる。

　さらに、その見解を踏まえ、任意同行やその後の取調べなど、本来的に被疑者の権利や利益を侵害する危険性を内在する捜査方法について、捜査機関の当該危険性を除去する義務を前提に考えるべきであり、その義務違反が存在する場合は、当該捜査行為を違法と評価すべきとした。

　本稿は試論的なものにすぎない。さらに本格的な検討や、上記以外の捜査方法についての検討などについては他日を期すことにしたい[27]。

---

27) 本稿を脱稿後、井上正仁『強制捜査と任意捜査〔新版〕』（有斐閣、2014年）が公刊された。筆者がドイツ留学中ということもあり、同書の内容も踏まえた検討は、今後の課題とする。

捜査

[2] 捜査機関による緊急性・必要性の作出と令状主義
刑事訴訟法220条1項の場合

緑　大輔

1　問題の所在

　刑事訴訟法220条1項は、「逮捕する場合において必要があるとき」に被疑者捜索（1号）や逮捕現場での対物的強制処分（2号）を無令状で執行できる旨（同条3項）を規定している。しかし、たとえば、捜査機関が公道上で被疑者を発見し、その場で逮捕令状に基づき逮捕できたにもかかわらず、捜査機関が被疑者を居宅に任意同行の形で移動させた上で、逮捕状を執行し、刑訴法220条1項に基づき、居宅内で逮捕にともなう無令状捜索・差押え・検証を行うことは許容されるだろうか。

　この場合、捜査機関は場所を移動することによって、被疑者による証拠隠滅の危険性や、「逮捕の現場」に証拠物が存在する蓋然性を作出しているようにもみえる。条文に則していえば、殊更に任意同行することで「逮捕する場合において必要があるとき」を作出していると評価しうるばあいはないか。そこに法的に問題はないか。もう少し抽象化していえば、捜査機関が無令状の対物的強制処分を必要とする事情を作出していると評価できる場合がありうるのか、あるとすればそれはどのような場合か。本稿では、これらの問題を、アメリカ合衆国連邦最高裁判例を素材に検討したい。その上で、わが国の刑訴法解釈に対してどのような示唆を与えるか、確認したい。

2 緊急事態の作出

(1) 証拠隠滅事態の作出？

　アメリカ合衆国では、連邦憲法修正4条が令状に基づく捜索・押収の執行を要請するとともに、「不合理な捜索・押収」等を禁止している。そして、原則として住居に立ち入る場合には不合理な捜索・押収に該当することが推認されるが、「不合理」な捜索・押収に該当しない令状主義の例外として、いわゆる緊急事態（exigencies of the situation）の例外が判例上認められ、現在もその考え方は維持されている[1]。その一例が、証拠隠滅のおそれが切迫している場合である。証拠隠滅のおそれが具体的に切迫している場合には、無令状での住居への立入りと捜索押収が許容される[2]。

　かような無令状捜索の法的規律の枠組みの下で、次のような事案について連邦最高裁が審理した。薬物事犯でコントロールド・デリバリーの追跡に当たっていた捜査官の連絡を受けて、警察官がアパートに立ち入った際、焼けた大麻の臭いを強く感じたため、（警察官の証言によれば）当該居室の戸口においてこれ以上ないほどの大きな音で扉を叩き、「警察だ」と告知したところ、室内で物を動かす音が聞こえた。その音を、警察官らは薬物事犯と関連性のある証拠を隠滅する音だと考えたため、家に立ち入る旨を告知して、扉を蹴破って立ち入ったところ、被告人とその女友達、そして大麻を吸引していた来客を発見した。そこで、警察官らは自らの安全を確保するために室内を巡検した（protective sweep）ところ、大麻と覚せい剤を発見し、プレイン・ヴュー法理に基づき押収するとともに、その後の捜索行為によって当初の被疑事実に関連する売買対象の覚せい剤、現金と薬物使用のための道具一式を発見した。以上の事実の存在を前提として、警察官の告知行為の態様ゆえに証拠隠滅が促され、緊急事態が作出されたとして、被告人側が修正4条

---

1) *See e.g., Brigham City v. Stuart*, 547 U.S. 398（2006）. 逮捕にともなう場合について、緑大輔「合衆国での逮捕に伴う無令状捜索——チャイメル判決以降」一橋論叢128巻1号（2002年）75頁以下参照。
2) *See, Brigham City*, 547 U.S., at 403. *See also, Minnesota v. Olson*, 495 U.S. 91（1990）.

に違反する無令状捜索が存したことを理由に、証拠排除を主張して争ったものである[3]。

　当該争点について、ケンタッキー州裁判所の事実審・控訴審ともに被告人の主張を斥けたが、ケンタッキー州最高裁判所は、証拠排除を認めて原判決を棄却した。その際に、捜査機関側が「緊急事態」を作出（create）したか否かを次の2つのテストにより審査している。第1に、警察官が令状主義（warrant requirement）を潜脱する意図（bad faith）を以て、故意に緊急事態を作出することは許されず、その場合には修正4条に反する。第2に、仮にそのような潜脱の意図がないとしても、警察官が行おうとする捜査方法が緊急事態を作出してしまうであろうことが合理的に考えれば予見可能な場合も、緊急事態例外による無令状捜索は許されない。以上のテストのうち、本件捜索は第2のテストに抵触し、修正4条違反だとしたのである[4]。

(2)　連邦最高裁の判断

　以上の経緯を経て、連邦最高裁は法廷意見（アリート判事執筆）が本件について判断を示した。法廷意見によれば、もともと、下級審での判断の蓄積により、証拠隠滅を防止する必要性が警察官の行為によって作出された場合には、証拠隠滅のおそれを理由とした無令状捜索は許容されないという法理が形成されてきた[5]。もっとも、この例外を適用するにあたっては、単に警察官の行為によって証拠隠滅が促された可能性を指摘するだけでは足りない。それというのも、多くの場合、違法行為への関与者が証拠隠滅をするのは、証拠物が法執行機関の手に落ちないようにするためである以上（とくに薬物事犯ではトイレに薬物を流す等、隠滅が容易であるだけにそのようなことをしがちである）、「警察官が緊急事態を招来するのは不可避」ともいえるからである。そのため、法廷意見によると、「捜査機関による緊急事態の作出がある場合には、常に捜査機関の住居への立入りを禁止する」というルールを設定

3）*Kentucky v. King*, 131 S. Ct. 1849 (2011).
4）*King v. Commonwealth*, 302 S.W.3d 649 (2010).
5）*United States v. Chambers*, 395 F.3d 563, 566 (2005), *United States v. Gould*, 364 F.3d 578, 590 (2004).

してしまうと、不当に令状主義の例外の適用範囲を縮小することにつながりうるという。

以上のような説示をした上で、法廷意見は、次のように述べている。

第1に、捜査機関側に令状主義を潜脱する意図がある場合に緊急事態の作出を認定できるか。これについては、連邦最高裁のこれまでの判例が、捜査官の主観面に着目して憲法違反の有無を検討するような主観的なアプローチを繰り返し否定してきており[6]、客観的に観察して、当該状況が捜査官の行為を正当化するか否かのみを検討してきていることと相容れないとして、ケンタッキー州最高裁の判断は排斥された。

第2に、捜査機関の行為によって、被処分者が証拠隠滅を行うだろう旨を合理的に予見できる場合はどうか。この点については、①かつて連邦最高裁は当該被疑事実について捜索する際に、他の犯罪の証拠を見つけ出すことを捜査機関が主観的に期待しながら捜索を執行したとしても、プレイン・ヴュー法理により他罪の証拠物を押収することは許容されると判断している[7]。この先例は、捜査官が証拠の存在や隠滅を主観的に予見していたかどうかを考慮する考え方とは対極にある以上、捜査機関の主観的な予見可能性を基準とすることは受け容れられない。②また、捜査官が証拠隠滅のおそれを予見できるかどうかを考慮することは、法的安定性を害するおそれがある。たとえば、薬物事犯では多かれ少なかれ、ドアをノックするだけで屋内の者が薬物を隠滅する可能性が生じるものであり、そのような考慮をすると、事案ごとに緊急事態を作出したと評価できるかどうかが問われることになってしまう。しかし、「捜査官が証拠隠滅の可能性をどの程度予見できるか」という問題を個別事案ごとに判断することは、迅速な判断を求められる現場の捜査官にとっても、事後的に証拠隠滅を予見することが合理的だったか否かを審

---

6) 連邦最高裁はここで、プレイン・ヴュー法理において警察官が「偶然」に証拠物を発見したといえるか否かは適法性に影響しないとする判例を引いている。See, Horton v. California, 496 U.S. 128 (1990). 同判決については、酒巻匡「いわゆる『緊急差押』について——『プレイン・ヴュー (plain view)』法理の検討」松尾浩也ほか『内藤謙先生古稀祝賀・刑事法学の現代的状況』(有斐閣、1994年) 431頁以下、佐藤隆之「別罪証拠の差押え——プレイン・ビューの法理」現代刑事法5巻5号 (2003年) 31頁以下等。

7) Horton, 496 U.S., at 138.

査しなければならなくなる裁判所にとっても、困難である。以上の理由を挙げて、法廷意見はこの基準に基づく緊急事態の作出の有無の判定を否定した。

他方で、下級審裁判例の中には、当該捜索を執行する際に、捜索を執行するだけの相当な理由（probable cause）があったか否か、また、令状を取得する時間的余裕があったか否かを基準として、緊急事態の作出の有無を判定する——という基準を示すものもある。すなわち、相当な理由が充分に備わっているにもかかわらず、そして時間的余裕があるにもかかわらず、令状を請求せずにドアをノックして被処分者と会話し、承諾を得て捜索しようとする場合には、捜査機関が緊急事態を作出していると認定するものである[8]。しかし、法廷意見によれば、①承諾による捜索は、捜査官が被処分者と予め接触することで、令状による強制的な捜索を避けられる上、②捜査機関にとっても被処分者の承諾による捜索の方が簡便かつ迅速で、負担も少ない。また、③承諾による場合には、令状で認められるだろう関連性のある範囲よりも多く証拠を得られるし、④令状に基づいて捜索を執行すると、捜査の密行性を害し、未発見の共犯者や証拠が隠滅されるという事態を招来してしまう場合もあり、捜査機関はそれを避けようとするだろう、と指摘される。以上の点から、承諾による捜索を萎縮させうるこの基準を受け容れることはできないという[9]。

なお、上告人は緊急事態の作出について、さらに別の基準を主張していた。その基準とは、合理的な一般人に、「捜査官が切迫した状態で確実に住居内に侵入してくる」と思わせるような態様で、捜査官が振る舞う場合、違法に緊急事態を作出したと判断するというものである。要は、殊更に一般人の切迫感や危機感を高める態様で立ち入ったか否かが基準になるということである。この主張によると、捜査官の声色や、戸口にいるのは捜査官である旨の告知、ドアを思い切り強く叩いた行為などが勘案されて、緊急事態が作出されたか否かを判断すべきことになる。しかし、法廷意見は、緊急事態に対処

---

8) *Chambers, supra* note (5), at 569.
9) その他、本判決では、当該地域における捜査運用上の基準に逸脱したか否かを以て、緊急事態の作出を判定すべきだという下級審裁判例については、基準に明確性を欠いていると批判している。

する捜査官は、そのような微妙な要素に対応できないと指摘する。しっかりと戸口をノックして捜査官の来訪を告知することは、判例上も被処分者に対して警告を与える点でむしろ必要なことであるし[10]、このような告知をしないと被処分者は捜査官の来訪に気づかない可能性すらある。そして、捜査官の身分を明かすことは、被処分者側がその対応について意思決定を行うために、慫慂されこそすれ、否定されるべきではない。また、上告人の基準を採用すると、捜査官は緊急事態の作出だと評価されぬよう、どのように戸口で来訪の告知をすべきかという、困難な問題を抱えることになる。修正4条がこのような不明確で実際的ではない基準を要求しているとは考えがたいという。

以上のように、法廷意見は、緊急事態の作出にかかわる判断基準をそれぞれ斥けたうえで、本件について、捜査機関の行為以前にもともと緊急事態が固有に発生していたと認定できる場合には、緊急事態の作出は問題とならず、緊急事態例外の適用を受けた合理的な捜索として修正4条の下で許容されるはずだと指摘する。そして、本件では、捜査官が戸口で自らが警察官であることを告知した以上のことは、事実として認定できず、証拠隠滅という緊急事態が発生する前に「居宅内に立ち入る」旨を警察官が殊更に述べたという事実を認定する証拠もない（隠滅行為発生後に、立ち入る旨を述べたにとどまる）。そのため、証拠隠滅という緊急事態がもともと存在し、捜査機関の来意告知により証拠隠滅が惹起されたという事実関係にはない。そうである以上、本件における被告人の証拠隠滅行為は、修正4条の下で許容される緊急事態の例外に該当し、本件捜索は憲法に反しないとして、ケンタッキー州最高裁に差し戻した。つまり、事実認定として、緊急事態がもともと発生していた以上、緊急事態の作出を問題とする必要はない、というわけである[11]。

以上の合衆国判例の議論は、わが国の刑訴法解釈において、どのような示唆を与えるであろうか。以下、わが国の議論に即して問題を整理したい。

---

10) *See, United States v. Banks,* 540 U.S. 31 (2003).
11) なお、ギンスバーグ判事の反対意見は、本件では令状を取得することが可能であったにもかかわらず、令状を取得しなかった点で、緊急事態に至る経緯に問題があったとし、本件はケンタッキー州最高裁の判断のとおり、修正4条違反と解すべき旨を指摘している。

3　緊急事態の「作出」をめぐる議論の含意——220条1項を例として

(1)　合衆国判例の論理の援用可能性

　上述の合衆国判例では、捜査機関による緊急事態の「作出」が争われたものの、最終的には事実認定の問題として扱い、捜査機関の行為が対象者の証拠隠滅行為を惹起したという因果性が認められないとして、本件における問題の存在自体を否定した。しかし、この判断過程を裏返せば、「捜査機関の行為以前に、固有の緊急事態が存しない場合」には、緊急事態の作出が問題になりうることを示唆している。そして、この判断過程で排斥された議論を見ると、わが国では説示において否定された「作出」にかかる基準を含めて、意味を持ちうる点があるように思われる。

　ここでの問題は、「令状による通常の対物的強制処分の手続を避けるために、無令状の対物的強制処分を行う緊急性を、捜査機関が殊更に作出したといえるか」という問題だといえるが、次のように整理できるだろう。まず、合衆国判例にいう緊急事態とは、緊急に（無令状で）捜索等を行うことを必要とする事態を指す。その実質は、無令状捜索等を行う必要性の高い場合を類型化するものといえる。したがって、わが国の文脈に置き換えれば、無令状の対物的強制処分を行う緊急性は、無令状の対物的強制処分を行う「必要性」を支える一要素として位置づけることができるだろう。このように理解する場合、上記問題は、「捜査機関による対物的強制処分の必要性の作出」の問題だと言い換えることができよう。そうだとすれば、結局のところ、緊急事態の作出とは、わが国でいえば、対物的強制処分の必要性要件を充足するか否かという議論の枠組みの中で、検討することが可能であるように思われる。具体的には、本稿の冒頭に挙げた事例のように、本来は公道上で被疑者を逮捕令状に基づき逮捕できたにもかかわらず、被疑者を居宅に移動させた上で、逮捕状を執行し、居宅内で逮捕にともなう無令状捜索・差押え・検証を行う場合などが考えられよう。条文上は、220条1項の「逮捕する場合において必要があるとき」の解釈として、無令状で対物的強制処分を行う「必要」を捜査機関が作出したといえるか否かが問われる。

では、捜査機関による緊急事態の作出——すなわち必要性要件を充足する事情の作出——とは、どのような基準で判断されるべきなのか。合衆国判例で議論の俎上にあった考え方を、わが国の議論状況と対比して検討してみよう。

　合衆国判例では、まず、捜査機関側に令状主義を潜脱する意図がある場合に緊急事態の作出を認定できるか否かが議論されていた。合衆国判例は、捜査機関の主観面を考慮しないという先例に照らしてこの基準を排斥した。しかし、その排斥する論理は、先例との一貫性の欠如のみである。この点、わが国ではやや事情が異なるとも評価できよう。わが国では、捜査行為の適法性を判断する際に、裁判例がしばしば捜査機関の目的・意図に言及し[12]、証拠排除の文脈とはいえ、最高裁も、捜査機関の令状主義の潜脱の意図の有無を重大な違法の有無を判定する際に極めて重視しているといえる[13]。そのため、捜査機関に令状主義を潜脱する意図があるか否かが、「逮捕する場合において必要があるとき」を作出したと認定する一要素となってもおかしくはなかろう。

　また、令状請求すれば、証拠存在の蓋然性や差押えの必要性が認定されるにもかかわらず、そして時間的余裕があるにもかかわらず、承諾等に基づき無令状で捜索・差押え等を執行しようとする場合も（承諾を求めた結果として、被処分者による隠滅行為を促す結果になった場合に）、緊急事態の作出に該当するか否かが議論されていた。合衆国判例は、この点について、被処分者の承諾に基づく捜索が基本的には有効な証拠収集手段であるため、令状発付が見込まれても、そして令状の取得可能性があっても、承諾を求めること自体で緊急性の作出を認定することはできないとしていた。しかし、この点もわが国とは前提が異なるといえよう。わが国の場合、原則として、承諾捜索は望ましい捜査手段だと考えられていない（犯罪捜査規範108条）。これは、「実際は官憲に対する屈服という色彩を拭い切れないおそれ」があり、承諾の判断に慎重さが求められるとともに[14]、捜索対象が家宅全体のあらゆる場

---

12) たとえば、別件逮捕・余罪取調べにかかわる、浦和地判平2・10・12判時1376号23頁等参照。
13) 最一小判昭53・9・7刑集32巻6号1672頁、最二小判平15・2・14刑集57巻2号121頁等参照。
14) 田宮裕『刑事訴訟法〔新版〕』（有斐閣、1996年）112頁。

所に及びかねないという権利侵害の重大性ゆえだとされる[15]。この理解を妥当と解するならば、承諾を得られる見込みがある場合でも、基本的には令状によるべきことになる。そうだとすれば、合衆国判例が排斥した緊急事態の作出の判断基準が、わが国では機能する余地を生ぜしめるだろう。すなわち、令状発付が見込まれ、令状を取得するだけの時間的余裕があるにもかかわらず、令状を用いずに承諾を得て住居内に立ち入って捜索をしようと試みる場合には、あえて被処分者の証拠隠滅を促す危険を捜査機関が殊更に生み出していると判断しうるように思われる。もっとも、この要素と令状主義を潜脱する意図という要素とは、論理的に排斥しあう要素ではない。令状発付の見込みや時間的余裕があるにもかかわらず、令状を用いない場合に、令状主義を潜脱する意図を推認することもありえよう。両基準の違いは、最終的に捜査機関の主観面への評価に言及するか否かの違いにとどまる場合もあると思われる。

合衆国判例で挙げられていたその他の基準のうち、法廷意見でも指摘されている事情はわが国にも当てはまるところであり、実際、緊急性の作出の認定基準として妥当といえるかは疑わしいといえよう。

しかし、「令状主義を潜脱する意図」「令状発付の見込みや令状を取得する時間的余裕の有無」という要素は、無令状捜索押収の適法性を判断する要素として、特段目新しい要素ではない。実際、逮捕にともなう無令状捜索・差押え・検証について主張される、いわゆる緊急処分説は、このような要素をしばしば念頭に置いてきた。それにもかかわらず、これら要素を「緊急性・必要性の作出」という形で問題を設定することに、どのような実益があるのか。

この議論の射程は、当該処分の着手時点・執行時点における事情のみを基礎として、緊急性・必要性の存否を認定すべきだというにとどまらない。緊急性・必要性の認定にあたっては、当該処分に至る経緯を含めて考慮すべき場合があることを意味する。すなわち、「緊急性・必要性の作出」の議論は、

---

15) 新関雅夫『増補令状基本問題・下』（一粒社、1997年）286頁〔村瀬均〕。住居主等の真意からの承諾がある場合に、捜索を違法とする理由は理論上はないとしつつ、家宅捜索を承諾するだけの特段の積極的事情が明らかでない限り、承諾捜索は否定されるべきだとする。

判断対象となる捜査機関の行為の時間の幅を広く設定し、当該処分に着手・執行する時点での緊急性・必要性の有無のみならず、そこに至る経緯をも考慮すべき場合がある旨を認識させる点に、その有用性がある。要件を判断するに当たって、「時間」の観点を取り込んで、そこに至る一連の手続の中で、「果たして令状に基づき捜索を行う機会がありえたか」、「被処分者に証拠隠滅行為を促すことにつながる要因を捜査機関が殊更に作り出していないか」を問うのである[16]。実際、文脈はやや異なるものの、わが国でしばしば用いられる「令状主義を潜脱する意図」という言葉に表象させて捜査機関の行為の適法性を判断する場合、実質的にはこの時間の幅を拡張する作用をもたらしている場面もあるように思われる[17]。

(2) 刑訴法220条1項における意味

以上の理解に基づく場合、冒頭に掲げた事例、すなわち公道上で被疑者を逮捕令状に基づき逮捕できたにもかかわらず、被疑者を居宅に移動させた上で、逮捕状を執行し、居宅内で逮捕にともなう無令状捜索・差押え（刑訴法220条1項）を行うような場合、どのように処理すべきか。

本稿の問題意識からすれば、上述のとおり、220条1項の「逮捕する場合において必要があるとき」の解釈として、無令状で対物的強制処分を行う

---

[16] 実際、先に見たKing事件の連邦最高裁法廷意見は、無令状捜索に着手するに至る経緯を逐一認定し、緊急事態の作出の有無を判断していたことが想起される。もっとも、緊急事態の作出の有無を検討する際に、常に時間軸が問題になるかは、なお検討を要する。法廷意見は排斥したものの、上告人が主張していた基準（警察官が殊更に被処分者の切迫感を高める態様で立ち入ったか）は、必ずしも時間の幅に広がりがあるわけではない。基準の相違は、問題の位相の相違につながりうるといえよう。

[17] 議論の余地はあるものの、証拠排除の文脈で、捜査機関の行為の違法の重大性について、時間の幅を広く設定して判断したものとして、最二小判平15・2・14刑集57巻2号121頁参照。同判決は、捜査機関の捜査行為時の違法性を判断する際に、捜査行為後に違法行為を糊塗した旨の事実を考慮に入れている。違法行為を事後的に糊塗すること自体は、捜査行為時に令状主義の精神を没却する意図がない、過失による場合でも為されうるはずである。そうだとすれば、違法行為の事後的な糊塗から、捜査行為時の「令状主義の精神を潜脱する意図」を論理一義的に推認することまではできない。そこでありうるもうひとつの理解は、違法行為の重大性を検討する時間の幅自体を、司法の廉潔性や違法捜査抑止の観点から、政策的に拡張しうるというものではないか。この選択肢の当否は、さらに検討を要するところである。

「必要」を捜査機関が作出したといえるか否かが問われることになる。逮捕の執行自体は、被疑者の居宅内であり、その時点のみをみれば、被疑者が証拠隠滅等を行う危険もありうる。そのため、判断対象とすべき捜査機関の行為の時間幅を短く設定すると、仮に緊急処分説の立場によるとしても、220条1項に基づく捜索等の対物的強制処分に着手できる可能性が生じる。しかし、緊急性の作出という観点から、逮捕前の経緯を含めた形で時間軸を幅広く設定すると、本来は公道上で逮捕が可能だったにもかかわらず、殊更に被疑者宅に立ち入った行為の適否が問題になる。裏返せば、これは、被疑者宅への別途の捜索差押令状の発付が見込めるにもかかわらず、その機会を捜査機関が回避した場合といえる。そのため、220条1項にいう「必要」が作出されたと評価して、実質的には無令状で対物的強制処分を執行する緊急性ないし必要性が欠けていたと判断できよう[18]。

　また、降雨の中、路上で職務質問開始後、警察官が被告人の所持していた覚せい剤入りの紙袋の汚損を懸念し、質問を継続するために質問対象者以外の第三者の住居内に移動し、その住宅内で居住者の承諾を得て捜索を行った結果、さらに覚せい剤を発見し、覚せい剤所持の現行犯で逮捕した下級審裁判例の事案についても[19]、以上の問題意識を応用できよう。

　この事案について、福岡高裁は、「職務質問を継続する必要から、被疑者以外の者の住居内に、その居住者の承諾を得た上で場所を移動し、同所で職務質問を実施した後被疑者を逮捕したような場合には、逮捕に基づき捜索できる場所も自ずと限定されると解さざるを得ない」とし、第三者方に対する「捜索を逮捕に基づく捜索として正当化することはできないというべき」だと説示した。その上で、第三者方で「捜索がなされるに至った経過からすれば、同女方の捜索は、（引用者注：職務質問時に）被告人が投げ捨てたペーパーバッグの中から発見された覚せい剤所持の被疑事実に関連する証拠の収集という観点から行われたものではなく、被告人が既に発見された覚せい剤以

---

[18] とくに、捜索差押令状・検証令状による処分の執行が可能であったにもかかわらず、それを殊更に回避しようとする場合には、刑訴法220条1項に関するいわゆる相当説においても、同様に問題になり得るように思われる。

[19] 福岡高判平5・3・8判タ834号275頁。

外にもK子方に覚せい剤を隠匿しているのではないかとの疑いから、専らその発見を目的として実施されていることが明らか」であり、「右二つの覚せい剤の所持が刑法的には一罪を構成するとしても、訴訟法的には別個の事実として考えるべきであって、一方の覚せい剤所持の被疑事実に基づく捜索を利用して、専ら他方の被疑事実の証拠の発見を目的とすることは、令状主義に反し許されないと解すべき」だとした。この裁判例に対しては、批判も多い。たとえば、第三者自身が共犯者的な関与を疑われているため、222条1項・102条2項の適用を受けて捜索対象とすることに要件を欠くところがないのではないか[20]、被告人が所持していた覚せい剤も第三者方の覚せい剤も、薬物性の認識や常習性・営利目的等の立証に用いられる点で関連性があり、別件の捜索差押と判断するには慎重さを欠いているのではないか[21]、などの批判である。

　たしかに、上記裁判例の論理構成において、これらの批判が当たっていることは否定しがたい。しかし、結論において、本判決はなお妥当性を有しうるように思われる。とくに第三者方の家屋内を捜索した行為については、降雨による証拠の汚損を避ける目的だとはいえ、共犯者的な関与が疑われる第三者方への承諾に基づく立入りを行った。ここで、敢えてこのような共犯関係が疑われる第三者方へ立ち入り、そこで被告人の紙袋を開披させて覚せい剤の有無を確認することは、第三者の危機感を助長し、隠滅の心理的契機を与えるといえる。令状主義の原則性を重く見るならば、このような手段を回避して、第三者方以外の別の場所で被告人の紙袋の中身を確認して逮捕した後、第三者方への捜索差押令状を別途請求するという方法もありえたのではないか。当該事案に、このような可能性が存在したのだとすれば、本件第三者方での無令状捜索・差押えについては、「逮捕する場合において必要があるとき」を「作出」したと評価することも可能であり、ひいては福岡高裁の判断は結論において正当だと解する余地があるようにも思われる[22]。

---

20) 三好幹夫「判批」刑事訴訟法判例百選〔第9版〕(2011年) 60頁。
21) 笹倉宏紀「判批」刑事訴訟法判例百選〔第8版〕(2005年) 62頁参照。

4　結びに代えて——応用の可能性

　以上、本稿では、捜査機関による「緊急性ないし必要性の作出」という視点から、220条1項の解釈を素材に検討した。検討対象となる時間を広げることで、緊急性・必要性の実質的な存否を、当該処分に至る経緯を含めて検討するという視点を自覚的に設定できる——というのが、「緊急性ないし必要性の作出」という問題設定の意義だと考える。この思考方法は、必ずしも220条1項に限定されるわけではあるまい。任意捜査の限界や、強制処分の必要性要件、あるいは一部の捜査類型で明示的に採用されている補充性要件などでも、その要件の性質に即して、それぞれ基準を設定することはありえよう[23]。もちろん、令状主義の規律を受ける領域か否かによって、「必要性」や「緊急性」の作出をめぐる議論の内容は変容するはずである。

　かつて鴨良弼は、ローマ法の法諺を4つ引用し、刑訴法上の「必要性」概念を規律する必要を説いた。曰く、「必要性は法を持たない」、「必要性は、時と場所の要請による法である」、「必要性は、それなくしては法的なものとならない法をつくる」、「必要性は、法に打ち勝つ。法の抑制性をあざ笑う」と[24]。その上で、鴨は「必要性」が「法原則を情況に応じて一部修正し、例外規範、特殊規範の成立をみとめようとするダイナミックな性格」がある反面で、「許された必要性の枠を超え、濫用の違法段階に達している」場合があることを指摘した[25]。そして、求められる「必要性」の程度は、被制約利

---

22) もっとも、本件では、降雨を避けるために最初に赴いた場所が、後で捜索対象となった第三者方の前の踊り場であった。人目もある可能性の高い踊り場で無令状捜索等を執行して対象者の名誉を害するよりは、被告人と親しい第三者方で無令状捜索等を執行する方がよいという判断が捜査機関側にあった可能性もある。必要性の作出がなかったというためには、共犯関係が疑われる第三者方への立入りが、やむを得ない合理的な理由に基づくものだったことについて、認定されるべきことになろう。

23) たとえば、再逮捕・再勾留の可否について、捜査機関による「逮捕・勾留の蒸し返し」の有無が問われるのは、逮捕・勾留の必要性の作出という観点から整理されうるように思われる。あるいは、別件逮捕勾留における伝統的な本件基準説も、必要性の作出という側面を有しうるかも知れない。もっともこれらの点は、なお個別の問題設定に応じた検討を要する。

24) 鴨良弼『刑事訴訟法の基本理念』（九州大学出版会、1985年）101頁以下。

益との「衡平の法理」から導かれることを指摘した。ここにいう「衡平の法理」とは、比例原則の鴨なりの表現だろう。

　しかし、捜査機関が当該処分の必要性を主張するとき、その程度を被制約利益との間で衡量するだけで充分な規律をなしえているといえるのだろうか。「必要性」の内容自体を吟味する必要はないか[26]。緊急性、必要性の作出は、鴨が引いた法諺の中でも、「必要性は、時と場所の要請による法である」という言葉の「時と場所の要請」の適切な認定を問うための概念だというのが、本稿の理解である。本稿は「必要性は、法に打ち勝つ。法の抑制性をあざ笑う」という事態を招来しないために、捜査上の処分の必要性を吟味するためのひとつの視点について、アメリカ合衆国の判例を素材に、わが国の刑訴法220条1項の解釈を出発点として探ったものである。

25）鴨・前掲注24）105頁。
26）笹倉香奈「判批」法律時報81巻4号（2009年）121頁以下、122頁は、ビデオカメラ撮影に関連して、必要性の「内実」を分析する必要性を指摘する。

捜査
[3] 別件逮捕・勾留
実体喪失説の有力化と本件基準説の課題

京　　明

1　問題の所在――実体喪失説の有力化

　別件逮捕・勾留をめぐっては、近時、実体喪失説と呼ばれる立場が（とくに学説上）有力化している。どちらかと言えば東大系の研究者を中心に支持を集めてはいるものの[1]、それ以外の研究者にも実体喪失説の判断手法は積極的に評価されてきており[2]、学会全体において支持が広がりつつあるといっても過言ではないように思われる。また、後述のように、実体喪失説に立脚して違法判断を示した裁判例も登場するに至っている[3]。さらに、2011（平成23）年の司法試験（論文試験・設問1）でも、逮捕自体の適法性のみならず、「各逮捕に引き続く身体拘束の適法性」についても問われており、逮捕後の身体拘束の継続性を事後的に検証させるという点では、実体喪失説に親和性があるともとれる出題がなされた。もしそうだとしたら、学会および

---

1) たとえば、出版年の新しい順に挙げると、長沼範良「判評」井上正仁編『刑事訴訟法判例百選〔第9版〕』（有斐閣、2011年）38頁、佐藤隆之「判評」井上正仁編『刑事訴訟法判例百選〔第8版〕』（有斐閣、2005年）40頁、長沼範良ほか『演習刑事訴訟法』（有斐閣、2005年）97頁以下［大澤裕］および101頁以下［佐藤隆之］ほか。なお、酒巻説については、後掲注40）参照。
2) たとえば、上口裕『刑事訴訟法〔第3版〕』（成文堂、2012年）131頁（厳密には、余罪取調べの文脈）参照。
3) 東京地決平12・11・13判タ1967号283頁。裁判長は、中谷雄二郎判事である。

実務レベルでの検討はもちろん、理論と実務の架橋を目指す法科大学院教育との関係でも、実体喪失説は無視しえない立場となっているといえよう。

このような状況をふまえ、本稿では、まず実体喪失説の理論的意義を確認したうえで、従来の学説、とくに本件基準説にとって、実体喪失説の有力化にともない、どのような理論的課題が立ち現われているか明らかにすることにしたい。なお、別件基準説との関係については、紙幅の関係もあり、必要な範囲で言及するにとどめる。ご容赦いただきたい。

2　実体喪失説の意義

(1)　実体喪失説の骨子

時系列的に見て、公表論文において最も早く「実体を喪失」という用語を用いたのは、中谷説であろう[4]。もっとも、起訴前の身体拘束期間の趣旨に基づく規律という、実体喪失説に固有の理論的な骨格が形成されたのは、川出説によるところが大きい[5]。そこで、ここでも主として川出説に依拠しながら、その主張の骨子をたどることにする。

実体喪失説によれば、当該身体拘束の理由となった犯罪（別件）について、「身柄拘束期間がその目的に沿ったかたちでそれほど利用されておらず、主としてそれ以外の被疑事実のためにそれが利用されている場合には、その身柄拘束は、令状に示された被疑事実による身柄拘束としての実体を失い、身柄拘束期間が主として利用された方の被疑事実による身柄拘束となっていると評価すべき」とする[6]。これは、いったん身体拘束がなされた後、その後の捜査の状況（とくに取調べの状況）等を事後的に検討し、当該身体拘束の適法性（それが別件によるものか、それとも本件によるものか）を判断しようとするアプローチである。

もともと本件基準説の立場においても、事前抑制（すなわち令状発付の適

4）中谷雄二郎「別件逮捕・勾留——裁判の立場から」三井誠ほか編『刑事手続・上』（筑摩書房、1988年）199頁。
5）川出敏裕『別件逮捕・勾留の研究』（東京大学出版会、1998年）。以下、川出『研究』と略す。
6）川出『研究』221-222頁。

否）だけでなく、取調べ状況等を事後的に検討していくことにより、本件取調べの目的を判断しようとしてきた点にも鑑みれば[7]、実体喪失説と本件基準説との違いは相対的なもの（実体の喪失という表現を用いるかどうか）にとどまると見ることもできそうである[8]。しかし、実体喪失説の理論的な特徴は、なぜ実体を喪失するに至るかという論理にある。

(2) 実体を喪失するに至る理論的根拠

　実体喪失説に固有の理論的特徴は、起訴前の身体拘束期間の趣旨について、「その理由とされた被疑事実について、被疑者の逃亡および罪証湮滅を阻止した状態で、起訴・不起訴の決定に向けた捜査を行うための期間としてとらえ」る点にある[9]。換言すれば、「その期間は、原則として、専らその理由とされた被疑事実について、身柄拘束の目的に沿ったかたちで利用されることが予定されて」おり、そのような目的を超えて当該期間が他の被疑事実（つまり本件）のために主として利用されるに至れば、上述のように、当該身体拘束は別件としての実体を失い、それ以降の身体拘束については本件によるものと評価されるのである[10]。

　このような起訴前身体拘束期間の趣旨からは、さらに、逮捕・勾留の実体的要件として、「身柄拘束の理由とされた被疑事実について、未だ起訴するか否かが決定しうる状態ではなく、なおそのための捜査を続ける必要があること（起訴前身柄拘束の<u>継続の必要性</u>）が要求される」とする点も、解釈論的には重要であろう[11]。もともと川出説の問題意識としては、被疑事実を基準

---

7) 三井誠「別件逮捕・勾留と自白の証拠能力4」法学教室256号（2002年）89頁、松尾浩也『刑事訴訟法〔新版〕』（弘文堂、1999年）111頁、田口守一『刑事訴訟法〔第6版〕』（弘文堂、2012年）84頁および127頁以下ほか参照。
8) たとえば、後藤昭『捜査法の論理』（岩波書店、2001年）81頁は、川出説の「問題意識は、本件基準説が別件逮捕・勾留を違法とする論理をより厳密に解明しようとするものである」とする。この点については、川出敏裕「別件逮捕・勾留と余罪取調べ」刑法雑誌35巻1号（1995年）1頁（とくに7頁以下）も参照。
9) 川出『研究』61頁。なお、この点に関する川出説のルーツは、松尾説にあると考えることもできよう。参照、松尾浩也『刑事訴訟法〔新版〕』（弘文堂、1999年）55頁および104頁。
10) 川出『研究』221頁以下。
11) 川出『研究』206頁（下線は引用者）。

として当該身体拘束に関する要件の有無を審査するという現行刑訴法の構造に照らすと、従来の本件基準説では、別件と本件のどちらの身体拘束として違法なのか、仮に別件の要件が具わっているとして、それがなぜ違法となるのかについて、解釈論としては不明確さが否定できないという問題があった。これに対し、川出説では、身体拘束の「継続の必要性」という要件が「別件」自体の実体的要件のひとつとして位置づけられることにより、当該要件が失われない限り「別件」による身体拘束として適法、逆に失われれば「本件」による（要件審査を経ていない）身体拘束として違法と評価しうる。従来の本件基準説が抱えていた問題に対するひとつの回答でもあろう。

(3) 川出説の特徴と従来の議論枠組みにおける位置づけ

　川出説の特徴を際だたせているのは、別件による身体拘束としての実体を失うに至るかどうかという判断プロセスについて、非常に客観的なアプローチを採用している点である。つまり、従来の本件基準説が、別件による身体拘束を本件の取調べに利用しようとする「意図」ないし「目的」に着目した（そして、その限度にとどまっている限りやや不明確な）理論だったのに対し、川出説では、捜査機関の脱法的な意図というよりは、当該身体拘束期間中に行われた取調べをはじめとする捜査状況など、その期間中に生じた客観的な効果ないしは結果の比較が志向されているのである。川出説が「結果無価値的な別件逮捕論」と評価されるのも[12]、そのアプローチの特色をよく表すものといえる。

　このように、川出説に代表される実体喪失説の考え方は、別件による身体拘束としての実体を失っているかどうかに着目するものでもあるので、見方によっては別件基準説と共通するアプローチとの評価も不可能ではない。現に、同じく実体喪失説に立つ中谷説は、明確に本件基準説を排斥し、余罪取調べの適否の問題としたうえで主張されており、どちらかといえば別件基準説的な観点に立つ[13]。それにもかかわらず、川出説については、本件基準説

---

12) 後藤・前掲注8）81頁。
13) 長沼範良＝佐藤博史「別件逮捕・勾留と余罪取調べ」法学教室310号（2006年）74頁［81頁：佐藤博史発言］。なお、中谷説の詳細については、前掲注4）および後掲注34）参照。

を「本籍」とするとの評価がなされている[14]。その理由は、上述のとおり、川出説自身が本件基準説から出発しているのはもちろんだが[15]、理論的には、別件としての実体を喪失して以降は「本件による逮捕・勾留として違法」と考えるからであろう。換言すれば、別件から本件に「視座の転換」をはかったうえで、別件による逮捕・勾留が「本件の自白を追求する手段として、しかも本件の内容を令状裁判官から遮断し、本件につき可能な身柄拘束の限度を超えて行われた逮捕・勾留ではなかったかを問う」限りにおいて、本件基準説と評価してよいのかもしれない[16]。

(4) 別件による身体拘束か本件による身体拘束かを決定するための考慮要素

このように、当該身体拘束が別件によるものか、それとも本件によるものかを客観的に決定するために、川出説は、従来の判例の検討をふまえて以下のような詳細な考慮要素を提起する[17]。

まずは、①取調べを含む別件についての捜査がいつ完了していたのかである。これは、起訴前身体拘束期間の趣旨とも関連して、川出説の理論的特色をよく示すものといえる。ここで別件の捜査が完了していることが看取できれば解決は容易だが、問題は別件による捜査が完了していない場合である。この場合を判断するための考慮要素として、次に、②逮捕・勾留期間中における別件と本件の取調べの状況、および取調べ時間の比率、③取調べの内容、④別件と本件との関連性、⑤本件についての供述が被疑者の側から自発的になされたものかどうか、⑥逮捕・勾留期間中の、取調べ以外の別件と本件の捜査の状況、⑦別件による逮捕・勾留を請求した捜査機関の意図が、基本的な考慮要素として列挙される。とくに、最後の⑦については、これを違法性判断の基軸としていた従来の本件基準説と異なり、考慮要素のひとつにすぎないとしている点が特徴的である。それは、後述のように、単に脱法的な意

---

14) 前注82頁［佐藤博史発言］のほか、後藤・前掲注8）81頁以下、古江頼隆『事例演習刑事訴訟法』（有斐閣、2011年）78頁など参照。
15) 川出『研究』80頁。
16) 松尾浩也「別件逮捕と自白の許容性」ジュリスト432号（1969年）108頁、同『刑事訴訟の原理』（東京大学出版会、1974年）188頁に再録。
17) 川出『研究』288頁以下。

図を持っていただけでは、被疑者の利益に対する現実的な制約には直ちには結びつかないという、川出説の基本的な立場をよく示すものといえる[18]。

もっとも、そうであるからと言って、考慮要素としての重要度が劣るわけでもあるまい。現に⑦の判断要素として、さらに、別件と本件の取調べ状況のほか、⑧別件が発覚するにいたった経緯、⑨別件による逮捕・勾留を請求した時点における、本件についての捜査の進行状況、⑩別件についての逮捕・勾留の理由および必要性の程度、⑪別件と本件の重大性の違い・法定刑の軽重・捜査当局の両事実に対する捜査上の重点の置き方の違い、⑫別件の逮捕状の執行に至る経緯といった要素を考慮すべきものとされている。川出説で示された考慮要素が、「捜査官の意図を問題とする立場からも有用」とされるゆえんであろう[19]

3　従来の本件基準説にとっての課題

(1) 起訴前の身体拘束期間の趣旨について

このように、従来の本件基準説にとって川出説は、事後的な判断の場面において客観的で有用性のある判断基準を提供するものといってよい。そのためか、起訴前の身体拘束期間の趣旨に関する川出説の論旨も、本件基準説の論者の間に次第に浸透しつつあるようにも見える。もっとも、理論的観点から見た場合、なおそこに慎重に検討すべき課題もないではない。

そもそも、なぜ起訴前の身体拘束期間が、起訴後の勾留よりは短期間とはいえ、現行法のもとで一定の期間に設定されているのかという点については、川出説が登場するまで必ずしも明示的に検討されてこなかった。あるいは、いわゆる弾劾的捜査観の下では、捜査機関にせよ、被疑者側にせよ、将来の公判に向けてそれぞれ独立に準備活動を行うわけであるから[20]、いずれかの立場から積極的にその意味を論定する必要はなく、むしろ、公判中心主義を前提に比較的ニュートラルな性格づけが志向されていたと見るべきかもしれ

---

18) 川出『研究』219頁。
19) 後藤・前掲注8）93頁。
20) 平野龍一『刑事訴訟法』（有斐閣、1958年）83頁以下ほか参照。

ない[21]。そうだとすれば、川出説は、どちらかといえば捜査機関の側から、その期間の意味を再定義したと見る余地もあろう。

もちろん、川出説によれば、起訴前の「身体拘束の目的」（取調べの必要を実体的要件として身体拘束が認められているわけではないこと）と、起訴前の「身体拘束期間の趣旨」（その理由となった犯罪について起訴・不起訴を決定するために捜査を行う）とは必ずしも矛盾するものではない。この点で、川出説の論旨は、非常に緻密であり、かつ説得的でもある。それが現行法の立法史に裏打ちされているとなれば[22]、なおさらであろう。

しかし、他方で、このような理解に対しては、「訴追の準備のために逮捕勾留期間があるという考え方は憲法34条に違反する」といった主張も提起されている[23]。この点については、管見の限り、いまだそれ以上に解釈論的な検討は進められていないようであるが、仮にこのような理解にも一理あるとすれば、この点に関する川出説の論旨をそのまま無批判に受容してよいかは、本件基準説にとって、そして弾劾的捜査観にとっては、なお今後の理論的な課題というべきであろう[24]。

(2) 事前抑制の可否——本件基準説との結論の違い①

川出説と従来の本件基準説とでは、具体的な結論の違いもある。まず、事前抑制の可否である。上述のとおり、川出説は、余罪（本件）についての取調べという身体拘束中に客観的に生じた効果ないし結果に基づいて、当該身体拘束（の継続性）の適否を判断するから、捜査機関の意図は、たとえそれが脱法的なものであったとしてもいまだ実現されないうちは、「それ自体としては意味を持たない」[25]。したがって、別件それ自体の要件審査を厳格に

---

21) この点については、川出『研究』21頁以下も参照。
22) 川出『研究』26頁以下。
23) 高野隆「別件逮捕・勾留——弁護の立場から」三井誠ほか編『新刑事手続Ⅰ』（悠々社、2002年）293頁〔300頁〕。
24) なお、弾劾的捜査観に忠実に、いわゆる「あっさり起訴」ないし「弾劾的訴追観」のように、かなり徹底した公判中心主義の考え方をとれば、あるいは、起訴前身体拘束期間の趣旨についてニュートラルな性格づけも十分可能かもしれない。しかし、そもそもそのような訴追基準の変更が、学説の多くに受け入れられてはいない。

する必要はあるにしても、「捜査機関が本件の取調べを主たる目的としているという理由で、別件による逮捕・勾留請求を却下することはできないことになる」[26]。

このような結論は、川出説の結果無価値的なアプローチからは必然的である。あるいは、川出説が本件基準説をベースとしているのであれば、事前抑制の否定は、事後的な判断の場面において客観的で、しかも実務的にも有用な判断基準を追求したことにともなう、いわば不可避的な犠牲というべきなのかもしれない。しかしながら、次に見るように、事前抑制が本件基準説にとってのアイデンティティともいうべき重要な理論的意味を持つものであれば、その放棄は、本件基準説の側からは、にわかには受け入れ難いだろう。

(3) 違法とされる範囲——本件基準説との結論の違い②

もう一点、結論の違いが生じるのが、違法な別件逮捕・勾留とされた場合の違法の範囲である。上述のとおり、川出説は、客観的に生じた効果・結果を比較したうえで、どこまでが別件による身体拘束で、どこからが本件による身体拘束かを区別しようとする。そのため、検討対象となる身体拘束期間についても、これを分割して検討することが可能となり[27]、その結果、身体拘束が継続している途中からの違法評価、たとえば、勾留請求時や勾留延長時など、手続の段階毎のきめ細やかな検討（違法評価）が可能になるという特徴がある[28]。

これに対し、本件基準説は、違法な別件逮捕・勾留と認められれば、当初の令状発付時に遡って当該身体拘束期間全体を違法と評価する[29]。なぜそう考えるのか、その理論的必然性は必ずしも明らかでない。もっとも、違法の根拠を令状主義の潜脱と考えるのであれば、令状審査は発付時に行われるのであるから、遡及的に考える考え方にも一理ある。しかし、令状主義潜脱の

---

25) 川出『研究』226頁。
26) 川出『研究』231頁。
27) 川出『研究』227頁。
28) 裁判例として、前掲・東京地決平12・11・13参照。
29) たとえば、田口・前掲注7) 127頁、山田道郎『新釈刑事訴訟法』（成文堂、2013年）3頁以下ほか参照。

意図が、別件による身体拘束の途中から生じたという事態も想定しうるから、それが必ずしも決定的な理由とまでは言えない。

この点については、もともと本件基準説が、違法な捜査・取調べの抑止という政策的な背景を強く持っていたことを、いま一度想起してみる必要があるのかもしれない。つまり、もともと別件逮捕・勾留において本質的な問題は、身体拘束下での被疑者取調べにおいていかにして被疑者の防御権（とくに黙秘権）を保障するかにあると考えることができる[30]。たとえば、次のように述べる後藤説には、従来の本件基準説の論旨が象徴的に現れていると見ることができる。「憲法38条のもとで、現行法は取調べ自体を目的とする身体拘束制度を設けなかったとみるべきであろう。そうであれば、取調べという目的は、現行法において単に未決拘禁の正当化の根拠として想定されていないだけではなく、それを主たる目的として身体拘束すること自体が、禁じられるというべきである」[31]。本件基準説が捜査機関の脱法的「意図」にこだわるのも、被疑者取調べにおける被疑者の権利保障を充実させ、もって両当事者の実質的対等を目指す点に論旨があるのだとすれば、本件基準説の主張もまた、弾劾的捜査観に通底する部分があるといえよう。その意味で、後藤説が取調べ受忍義務否定説に立つのも[32]、理論的に一貫している。

しかし、現実には実務において取調べ受忍義務は堅持され、被疑者取調べに対する法的規制や防御権保障も遅々として進まない状況下で、身体拘束をめぐる解釈論の枠内でかかる問題の本質に大胆に切り込もうとしたのが、本件基準説であったともいえる。そうだとすると、別件逮捕・勾留という脱法的な捜査手法を抑止するうえでは、令状発付時に遡って当該身体拘束期間全体を違法とするのは、むしろ自然ですらある。たとえば、「別件での取調べは別件逮捕を偽装するための手段であり、それが独立して適法になるわけではない」との指摘は[33]、本件基準説の問題意識の一端をよく現わしている。

---

30) 神山啓史「別件逮捕・勾留——反論」法学セミナー575号（2002年）112頁のほか、高野・前掲注23) 312頁も参照。
31) 後藤・前掲注8) 90頁。
32) 後藤・前掲注8) 151頁以下。
33) 山田・前掲注29) 7頁。

以上のような政策的意図に照らせば、事前抑制の問題は、違法捜査の抑止という目的を最もよく実現しうる手段であり、本件基準説のアイデンティティともいうべき重要な価値を持つものでもあろう。

　これに対し、川出説によれば、上述のように、起訴前の「身体拘束の目的」と起訴前の「身体拘束期間の趣旨」とは必ずしも矛盾するものではない。しかも、被疑者取調べに対する法的規制は、身体拘束の適否とは理論的には別個の問題であるから、川出説が取調べ受忍義務の問題を除外するのも[34]、理論的には間違いではない。そうだとすると、翻って考えてみると、そもそも本件基準説という立場自体についても、松尾説のように定義するのか（本件に着目して身体拘束の適法性という問題を個別的に解決しようとする立場）、それとも後藤説のように定義するのか（捜査官の本件取調べの意図を違法性の根拠として、さらに被疑者取調べの適正化を一括的に実現しようとする立場）という問題が存在していることになる。両者の背景には、問題解決に対するアプローチの違いが反映しているように思われるが、この点については最後に述べる。

4　現代的な問題状況

(1)　取調べの録音・録画と実体喪失説

　実体喪失説（とくに川出説）は、その理論的な精緻さと詳細な考慮要素にも関わらず、これまでのところ必ずしも実務に浸透していっているとは言え

---

34) 川出『研究』242頁。なお、2015年1月現在においても、取調べ受忍義務に関する川出説の立場は、管見の限り必ずしも明らかでない。川出敏裕「判例講座刑事訴訟法・第3回・被疑者の取調べ」警察学論集66巻12号133頁、同「被疑者取調べの在り方について」警察政策11巻（2009年）162頁ほか参照。なお、実体喪失説（とくに川出説）が「受忍義務否定説と理論的に整合し得る」ことを示唆するものとして、長沼ほか・前掲注1）98頁［大澤裕］参照。これに対し、中谷説は、取調べ受忍義務を明確に肯定しており、その結果、別件による身体拘束としての実体を喪失した効果としても、「違法な身柄拘束期間を利用して、被疑者に違法に出頭義務および取調受忍義務を課したものとなるから、違法というべき」と明確に述べている（中谷雄二郎「別件逮捕・勾留――裁判の立場から」三井誠ほか編『新刑事手続I』（悠々社、2002年）314頁）。この違いは、本文で述べたような、川出説と中谷説の「本籍」の違いに由来するものかもしれない。

ないようである。その原因は必ずしも明らかでない。しかし、川出説の提示した考慮要素を機能させる方策のひとつとして、「取調べ状況の録音・録画という立証方法を検察官に課すことが不可欠」との指摘もある[35]。録音・録画が徹底されれば、それだけ取調べ状況について客観的な判断資料が増えることになるから、川出説の実務的な有用性は高まることになろう。その意味で、本来的に川出説は、警察段階も含む取調べの全面的な可視化論との親和性が高い理論であると評価することも可能である。

2014年9月、法制審議会は、取調べの録音・録画を含む新たな刑事司法制度の構築に関する答申案を採択した。これにより取調べの録音・録画が新たに法制度化されることが予測されるが、その範囲がどこまで徹底されるかは必ずしも明らかでない。川出説の実務への浸透度も、録音・録画の徹底度と相関関係にあるのかどうか。今後の展開が注目される。

(2) 近時の裁判例の動向——別件逮捕の新たな局面？

ところで、最近の裁判例では、覚せい剤取締法違反被告事件（自己使用）に関し、軽犯罪法違反など軽微な事件（別件）で現行犯逮捕し、その間にいわゆる強制採尿令状または任意提出により被疑者から尿を獲得したうえで、別件では勾留請求せず、そのまま覚せい剤取締法違反で通常逮捕する事例が散見される。その中でも、現行犯逮捕が違法な別件逮捕であることを認定した上で、尿の鑑定書を違法収集証拠として排除し、無罪を言い渡した事例として、①大阪高判平21・3・3判タ1329号276頁、②福岡地小倉支判平24・1・5 LEX/DB: 25480157（ただし、通常逮捕について判文上は判然としない）、③京都地判平24・6・7 LEX/DB: 25482152（ただし、控訴審である大阪高判平25・1・17 LLI/DB: 06820025では、被告人や警察官の供述の信用性について正反対の認定をして、破棄差戻しの判決を言い渡した）などが注目される。

これらの事例が従来の典型的な別件逮捕・勾留事例と異なるのは、まず、(1) 別件による逮捕が通常逮捕ではなく、現行犯逮捕（しかも勾留請求もされていない）という点である。そのため、別件逮捕の事前抑止（令状発付の適

---

35) 神山・前掲注30）112頁。

否）を問題とする余地がない。そうだとすると、違法な別件逮捕にあたるかどうかは事後判断によらざるをえないから、このような事例について、従来の本件基準説と川出説とで結論の違いはほとんどないようにも思える。次に、(2) 捜査官側で獲得が期待される証拠が、自白ではなく尿（物）だという点である。証拠物の獲得を目的とした身体拘束の利用が問題となっているという意味では、川出説で検討されているアメリカの状況[36]に日本も似てきているとも言えなくもない。いずれにせよ、余罪取調べが目的というよりも、尿の任意提出を主たる目的としており、しかも、尿が得られればよいので、必ずしも長時間の取調べを要しない。この点で、別件基準説を前提に余罪取調べの限界の問題として対処する立場では、対応が難しくなるのではないか。さらに、(3) 証拠法上も、自白に固有の問題（任意性の有無など）は生ぜず、「証拠物」に対する違法収集証拠排除法則一般の適用を問題とすれば足りるという点にも留意しておくべきであろう。

　川出説が提起した考慮要素は、従来の事例を前提にしたものであるため、このような近時の事例に適用するとすれば、一定の調整ないし修正が必要であろう。もちろん、別件についての捜査の完了の有無（上記・考慮要素①）や、取調べ以外の捜査状況（同⑥）、捜査機関の意図（同⑦）などはそのままでも適用可能であるから、それらを考慮することによって違法判断をすることも不可能ではない。ただし、勾留請求されていないため、最大でも72時間という限られた時間のなかで、明確に捜査の完了を認定しうるかは検討の余地を残している。しかも、仮に尿の提出が別件の捜査完了前に行われていれば、違法評価の対象にはなるかは事案次第となる部分が多い。もしそこで違法評価が難しいとなれば、川出説の考慮要素（とくに別件についての捜査完了の有無や捜査機関の意図）の位置づけについて、本件基準説が川出説をそのまま受け継いでよいかは、違法の範囲の問題とも関わって、なお検討の余地があることになろう。

　他方で、そのような難点を避けるには、そもそもこのような事例は、別件自体についての現行犯逮捕の要件を厳格化するのが先決だとの判断もありう

---

36) 川出『研究』82頁以下。

る（現に、上記の事例では、いずれも違法な別件逮捕と認定するに先だって、現行犯逮捕の実体的要件を欠くとの判断がなされている）。その場合、もし現行犯としての要件を欠くとの判断があれば、尿とその鑑定書については、違法な現行犯逮捕と密接に関連する証拠として、あえて別件逮捕を論じなくとも証拠排除の対象となりうるだろう[37]。

これに対し、従来の本件基準説によればどうか。上記の3判例は、いずれも捜査機関の主観面（本件たる覚せい剤事件の捜査に対する捜査機関の関心や目的）を認定し、そのために別件での現行犯逮捕を利用したものとして（違法な）別件逮捕にあたるとしている。その論旨は本件基準説に親和的である。もちろん、その認定や結論に至るプロセスでは、川出説が指摘するとおり、必ずしも統一的な判断基準が用いられているわけではなく、他方で、そもそも別件での現行犯逮捕の要件も否定されていることをどう評価するかという問題もある。しかし、下級審判例とはいえ、本件基準説に親和的な判例がしばしば登場するのは、裁判実務においても本件基準説が持つ上記のような政策的な意図に共鳴する部分が大きいからかもしれない。そして、この点を精緻化・客観化していくことによって何が得られるのかは、なお今後の課題というべきであろう。

(3) 問題解決のアプローチの違い？——一括方式と個別方式

もちろん、川出説は言うまでもなく、別件基準説の論者であっても、別件逮捕・勾留という捜査手法が持つ問題性とその抑止の必要性を無視しているわけでない。そこで、翻って考えてみると、理論としての根本的な対立は、このような捜査手法に対する問題解決のアプローチにも起因すると見ることもできる。

かつて松尾説は、日本の刑事司法における問題解決のアプローチとして、個別方式と一括方式を対比したうえで、前者のアプローチを妥当とした[38]。ここで個別方式とは、「問題点をひとつひとつ取り上げ、それぞれについて

---

[37] 最二小判平15・2・14刑集57巻2号121頁ほか参照。
[38] 松尾浩也『刑事訴訟の理論』（有斐閣、2012年）320頁以下。

実態を分析検討し、解決の方針に対する関係者の合意の形成をはかるとともに、国民世論にも問いかけて改善を果たすというやり方」を指す。これに対し、後者の一括方式とは、「いわゆる抜本的改革を志向し、現実はともかく理念としては、すべてを一挙に変えるべきだとする」。

　仮にこのような整理を別件逮捕・勾留の文脈に当てはめてみると、まず本件基準説は、身体拘束下での被疑者取調べのあり方を抜本的に改善するために、捜査官の脱法的な意図に着目し、身体拘束の適否に関する解釈論を通じて、問題の本質（被疑者取調べに対する法的規制）まで一気に切り込もうとするもので、一括方式と親和性のある考え方であるといえる。逮捕時まで遡及的に違法とする点にその特徴がよく現れているといえよう。これに対し川出説は、本件基準説の（大胆ではあるがそれ故にやや不明確な）論理を、刑訴法の個別の制度との関係で解きほぐすとともに、従来の判例を整序し、実務にも有用性のある考慮要素を提起した点において、個別方式に親和性がある考え方と見ることもできる（川出説の提起した詳細な考慮要素が、各手続関係者の利害を調整する機能も果たしうるとすれば、なおさらであろう）。

　もちろん、個別方式と一括方式という整理は、いわゆるモデル論との関係など、もともと巨視的な観点を問題とするもので、個々の論点との関係で持ち出すことは必ずしも適切でないかもしれない。しかし、川出説は、たとえば、未決算入や刑事補償問題との関係でも、「それぞれの問題が、その問題に即して個別に考えられなければならず、従来のように、『実質的に見て、余罪についても逮捕・勾留されていたといえるか』という一般論のもとに、すべてを統一的に説明することはできないし、その逆に、それぞれの問題ごとに判断基準が異なったとしても、何らおかしくはないということになる」[39]と、個別方式に親和的な姿勢を示唆してもいる。したがって、被疑者・被告人の身体拘束をめぐる問題というように、問題設定の対象をやや広げるならば、上記のような対比は、学説の考え方や姿勢を整理するうえで、なお有用というべきであろう。

　もちろん、現実は複雑な利害のうえに成り立っており、しかも現在では、

---

39) 川出『研究』274頁。

取調べの録音・録画の実現可能性や接見交通権の保障の進展など、本件基準説が主張され始めた頃に比べれば、問題状況に改善の兆しもある。しかし他方で、被疑者取調べに依存した捜査のあり方自体はいまだ解決されたわけではないし、さらに、上述のように、裁判例の状況も新たな局面を示し始めている。このような現代的な状況に対応していくためには、従来の本件基準説もまた、批判の視角としての存在意義を保ちつつ、その理論的な内容を洗練させていくべく再出発することが求められているというべきであろう。たとえば、上記の裁判例のような場合における違法の内容として、（現行犯としての）逮捕権の濫用と構成するのか、それとも、（後の通常逮捕との関係で）令状主義の潜脱と構成するのかは、理論的には悩ましい面もある[40]。そうだとしたら、この点でも川出説は、本件基準説が再出発すべき地点を明確に指し示すものと位置づけることができるだろう。

---

40) 別件逮捕・勾留の違法の内容について、逮捕権の濫用とみるか、令状主義の潜脱とみるかは、厳密には見解が分かれている。前者については、たとえば、田宮裕『刑事訴訟法〔新版〕』（有斐閣、1996年）97頁、三井誠『刑事手続法(1)〔新版〕』（有斐閣、1997年）34頁などがある。後者については、後藤・前掲注8）77頁、白取祐司『刑事訴訟法〔第7版〕』（日本評論社、2012年）181頁、田口・前掲注7）84頁ほか参照。前者は、そもそも捜査機関に逮捕権があることを示唆しうるから、その限りで弾劾的捜査観とどこまで整合しうるかは検討の余地があろう。もちろん、前者の論旨が、「逮捕・勾留という強制処分をそれが本来許された目的以外に流用することを違法と考える」趣旨であれば（後藤・前掲注8）80頁）、両者の違いは表現の違いにとどまるものともいえる。

なお、この両者をともに挙げる見解もある。たとえば、酒巻匡「刑事手続法を学ぶ第5回：捜査手続(4)供述証拠の収集・保全」法学教室360号（2010年）54頁は、余罪取調べの限界については、実体喪失説同様、起訴前の身体拘束期間の趣旨に基づく規律を想定しつつ、別件逮捕・勾留の適否については、その「最大の問題点は、形式的に要件の具備した身体拘束処分の外形的利用により、秘匿された本件に関して令状主義の核心である裁判官の審査を潜脱し、裁判官を錯誤に陥らせている点である」とし、「別件による身体拘束処分は外形として利用されていたということが言えれば、その身体拘束処分について、令状主義を実質的に潜脱する違法な処分すなわち身体拘束権限の濫用と評価すべきであろう」とする（引用部分は64頁）。さらに、別件逮捕・勾留の違法性の根拠が「令状主義を実質的に潜脱し、一種の逮捕権の濫用にあたる」ことを明示する裁判例として、浦和地判平2・10・12判タ743号69頁参照。

捜査

[4]
犯罪対策と新しい捜査手法

内藤大海

1 犯罪対策の現状

(1) 捜査、取調べの高度化

　法務省法制審議会は、「捜査手法、取調べの高度化を図るための研究会」を開催し、平成24年2月に「最終報告」[1]を発表した。これによれば、治安を維持しつつ取調べの可視化をいかに実現するかを検討すべきであり、取調べに過度に依存した従来の捜査から脱却し、供述に代わる客観的な証拠獲得を目指さなければならないとされていた。そして、そのための具体案として、DNA型データベースの拡充、通信傍受の拡大、会話傍受、仮装身分捜査などの新しい措置の導入に向けた検討を進めていくことが掲げられていた[2]。その後、法制審議会「新時代の刑事司法制度特別部会」(以下、特別部会とする)では、同様の趣旨から新たしい捜査手法等の導入に関する議論が行われ、平成26年7月に「新たな刑事司法制度の構築についての調査審議の結果【案】」が決定され、同年9月に法務大臣に答申された(以下、答申とする)。

---

[1] 捜査手法、取調べの高度化を図るための研究会「最終報告」平成24年2月 (http://www.npa.go.jp/shintyaku/keiki/saisyuu.pdf#search='捜査手法、取調べの高度化を図るための研究会「最終報告」')
[2] 「最終報告」28頁以下。

特別部会においても上記各措置の導入に向けた議論が行われたものの、このうち答申では通信傍受の拡大のみが提案されるにとどまった[3]。しかし、今回導入に向けた具体的な提案が見送られた各措置についても、今後再び導入に向けた具体的な議論の対象となることは想像に難くないところであろう。

他方、平成23年6月の刑訴法改正により、電磁的情報記録媒体（以下、PC等とする）に対する差押えに関して新しい措置が追加されることとなった。これによって導入されたPC等に対する措置は、可視化への対応策という性質とは別個の目的を持って導入されたものである。しかし、最終報告では、「そもそも捜査手法の高度化は、警察捜査が、科学技術の発達や情報社会の進展等による社会の変化やこれに伴う犯罪ツールの高度化、複雑化といった状況に的確に対応するとの観点からも、不断に検討されなければならない」[4]と述べられている。PC等に対する新しい処分の導入も、この文脈においては捜査手法の高度化という考え方と共通性を有するものといえよう。

(2) 捜査手法の高度化と情報の収集および集約

ここにいう「捜査手法の高度化」とは何か。最終報告によれば、虚偽自白を排し冤罪を防止する観点から、新しい捜査手法の検討が必要であるとされる[5]。その一方で、精密司法と称されてきたこれまでの捜査・刑事司法について、犯人の的確な検挙・処罰の実践を担い、治安の良さの実現にも貢献してきたと評価する[6]。つまり、捜査手法の高度化とは、取調べに頼らずとも実体的真実の発見を可能な限り実現する捜査のあり方を模索することであると理解される[7]。

---

3) http://www.moj.go.jp/content/000125178.pdf#search＝'新たな刑事司法制度の構築についての調査審議の結果【案】'。なお、これ以外にも「捜査・公判協力型協議・合意制度及び刑事免責制度の導入」（要項3-7頁）も提案されている。
4)「最終報告」8頁。なお、28頁も同旨。
5)「最終報告」8頁。
6)「最終報告」4頁。
7) ここでいう実体的真実とは、「絶対的な真実そのものではないとしても、供述を始めとする証拠によって可能な限り解明された真相に近い事実」（傍点は引用者）のことをいう（最終報告4頁）。答申をみても明らかなように、結局のところ供述の獲得の維持という視点は残されたまま、取調べ以外の供述獲得方法が新たに追加されようとしている。

新しい捜査手法の導入論は、可視化への対応策としてのみならず、すでに平成15年頃には唱えられていた。警察庁「緊急治安対策プログラム」(平成15年8月)の「2．組織犯罪対策と来日外国人犯罪対策」で、おとり捜査、コントロールド・デリバリー、潜入捜査の導入等について検討すべきことが目標として掲げられている。これらの捜査手法は、必ずしも最終報告で示されたものと一致しない。しかし、大量の情報収集を前提とした側面を有する点、あるいは情報収集に用いられる側面を有する点で共通し、また、その多くが、密行生・秘密性という性質を有する。そのため、対象者の不知のままに捜査機関が同人の自己情報を取得するという事態が生じ、場合によってはその情報が膨大なものになる危険性もある[8]。

(3)　情報収集の密行性、大規模性と令状主義

　このように、新しい捜査手法には、処分の密行性および情報取得の大規模性という2つの共通項が存在する。前者については、被処分者に対する事前の令状呈示を欠くため、令状が本来有する処分の正当性担保が図られなくなる点が問題となり、後者については、処分の限定化が十分になされず令状の権利制約限定機能が十分に機能しなくなる点が問題となる。すでに、令状主義をめぐる問題点については、通信傍受法の立法の際に活発な議論がなされたところではある。しかし、PC等に対する新しい処分の立法化を皮切りに、従来令状主義が担ってきたこれらの機能が今後はさらに切り崩されていく可能性もあり、令状の機能に関して再検討をすべき時期にさしかかっているのではないかと思われる。以下、すでに立法されたPC等に対する新しい処分を具体例として検討を加え、情報の集約に基づく総合的監視について若干の考察を行いたい。

---

8) 緊急治安対策プログラムでは、事前旅客情報システムの導入や入国管理局との連携などが、組織犯罪等に対処するための必要な措置として考えられている。

2　PC等の差押えに関する新たな処分

　平成23年の法改正では、PC等の差押えに関して、従来の方法に加え、①リモート・アクセス、②記録命令付差押え、③代替的執行方法が新設された。以下では、これらの処分が、従来の捜索・差押えとどのような違いを有するかを明確にし、分析・検討を加える。

(1)　リモート・アクセス

　刑訴法99条2項、218条2項は、PC等の差押えの際に、他のPC等へのリモート・アクセスを行い差押対象PC等に情報を複写させて差し押さえる措置について規定する。これにより、クラウド・システムの一般化等による情報の保管先の特定が困難な状況においても、捜査機関は必要な情報を確実かつ迅速に取得することが可能となった[9]。反面、憲法35条は令状における捜索場所の特定を命じているが、本措置においては接続媒体の場所の特定は求められておらず、処分範囲拡大の危険性を伴う。これに対しては、たとえば自動車に対する捜索の際、車輛自体の特定で足り、当該車輛の所在地は問題とならないため、本措置においても場所の特定自体は不要であるとする見解がある[10]。また、差押対象PCとの利用の一体を基礎に、1通の令状で処分を及ぼすことができるとも指摘される[11]。つまり、利用上の一体性が認められる接続媒体に対する処分であれば、対象PCに対する処分の一部とみなすことができ、また、場所の特定は処分対象特定のために必要な要素にすぎないから、その他の要素によって特定が図られれば、それで足りるというので

---

[9]　杉山徳明＝吉田雅之「『情報処理の高度化に対処するための刑法等の一部を改正する法律』について」警察学論集64巻10号（2011年）14頁。

[10]　杉山＝吉田・前掲注9）15頁、長沼範良「コンピュータ犯罪と新たな捜査手法の導入」L&T 26号（2005年）17頁。なお、指宿信は、219条2項は処分対象の場所の特定という令状主義の要請に対する例外を認めたことになると指摘する（指宿信「サイバースペースにおける証拠収集とデジタル証拠の確保」法律時報83巻7号（2011年）88頁）。

[11]　杉山＝吉田・前掲注9）15頁。池田公博「情報記録を含む証拠の収集・保全に向けた手続の整備」ジュリ1431号（2011年）82頁。

ある。この点、井上正仁らは、「ネットワークで接続され、一体として使用されているコンピュータのすべてを1つのコンピュータ・システムとして見て、その全体を対象として処分を行う」[12]という考え方を示している。しかし、このように考えるとLAN等では処分の範囲が拡大し過ぎ令状による規律が不可能となることは、指宿信より指摘されている通りであろう[13]。では、対象PCと接続媒体の利用上の一体性が特定されるといえるためには、場所以外にどのような要素によって特定がなされるべきか。この点、刑訴法219条2項の求める、令状における接続媒体の範囲の記載の具体的な記載方法が問題となる。池田公博は、「記録媒体のIPアドレスや使用の態様に即して特定がなされ」、「付与されているIPアドレス等により一義的に特定される記録媒体については、それだけで処分を実施する要件の存否を審査することが可能」であるとする[14]。たしかに、令状審査時においてIPアドレス等が判明しており、これにより接続媒体が特定されることになれば、可動性を有する自動車に対する捜索の際に登録ナンバー等によって当該車輌が特定されるのと同じレベルでの特定が可能となり、処分対象の特定という令状主義の要請に適うと考えられよう。しかし、令状審査時にこれらの事項が判明していることは稀であり、むしろ、リモート・アクセスは、かかる事前情報がない場合に行うべき措置として想定されていたはずである[15]。したがって、IPアドレス等による接続媒体の範囲の特定には、現実的にはほぼ期待できないというべきではないか。

これに対し、指宿信は、①対象PCと接続媒体との「接続性」、②対象PCにおけるデータ作成・変更・消去を行っているという「関連性」、③接続媒体において当該データを保管している「使用の蓋然性」の3点によって、接続媒体の特定がなされるとする[16]。このうち、処分対象の特定という点で重

---

12) 井上正仁＝池田公博「コンピュータ犯罪と捜査」松尾浩也＝井上正仁編『刑事訴訟法の争点〔第3版〕』（有斐閣、2002年）90頁。
13) 指宿・前掲注10）88頁注20。
14) 池田・前掲注11）82頁。
15) 杉山＝吉田・前掲注9）14頁は、接続媒体を特定することが困難な場合が多く、仮に特定できたとしてもPC等を差し押さえるだけでは、証拠収集の目的を達成できないことも多いと指摘する。

要なのは②と③の要素であるように思われる。思うに、リモート・アクセスは、接続媒体というバーチャルな空間において必要な情報の有無を検査し、取得する処分であるため、いわばバーチャルな捜索・差押えに該当する。そう考えるならば、ここでも捜索場所、差押対象物の特定という令状主義の精神が及ぶはずである。まず、検査すべき領域については、対象PCとの関係で特定されることになるから、対象PCからアクセスを許された領域ということになってこよう。IPアドレス等による処分範囲の特定もこのような趣旨であれば可能であり、「対象PCで作成等されたデータの保存先で、当該PCのIPアドレス等から確定される領域」といった特定はなされるべきであろう。そうすることにより、接続先である情報記録媒体の中に設定された一部の領域に対してのみ処分が許され、プライバシー制約も対象PCの利用者のそれに限定されることになる。次に、刑訴法219条2項は対象情報の特定をとくに義務付けてはいないが、有体物に対する処分の場合に差し押さえるべき物が特定されるのと同様、対象情報についても一定程度の特定がなされなければならない。というのは、執行の際、対象情報を基準に検査対象領域が限定されることも考えられるからである[17]。有体物の差押えの場合、具体的な特定の仕方についてある程度の概括的記載が許されているが、対象情報についてもこれに倣った令状の記載が行われることになろう[18]。

　なお、有体物の場合に捜索場所が直接明記されるのとは異なり、リモート・アクセスの場合は、検査対象領域はあくまで対象PCとの関係で間接的に特定されるにすぎない。具体的には、捜索現場に対象PCが存在する蓋然性があって、それが特定のネットワークと接続しており、そこに設定された一定領域において対象情報が保管されていることの蓋然性を判断することになる。そのため、蓋然性判断は重畳的にならざるをえず、実効的な令状審査

---

16) 指宿・前掲注10) 88頁。
17) たとえば、対象PCによって接続媒体内に設定された領域内にさらに複数の領域（フォルダ等）が設定されている場合、対象情報が含まれる余地の認められない領域は検査の対象から除外されることになる。
18) 最大決昭33・7・29刑集12巻12号2776頁参照。ただし、罪名の記載については罰条の記載まで要すると考えるべきである（白取祐司『刑事訴訟法〔第7版〕』（日本評論社、2012年）129頁注38）。

を期待することができるのか疑問の余地を残す[19]。

(2) 記録命令付差押え

　刑訴法99条の2および同218条1項により、捜査機関は、プロバイダ等に管理委託された情報の提出を命じることが可能とされる[20]。これにより、媒体物たるサーバ等を差し押さえた際にプロバイダ等が被る業務上の支障を回避することができ、同時にプロバイダ等の処分が第三者に対する免責効果を持つことになったとされる[21]。他方、命令自体はプロバイダ等に対するものであるが、これにより実質的な不利益を被るのは情報管理を委託している利用者であるという、命令の相手方と実質的な被処分者とのズレの問題が生じる。従来も、被疑者に対する捜索・差押えの際に、同人がたまたま借り受けていた物件が差し押さえられてしまうことはありえた。しかし、本措置の場合はこれと同じではない。というのは、処分の対象となる情報は、プロバイダ等に管理を委託されているのであり、たまたま貸していた物が差し押さえられるのとは違い、通常他人の手に渡ることがないという意味でのプライバシーの期待度は高いからである。

　刑訴法110条は、記録命令付差押状の被処分者への呈示を求めている。ここでいう被処分者とは誰か。これまでの解説では、情報の管理者を被処分者とするものがある[22]。しかし、プライバシーの期待という点で実際に不利益を受けるのは、情報を委託している利用者である。そう考えると、令状の呈示は利用者に対して行わなければならないと考えるのが妥当であるようにも思われる。ただ、判例は、令状の呈示そのものは憲法上の要請ではなく、例

---

19) 下級審判例であるが、「S県教育会館内［中略］支部事務局が使用している場所及び差押え物件が隠匿保管されていると思料されている場所」を捜索場所とする令状について、場所の特定を欠くものと判断した事案として、佐賀地決昭41・11・19下刑集8巻11号1489頁参照。
20) 記録提出命令はプロバイダ等の管理業者を対象とする処分であるとされる。その理由として、記録命令は命令を受ける者が命じられた記録提出に応じなければ目的を達成することができず、またこの命令は観念的義務を課すに留まることが指摘される。そのため、被疑者を対象とした処分は現実的な意味において想定しにくい（長沼・前掲注10）15頁）。
21) 福井厚『刑事訴訟法講義〔第5版〕』（法律文化社、2012年）152頁、田口守一『刑事訴訟法〔第6版〕』（弘文堂、2012年）114頁など。
22) たとえば、杉山＝吉田・前掲注9）17頁。

外的に不呈示を容認している。札幌高判平9・5・15も、いわゆる電話検証令状の執行の際の通話者への令状不呈示について、呈示による検証不能、立会人の存在による手続きの公正性の担保を根拠に、違法になるとまではいえないとした[23]。これを前提にすれば、仮に令状の不呈示が許されるとしても、呈示による執行不能が認められ、かつ立会人による執行の公正性が担保される場合に限られるというべきであろう。

なお、上告審である最三小決平11・12・16における元原裁判官による反対意見は、「適正手続の保障の見知から、少なくとも傍受終了後合理的な期間内に処分対象者に処分の内容について告知をすることが必要である」としている[24]。呈示による執行不能および立会による公正性確保に加えて、執行後の手続として速やかな告知も当然に求められよう。

ただ、これらの裁判例は通信の秘密が問題となる電話傍受に関するものであり、記録命令付差押えと同様に考えるべきか検討の余地を残す。すなわち、通信の秘密は憲法21条が直接保障した重要な権利であり、そのため処分の相手方は形式的にも、実質的にも通話者である。これに対し記録命令の直接の相手方であるプロバイダは、情報の継続的管理を委託されているにすぎない。したがって、憲法が直接保障し一過的な管理を委託されるにすぎない郵便物とでは、プライバシーの保護の期待は同じとはいえないかもしれない。しかし、前述の通り、ここで問題となる情報は管理委託されたものであるという点に鑑みれば、通常、第三者との関係では当該情報に関するプライバシーの保護の期待があるというべきであろう。通信の秘密のように憲法で直接保護されたものでないとしても、だからといって実質的な被処分者の不知のままにプライバシー制約が行われ、これが直ちに正当化されることにはならないはずである。令状の呈示が、憲法35条の規定する令状主義を手続的に担保し、準抗告等の機会を保障するためのものであるという前提に立てば[25]、少なくとも事後の速やかな告知が行われなければならない。

---

23) 刑集53巻9号1481頁。
24) 刑集53巻9号1327頁。
25) 白取・前掲注18) 138頁。

(3) 代替的執行方法

　刑訴法110条の2は、代替的執行方法について規定する。これにより、たとえば、サーバ等に含まれる対象情報の一部のみを取得することが可能となるため、無関係情報を処分対象から除外すことができ権利制約の範囲を限定できるというメリットがある。問題は、本来的執行方法と代替的執行方法のいずれを選択すべきか、という点にある。この点について、刑訴法は明示しなかった。これに関しては、代替的執行方法は原則的なあり方となるものではない、とする見解がある。すなわち、その真実性や関連性は、情報それ自体だけでなく、記録状況を含めた全体から判断されるべきものであって、削除痕等も含めて分析する必要があるというのである[26]。その上で、執行方法の選択については、現場の状況による面が大きいため、基本的に執行者の判断に委ねるのが適当であるとする[27]。

　思うに、比例原則の観点からは、できる限り代替的執行方法を用いるべきである。すでに1992年の時点で、田宮裕は、記録された情報の一部に対してしか処分の必要性がない場合には、立法論的にはアウトプット命令のような新制度を設ける方が妥当であると指摘していた[28]。代替的執行方法および記録命令付差押えは、まさにこのような問題意識に応えうるものである。この点、福井厚は、執行方法の選択は執行者に委ねられるとしつつも、本来の執行方法による場合は「処分の相当性」ひいては憲法35条1項にいう「正当な理由」を欠く処分として、準抗告で取り消されることもありうるとする[29]。やはり、比例原則の観点から、代替的執行方法を原則とし、執行時の状況から代替的執行方法が不可能な場合に限り、本来的執行ができると解すべきで

---

26) 杉山＝吉田・前掲注9）19頁。なお、被処分者に不必要な負担を強いることがないように配慮しなければならないと指摘する（同38頁注23）。
27) 池田・前掲注11）79頁。同様の見解に立つ者として、長沼範良は、憲法35条は執行方法を令状審査に服させることまで要求していないとした上で、記録媒体と被疑事実との関連性が裁判官によって行われ、その物を令状に記載するのであれば、占有取得に正当な理由があるかの判断は満たされるとする（長沼・前掲注10）14頁）。
28) 田宮裕『刑事訴訟法〔初版〕』（有斐閣、1992年）106頁。
29) 福井・前掲注21）150頁。同様の見解に立つものとして、田口・前掲注21）113頁、長沼・前掲注10）14頁。

あろう[30],[31]。

(4) 還付に相当する措置と保護されるべき利益

　刑訴法123条3項は、①捜査機関が持参した媒体に、②情報の「移転」が行われた場合で必要以上の処分があったとき、被処分者に対して当該記録媒体の交付または情報の複写を許さなければならない旨規定する。①捜査機関の持参した媒体に限定されるのは、従来の還付の方法で対応できると考えられ、②情報の複写が含まれないのは、当該情報が記録元の差押対象PC等に存置されたままになるからであると考えられる。移転を含まない記録命令付差押えの場合が本条から除外されたのも、同じ理由によるものと考えられる。すなわち、この場合、物の占有取得があるわけではないため還付の性質には馴染まないが、記録元から情報が消去されるため、その回復のために新たな措置が必要となったものとされる。つまり、同条の立法趣旨は、被処分者における情報の利用可能性の回復という点にあると考えられるのである[32]。しかし、問題は情報の利用可能性のみに止まらないのではないか。この点、無令状での写真撮影について、ネガ等の引渡しまたは廃棄を命ずることもありうるとする最二小決平2・6・27における藤島裁判官の補足意見が参考になろう[33]。写真撮影はまさに複写に該当し占有取得を伴わないため、原本たる

---

30) 長沼・前掲注10) 14頁。なお、最二小決平10・5・1刑集52巻4号275頁は、合計108枚のFDにつき内容を確認することなく包括的な差押えの執行が行われた件につき、被疑事実の記録されている蓋然性、被処分者による罪証隠滅のおそれ等の理由を挙げて、これを肯定する。本来的執行方法による場合も、同様の要件下で認められると解すべきであろう。

31) この点について、むしろ情報そのものを差押えという処分のあり方こそが、比例原則に最も適合し、無体物である情報の差押えを正面から認めるべきだとの見解も存在する（劉芳伶「『情報の差押』という制度の在り方について」法律時報82巻2号（2009年）92頁以下、95頁等）。この見解に立てば、電磁的記録媒体に対する処分が問題となる場合に執りうるのは代替的執行方法のみになり、比例原則という点では評価すべき見解といえよう。しかし、そうなると電磁的記録が問題となる場合、証拠として用いられるのは常に複製物ということになる。証拠調べの対象となる証拠がオリジナルではないものでも構わないことになるため、直接主義との関係で慎重な検討を要する。

32) 長沼・前掲注10) 14頁。吉田・杉山・前掲注9) 20頁。

33) 刑集44巻4号385頁。

被写体の利用可能性は損なわれない。しかし、同補足意見が、ネガ等の引渡しと並んで廃棄をも示唆している点、単に利用可能性のみを問題としたものでないことは明らかである。一方、電磁的記録については、利用可能性のみを問題とすべき理由はないはずである。これに関し、差押えの保護法益が財産の支配権に結び付かなければならない理由はないとして、デリート権の存在を認める見解がある[34]。かかる見解は、情報プライバシー権侵害の問題として憲法13条に規制の根拠を求める憲法学領域における見解[35]と共通する[36]。憲法35条の定める令状主義の趣旨が、国家権力に対するプライバシー保護のための限界設定という点にあるのだとすれば[37]、やはり問題は利用可能性の回復という点に止まらないというべきである。したがって、情報の利用可能性の回復のみに資する刑訴法123条3項は、立法論として問題があるといわざるをえない。情報が違法に取得された場合、作成された媒体物の交付や複写だけでなく当該情報の消去を認めなければ、それが捜査機関に保有されている限り法益侵害は継続することになるからである。したがって、解釈論としては、押収に関する処分として取得情報の廃棄まで認めるべきである[38]。

(5) 小括

　平成24年の刑訴法改正により、司法審査による権利制約限定化および令状呈示による手続的適正の担保という令状主義の要請は、より緩やかに解されることとなった。このような傾向は、すでに通信傍受法においても認められていたところである。しかし、通信傍受の場合、対象犯罪に限定があり、さらに対象となる通信の存在する蓋然性、傍受の補充性といった要件を充足しなければならない（傍受法3条）。リモート・アクセスや記録命令付差押えは、通信傍受との比較では必ずしも危険性が高いとはいえないかもしれない。しかし、令状に期待される処分の限定化、呈示による手続きの適正化という機

---

34) 劉・前掲注31) 93頁以下。
35) 佐藤幸司『憲法〔第3版〕』(青林書院、1995年) 453頁以下。
36) 劉・前掲注31) 95頁。
37) 田宮裕『刑事訴訟法〔新版〕』(有斐閣、1996年) 100頁。
38) 白取・前掲注18) 136頁。

能が、相当程度縮減されることに対しては慎重であるべきだったように思われる。とくに電磁的記録媒体に対する処分においては、対象者の不知のままに大量の個人情報が収集されることが有りえ、それはすなわち、市民が不知のままに捜査機関の監視の客体となる危険性のあることを意味する。やはり、従来の有体物に対する処分と比べても危険性は決して小さくないはずである[39]。新たな処分に関しては、対象犯罪の限定や補充性の要件が明文化されていないが、この点において本来的な捜索・差押えと同じ条件下での運用を認めることが妥当か検討の余地を残す。

3 情報の集約に基づく総合的監視

(1) 現代型捜査と個人情報の集約

電磁的記録媒体に対する新しい処分は、必ずしも密行性という性質を伴うものではないかもしれない。しかし、今日、情報の多くは電磁化された状態で収集され、あるいは収集の後に電磁化されて電磁的記録媒体に保存されることになる。そして、処分対象者の多くが、自己情報が国家機関によって収取され蓄積されているという認識を持たないことが多く、密行性という性質は収集段階のみならず保存の段階でも生じることになる。

この点、ドイツ学説においては、刑訴法および警察法における秘密裏な捜査手法のインフレに対する懸念が表明されてきた[40]。そして、近年ではこれらの措置が同時・複合的に用いられることに対して懸念が表明されている。以下、ドイツの例を参考に総合的監視について若干の考察を行う。

(2) 総合的監視 (Totalüberwachung) と比例原則

ドイツ連邦通常裁判所第3刑事部2001年1月24日判決[41]では、GPSとそれ自体としては許容されている他の措置との複合的な利用があり、これによ

---

39) 福井・前掲注21) 104頁以下。
40) *Eisenberg/Singelnstein*, Zur Unzulässigkeit der heimlichen Ortung per „stiller SMS", NStZ 2005, 62, 67; Eisenberg/Puschke, Überwachung mittels RFID-Technologie, ZRP 2005, 9 ff.
41) BGH, Urt. v. 24.1.2001 − 3 StR, 234/00, NStZ 2001, 386 ff.

って人格に対する包括的監視が実施されるとき、比例原則違反の可能性があることが指摘された。被告人は、複数の監視措置が同時に利用される場合、監視措置の総体が個々の措置毎に生じる基本権侵害の強度を超える新たな性質を帯びるため、そのための十分な法的根拠が必要であると主張した。これに対して、原審のデュッセルドルフ上級地方裁判所は、複数の捜査手法の重畳によって、個々の基本権侵害の性質の変化も、個別的にみた権利保護の縮減も生じないとしたうえで、様々な捜査手法の同時利用を認める裁判官の同意は憲法上も必要とされないとした[42]。第3刑事部は、結論において原審の判断を認めつつも、各措置の命令権者は、個々の措置を命じるにあたっては、すでに命じられている他の監視措置を考慮したうえで、当該措置が総体としてなお比例性を維持しているか否かを吟味しなければならないとした。具体的にはGPS技術の利用が問題となっていたが、それ自体としては許容された監視手段と複合することで、包括的な人物像の形成を可能にする人格の包括的監視が行われるのであれば、侵害の総体は対象者の一般的人格権を違法に侵し、場合によっては情報自己決定権を侵害し、もって比例原則違反を生じさせる。そのため、許容性判断において対象犯罪の重大性がとくに意義を有するとした[43]。

　これまでドイツにおいては、とくに組織犯罪対策の領域で種々の捜査手法が併用されることは周知のことであったが、以前は個々の措置について個別の許容性の問題が重要なウェートを占めていたといえる。しかし、2000年頃にはその重畳的・複合的利用が問題関心の中心に移行していったとされている[44]。わが国においても、たとえば指宿信は、GPS等のハイテク機器を用いた情報収集には、情報のデジタル化技術の発展にともない、もはや強制処分としての規律を行うべき類型があることを主張している[45]。ドイツでは、種々の情報収集手段について個別の規定が存在し、裁判官留保等が存在する

---

42) OLG Düsseldorf, 12.12.1997 – VI 1/97, NStZ 1998, 268, 269 f.
43) BGH, a.a.O. (Fn. 41), S. 388.
44) *Jan Steinmetz*, Zur Kumulierung strafprozessualer Ermittlungsmaßnahmen, NStZ 2001, 344.
45) 指宿信「ハイテク機器を利用した追尾監視型捜査」三井誠ほか編『鈴木茂嗣先生古希祝賀記念論文集下』（成文堂、2007年）166頁以下および183頁以下。

のに対し[46]、わが国においてはハイテク機器の使用の適法性判断について、依然として従来の法的枠組が用いられているように思われる[47]。このようなわが国の現状に鑑みれば、まずは情報収集手段毎の個別の規制について検討が行われる必要がある[48]。他方、情報の取得それ自体は従来から存在した捜査手法であっても、取得された情報の多くは電磁化されPC等の電磁的記録媒体を用いて集約されるため、情報の集約は従来と比較にならないほど容易化し、大規模化しているといえる。したがって、個々の情報収集手段が集積することにより、個人の行動、生活等の包括的把握もより容易に実現される状況にある。このような今日的現状に鑑みれば、ドイツでも問題とされているように、個別的捜査手法それ自体の許容性の問題を超えて、複数の情報収集手段を同時・複合的に利用することで生じる総合的監視という問題を見据えた議論が行われる必要がある。その意味で、連邦通常裁判所の示した見解は理解の一助になるように思われる。

4　おわりに

　PC等に対する処分の変更は、情報を単位とした処分を可能にした点で意義のあるものであったように思われる。しかし、法は、処分対象の個別化・限定化という点で課題を残したというべきであろう。また、これ以外のハイテク捜査に対する個別的な規制のあり方については、今後も検討が望まれる。その上で、総合的監視の問題性ともに、取得された情報の利用に対する規制のあり方についても更なる検討の必要があるように思われる。

---

46) たとえば、長期間の観察（刑訴法163条以下）、DNA分析（刑訴法81条e以下）、携帯電話による所在地の捜査（刑訴法100条i）など（vgl. *Werner Beulke*, Strafprozessordnung, 12. Aufl., 2012, S. 152 ff.）。
47) 指宿・前掲注45）166頁。指宿は、「情報収集活動は、一般的には任意捜査という位置づけになじむ」とされつつも、「情報の取収方法が、プライバシー権やその他の権利侵害を伴い、かつ、それらの収集が本人の承諾のないまま実施されるとき、一定の限界があるとみるべき」であると述べる。
48) たとえば、指宿教授は、GPS等のハイテク機器を用いた監視活動を情報収集という側面から捉え直し、強制処分として令状主義のコントロールに服させるべきであると主張される（指宿・前掲注45）186頁）。

捜査

[5]
秘密交通権をめぐる議論状況

徳永　光

1　問題の所在

　身体を拘束された被疑者・被告人（以下「被疑者等」または「被疑者」とする）と弁護人または弁護人となろうとする者（以下「弁護人」とする）との接見交通をめぐっては、これまで即時接見（刑訴法39条1項）と接見指定（同条3項）の関係を中心とした議論がなされてきた。即時接見の保障については、なお接見指定制度との構造的な矛盾が解決されておらず、取調べのあり方にもさかのぼった理論的検討の必要性が指摘されている[1]。もっとも運用上は、一定程度の進展があったと認められていることもあり[2]、最近の議論の焦点は、被疑者等と弁護人との接見交通における秘密性の保障にあてられている[3]。

1）村岡啓一「被疑者と弁護人の接見交通」法学教室389号（2013年）4頁以下など。
2）検察庁、警察庁がそれぞれ、「取調べの適正を確保するための逮捕・勾留中の被疑者と弁護人等との接見に対する一層の配慮について」と題する通達を出している。ただし、取調中の被疑者については、即時にとはいわずできる限り早期に接見の機会を与えればよいとしている点では、依然として、捜査の必要性を優先させる内容になっている。日本弁護士連合会『接見交通権マニュアル〔第14版〕』（2013年）44頁以下。
3）葛野尋之「検察官による弁護人と被疑者との接見内容の聴取が秘密交通権の侵害にあたり違法とされた事例」判例時報2148号（2012年）154頁

身体を拘束された被疑者はとくに、外界とのコミュニケーションが制限された状態の中で、取調受忍義務を前提とした捜査機関による取調べを受けざるを得ない立場に置かれる。このような被疑者にとって、弁護人と会って秘密に相談をする機会は、黙秘権を実質的に行使するために、また外界とのコミュニケーションを図るために極めて重要なものとなる[4]。最高裁判所は、平成11年の（接見指定制度の合憲性に関する）大法廷判決において、憲法34条前段の規定は、「単に被疑者が弁護人を選任することを官憲が妨害してはならないというにとどまるものではなく、被疑者に対し、弁護人を選任した上で、弁護人に相談し、その助言を受けるなど弁護人から援助を受ける機会を持つことを実質的に保障しているもの」と解すべきであり、接見交通権は、この憲法の「趣旨にのっとり、身体の拘束を受けている被疑者が弁護人等と相談し、その助言を受けるなど弁護人等から援助を受ける機会を確保する目的で設けられたものであり」、「憲法の保障に由来するものである」と述べた[5]。このように接見交通権は、憲法34条から当然導き出される権利であり[6]、「刑事手続上最も重要な基本的権利に属するものであるとともに、弁護人からいえばその固有権の最も重要なものの一つ」[7]である。

　しかし一方で、最高裁が、即時の接見交通権が刑罰権ないし捜査権に絶対的に優先するような性質のものとはいえないとし、両者の調整の必要と刑訴法39条3項の合憲性を認めたことは、周知の通りである。そして、近時の秘密交通権をめぐる裁判例においても、捜査権または施設管理権との合理的調整を理由とした秘密交通権の制約が許されるか、許されるとすればどのような場合かという議論がなされている。以下では、このような問題設定の当否を含め、秘密交通権をめぐる議論状況を検討する。

　刑訴法39条1項は、被疑者等が「立会人なくして」弁護人と接見することができる旨を規定している。弁護人からの実質的援助を保障するには、被疑

4）後藤昭＝白取祐司編『新・コンメンタール刑事訴訟法〔第2版〕』（2013年、日本評論社）106頁［豊崎七絵］。川上和雄ほか編『大コンメンタール刑事訴訟法〔第2版〕第1巻』440頁［河上和雄＝河村博］参照。
5）最大判平11・3・24民集53巻3号516頁。
6）大坪丘「最高裁判例解説平成11年」273頁参照。
7）最一小判昭53・7・10民集32巻5号829頁。

者等が弁護人と心置きなく十分に相談でき、また弁護人が必要な情報を提供できる環境が確保されていなければならない。もし接見内容が第三者に知られてしまうとすれば、被疑者等と弁護人は、そのことによる不利益をおそれて互いに発言を抑制し、相談・援助活動に萎縮効果が生じることになる[8]。このように接見内容の秘密性は、弁護人からの実質的援助を保障するために不可欠な前提であり、これが確保されない限り、接見交通権が保障されたことにはならないはずである。

これに対し、近時、取調べに際して捜査機関が被疑者と弁護人との間で行われた接見内容を聴取する（そしてこれを調書化する）事案が問題となっている。また、弁護人による接見室内への録音・撮影機器の持ち込みが制限される事案も生じている。前者は、事後的に接見内容が捜査機関に知られてしまう点で、後者は、録音・撮影機器類の持ち込みにつき施設管理者による内容検査を条件とする（あるいは、そもそも録音・撮影を禁止する）点で、接見内容の秘密性を侵害しうる（録音・撮影の禁止に至っては、接見内容への介入となりうる）。以下、これらの問題を順に取りあげる。

2　取調べにおける接見内容の聴取

取調べ時における接見内容の聴取に対し、秘密交通権侵害にあたるとして国家賠償請求がなされた事案としては、鹿児島地判平20・3・24[9]（以下「鹿児島地判」）、京都地判平22・3・24[10]（以下「京都地判」）、福岡高判平23・7・1[11]（「福岡高判」。原審は、佐賀地判平22・12・17[12]。以下「佐賀地判」）などが挙げられる。

これらの裁判例は、どれも次のように秘密交通権の重要性を論じており、総論における違いはみられない。すなわち、弁護人からの有効かつ適切な援

---

8) 後藤＝白取編・前掲注4) 112頁［豊崎七絵］、葛野・前掲注3) 155頁等参照。
9) 鹿児島地判平20・3・24判時2008号3頁以下。一部認容。確定。
10) 京都地判平22・3・24判時2078号77頁以下。請求棄却。確定。
11) 福岡高判平23・7・1訟月57巻11号2467頁以下。原審破棄、一部国賠請求を認めた。後に上告棄却、上告不受理決定が出された。最一小決平25・12・19LEX/DB25502950。
12) 佐賀地判平22・12・17訟月57巻11号2425頁。接見内容の聴取に違法はないとした。

助を受けるためには、被疑者等と弁護人との自由な意思疎通が、捜査機関に知られることなく行われることが必要不可欠であるから秘密交通権が保障されており、反対に「接見内容が捜査機関に知られることになれば、これを慮って、被告人らと弁護人の情報伝達が差し控えられるという萎縮的効果が生じ、被告人らが実質的かつ効果的な弁護人の援助を受けることができなくなると解される……。そうすると、刑訴法39条1項の『立会人なくして』とは、接見に際して捜査機関が立ち会わなければ、これで足りるとするというにとどまらず、およそ接見内容について捜査機関はこれを知ることができないとの接見内容の秘密を保障したものといえ、原則的には接見後その内容を捜査機関に報告させることも許されないといえる」[13]とする。これらの裁判例はまた、接見内容の聴取につき「原則的には」許されないとしつつ、例外的に許容される余地を残す点でも類似している。違いは、いかなる理由で、いかなる場合に接見内容の事後聴取が許されうるか、という具体的な判断基準に関して生じている。

(1) 裁判例の比較

鹿児島地判は、「捜査妨害的行為等接見交通権の保護に値しない事情等特段の事情」がない限り、接見内容の聴取は弁護人の固有権を侵害することになると述べた。逆に捜査妨害的行為が認められる場合は、弁護活動として接見内容の秘密性を保護する必要に欠けるため、被疑者等の自白の任意性、信用性を担保するという捜査目的のために、接見内容の聴取をすることが許されうるとする[14]。

京都地判は、捜査機関が被疑者等に働きかけて接見内容を知ろうとすることは禁じられるものの、被疑者自ら秘密性を放棄し、接見内容を告げたことによって、捜査機関がその内容を知っても、直ちに違法とはならないとし

---

13) 鹿児島地判平20・前掲注9) 27-28頁、京都地判平22・前掲注10) 86頁、佐賀地判平22・前掲注12) 2457頁、福岡高判平23・前掲注11) 2483頁。
14) 本事案の具体的な結論において、捜査妨害的行為と評価された弁護活動はなかった。また、捜査妨害的な接見内容であることを疑って、捜査機関が、積極的に接見内容を聴き出すような質問をすることは、手段としての相当性を欠くとも述べている。

た[15]）。また、被疑者等が自発的に供述し始めた場合は、捜査機関において、接見内容を供述しないよう教示する積極的義務はないとする[16]）。

佐賀地判は、捜査機関は刑訴法39条1項の趣旨を損なうような接見内容の聴取を控えるべき注意義務を負うとしつつ、この義務違反の有無は、「聴取の目的の正当性、聴取の必要性、聴取した接見内容の範囲、聴取態様等諸般の事情を考慮して決すべきもの」[17]）とした。そして、供述変遷の有無、その動機等を確認する必要があり、被疑者等が、捜査機関の質問に応じて、真に自由な意思で接見内容を供述した場合には、秘密性保護の必要性は低減し、その態様によっては接見内容を聴取することが許容されるとする。

対して、福岡高判は、秘密交通権の保障を最大限尊重すべきことから、捜査機関は、被疑者等に対し接見内容については話す必要がないことを告知するなどして、被疑者等と弁護人等との秘密交通権に配慮すべき法的義務を負うとした。被疑者等が自発的に接見内容を供述したとしても、秘密性を保護する必要性が低減したとはいえないとする[18]）。

以上のように、捜査機関が積極的に接見内容を質問することの可否、被疑者等が任意（あるいは自発的）に接見内容を供述し始めた場合にそれを聴取することの可否について、結論の違いがみてとれる。

(2) 目的の正当性、聴取の必要性

秘密交通権は、被疑者等と弁護人との接見時、接見室内においてのみ保障されるにすぎないという考え方もありうる。しかしそれでは、捜査機関が被疑者から際限なく接見内容を聴き出せることになり、当然ながら被疑者と弁護人との自由な意思疎通を萎縮させるだろう。上記の裁判例はどれも、事後

---

15) 京都地判平22・前掲注10) 86頁。
16) 原告からは、自発的に接見内容を述べることはしておらず、取調官が積極的にその内容を聴いたとの主張がなされたが、判決では自発的発言があり、取調官がその詳細について質問を重ねることはなかったと認定された。
17) 佐賀地判平22・前掲注12) 2458頁。
18) 福岡高判平23・前掲注11) 2484頁。報道等で秘密性の消失した事項につき取調べが及んでも違法とまではいえないが、秘密性の消失していない接見内容について捜査機関が聴取したこと（および聴取内容を録取した調書を証拠調べ請求したこと）は、違法であるとした。

的な接見内容の聴取が原則として禁じられるとする点で、この考え方を否定するものといえる。

　ただし、佐賀地判のように、供述変遷の確認や変遷の動機を解明するという目的の正当性、聴取の必要性等が認められれば、取調官の質問が接見内容に及ぶことも許されると解する場合、実質的には、聴取内容に制限がないとする立場と同様の結論になりうる。聴取内容に制限がないとの立場も、正当性がなく必要性もないような取調べを許す趣旨ではないだろうから、実際にこれらが例外要件として限定的な機能を果たすかどうかは疑問である。また、供述変遷がある場面こそ、事後聴取の問題が深刻化するのであるから、これが許されるというのであれば、事後聴取を原則禁止とする意味が失われるのではないだろうか。

(3)　被疑者等の任意の供述と弁護人の固有権

　被疑者が任意に（あるいは自発的に）接見内容を供述する場合、接見内容の秘密性は放棄されたものと解してよいかという問題がある。鹿児島地判は、被疑者がたとえ任意に接見内容を供述したとしても、弁護人の固有権が侵害されることに変わりはないと述べた[19]。これに対して、弁護人の固有権も、究極的には被疑者の権利保障のためにあるのだから、その被疑者が任意に秘密性を放棄する以上、（放棄の有効性については厳格に判断されなければならないとしても）弁護人についても秘密交通権侵害は生じないのではないかという見解が示されている[20]。

　この点について、接見内容の事後聴取は、ただ被疑者に供述変遷の有無を確認したり、その動機などを聴き出したりして、情報を得るだけに止まらないものである[21]ことに留意が必要である。接見内容の聴取は、被疑者と弁護人による防御の準備過程、すなわち当事者主義の核心領域に対する対立当事

---

19)　鹿児島地判平20・前掲注9）28頁。
20)　京都地判平22・前掲注10）86頁。佐賀地判平22・前掲注12）2459頁。中桐圭一「弁護人との接見時のやりとりに関する尋問」判タ1322号（2010年）42頁参照。河上和雄ほか編『注釈刑事訴訟法〔第3版〕第1巻』454頁以下［植村立郎］。
21)　緑大輔「弁護人との接見内容を取調担当官が被疑者・被告人から聴取・録取した行為の適法性」法律時報81巻11号（2009年）128頁参照。

者からの干渉・介入にあたり[22]、これを許すことは、刑事訴訟手続の根幹と抵触することになる。また、鹿児島地判の指摘するように、接見内容を聴取すること自体が、被疑者と弁護人との信頼関係を侵食しかねない。加えて、取調受忍義務を課した上、密室で行われる取調べにおいては、被疑者が任意に（あるいは自発的に）接見内容を供述したのかどうか、事後的に検証するための手がかりがない[23]点も考慮する必要がある。

　弁護人に固有権として秘密交通権が与えられている趣旨については、次の理解が的を射ているように思われる。すなわち、接見交通の秘密性は、いったん侵害されてしまえば、当該情報の秘密性が失われるだけでなく、将来に向けて相談・援助の内容に萎縮効果をもたらし、被疑者等にとって取り返しのつかない防御上の不利益が生じる。それに対して、被疑者等は、秘密交通権の重要さについて十分認識せず、捜査機関の促すままに接見内容を供述してしまうおそれがある。そのため、弁護人の固有権として秘密交通権を設けることにより、被疑者等が単独で秘密性を放棄しないよう、事前の弁護人との相談の機会を保障した[24]わけである。

　このように考えると、被疑者が取調べにおいて接見内容に関する供述を始めたとしても、接見の秘密性が解除されたものとして扱うべきではないことになる。捜査機関は、接見内容を聴き続けることなく、接見内容については供述する必要のない（供述すべきではない）ことを告知するなど、その秘密性を積極的に保障する義務を負う[25]と解すべきであろう。

(4) 捜査権との調整

　佐賀地判は、秘密交通権の重要性を論じる一方、「被疑者等と弁護人等との接見交通権が憲法の保障に由来するからといって、これが刑罰権ないし捜

---

[22] 川崎英明「刑事弁護の自由と接見交通権」広渡清吾ほか編『民主主義法学・刑事法学の展望 上巻』（日本評論社、2005年）24頁以下参照。岡田悦典「接見交通権における秘密性の基礎」浅田和茂ほか編『人権の刑事法学』（日本評論社、2011年）320頁。
[23] 川崎・前掲注22）24頁以下。
[24] 葛野・前掲注3）156頁。丹治初彦「接見交通権の残された課題」季刊刑事弁護51号（2007年）18頁。
[25] 福岡高判平23・前掲注11）2484頁参照。

査権に絶対的に優先するような性質のものということはできない」とした最高裁平成11年判決を引用し、秘密交通権の保障も、取調べに絶対的に優先するとまではいえない[26]と述べた。このような構造自体は福岡高判においても支持され、捜査権との調整を前提とした議論がなされている[27]。

しかし、接見指定における合理的調整論を、秘密交通権の場面に適用することは妥当でない。最高裁平11年判決をはじめ、接見交通権と刑罰権ないし捜査権との合理的調整に言及する一連の裁判例のいう調整とは、被疑者の身柄の利用をめぐっての時間調整を意味していた。一般には、被疑者から供述を獲得するため、あるいは口裏合わせなどの罪証隠滅を防止するためなど、捜査側の利益全般との調整を意味するものではないと解されている。であるとすれば、合理的調整論が前提とする状況は、接見交通の秘密性が問題となる場面では生じないのであって、そもそも調整すべき対象はない[28]ことになる。

なお、この合理的調整も、「身体の拘束を受けている被疑者に対して弁護人から援助を受ける機会を持つことを保障するという趣旨が実質的に損なわれない限り」[29]において許される。この点、上述のように、接見内容の聴取は、被疑者と弁護人との意思連絡に萎縮効果をもたらし、両者の信頼関係を侵食することによって、弁護人からの援助を受ける機会を損なわせる効果を持つ。その意味では、弁護人依頼権の趣旨を実質的に損なわないような接見内容の聴取というのは、想定しがたいのではないだろうか。

(5) 捜査妨害的行為への対応

接見時に弁護人による「捜査妨害的行為」があった場合には、その秘密性を保障する必要がなくなるという見解もある。鹿児島地判は、捜査妨害的行為の内容について、「違法に否認をしょうようするなどおよそ弁護活動とは

---

26) 佐賀地判平22・前掲注12) 2458頁。
27) 吉浪正洋「判例紹介」研修759号 (2011年) 124頁。加藤俊治「検察官が被疑者取調べにおいて弁護人との接見内容を聴取したこと等が違法と判断された事例」警察学論集64巻10号 (2011年) 183頁以下。
28) 村岡・前掲注1) 13頁。
29) 最大判平11・前掲注5) 517頁。

評価されるべきものでない」場合、あるいは接見禁止中の被疑者に対し第三者からの罪証隠滅行為となりうる手紙の文面を見せる場合を挙げている[30]。もっとも、「捜査妨害的行為」があったかどうかは、実際に接見内容を聴いてみないことには判断できないところ、「妨害的行為があったのではないか」という疑いに基づく接見内容の聴取はなお許されない[31]とする。

　まず、鹿児島地判も認めているとおり、そこに例示されたような弁護活動があったかどうか、またそれらが直ちに違法と評価されるべきかは明確に判断できない。裁判所のいう「違法な否認のしょうよう」とは、被疑者本人が強く嫌がっているにもかかわらず、弁護人が無理にでも否認をさせようとするような例であろうが、たとえそのような説得行為があったとしても、違法と評価されるべき事案はかなり考えにくい（それが脅迫、強要にあたるような場合だろうか）。まして捜査機関からみれば、正当な弁護活動であっても「捜査妨害的行為」と捉えがちになるから、その該当性につき捜査機関の判断に委ねるのは適当ではない。理論上、「捜査妨害的行為」の秘密性は保障されないと解することができるとしても、現実問題として、接見内容を聴取する以前にその該当性を判断することはできないだろう。

　たしかに、取調中の被疑者が、捜査機関に問われることなく自発的に、弁護人への不信を口にする場合もありえなくはない。そうであっても、これを接見の秘密性の放棄と解すべきではないし、捜査妨害的行為があるものと判断し、接見内容に関する質問を続けることが許されるわけではない。一方当事者である被疑者等と弁護人との信頼関係については、相手方当事者である捜査機関が介入すべき事項ではない。「違法な否認のしょうよう」等は、弁護士会等で対応すべき問題である[32]。

　もちろん、被疑者が問われもしないのに口にした接見内容を捜査機関が聞いてしまったからといって、それを直ちに違法とすることはできないだろう。しかし、そのような事態が想定されるがために、秘密交通権の保障が絶対的ではないと結論づけること[33]は適切でない。問題は、捜査機関が接見内容に

---

30) 鹿児島地判平20・前掲注9）33頁、61頁。
31) 鹿児島地判平20・前掲注9）33頁。
32) 丹治・前掲注24）17頁。

つき積極的に質問を行ったり、接見内容に関する供述を漫然と聴き取ったりすることが許されるかどうかである。これについては、上に検討してきた理由による制約は正当化できないように思われる[34]。

3　接見時における録音機等の使用

　パソコン等のさまざまな機器がポータブルに利用可能となった現在、接見においてもこれらを活用しようと考えるのは自然である。しかし、接見時に弁護人がビデオテープなどの再生機器や録音・撮影機器、あるいは通信機を持ち込むのに際し、施設側が内容確認をさせるよう要求したり、持ち込み自体を禁止したりする問題が生じている。

　刑訴法39条1項の「立会人なくして」という文言が、対面による「接見」のみに係ると解釈することは決して自明ではない[35]。しかし、実務上は、そのように解されており、「書類若しくは物の授受」に際して立会人を置くことは妨げられないと解されている[36]。このような区別がなされているため、接見室への書類や機器類の持ち込みが、「接見」に含まれると考えるか、「書類若しくは物の授受」に準じて扱われるべきと解するかによって、内容検査の可否に対する判断が分かれうる。

(1)　秘密交通権の保障と「接見」の範囲

　大阪地判平・16・3・9（以下、「大阪地判」）は、弁護人が接見に際して利用しようとしたビデオテープを施設側が事前検査することは違法であると

---

33) 福岡高判平23・前掲注11) 2482-2483頁参照。
34) 葛野・前掲注3) 158頁。東條雅人「接見内容の組織的取調べと接見交通権　鹿児島秘密交通権侵害国賠事件判決」季刊刑事弁護69号（2012年）166頁。渡辺修「『防御の秘密』と被疑者取調べの法的限界」三井誠ほか編『鈴木茂嗣先生古稀祝賀論文集　下巻』（成文堂、2007年）241頁以下参照。
35) 村井敏邦「接見交通権の保障と信書の発受の秘密性」小田中聰樹ほか編『誤判救済と刑事司法の課題』（日本評論社、2000年）275頁以下参照。
36) 河上和雄ほか編『注釈刑事訴訟法〔第3版〕第1巻』461頁〔植村立郎〕、河上ほか編・前掲注4）445頁〔河上和雄＝河村博〕。

し、大阪高判平17・1・25（以下、「大阪高判」）もその結論を支持した[37]。そこでは、「『接見』とは、口頭での打合せに限られるものではなく、口頭での打合せに付随する証拠書類等の提示をも含む打合せと解すべき」[38]であると判示されており、「接見」を口頭による意思伝達に限定し、「書類等の提示行為」は「書類等の授受」と同様に扱うべきであるとした国側の主張は、明確に否定された[39]。大阪高判は、口頭での打合せとその際証拠書類等を見せる行為とは、実際上も密接不可分であるし、「被告人の防御権行使の点、弁護人の弁護権行使の点から規範的に見ても密接不可分のものとすべきである」[40]と述べている。

これに対し、ビデオテープの再生を「接見」に含めて理解し、秘密性が絶対的に保障されると結論づけることは、戒護上の必要性を軽視している点で問題がある[41]との批判がある。また、実務上は現在、録音については事前申出と、録音内容の事前事後の検査が予定されており[42]、カメラ、ビデオカメラ、携帯電話については使用が禁止されるという運用がなされている[43]。近時は、弁護人の撮影行為に対する収容施設長からの懲戒請求の申立て、反対に、撮影行為を止めようとした施設職員による接見の中断に対する国家賠償請求訴訟など、対立が顕在化してきている[44]。その中で、東京地判平26・11・7（以下「東京地判」とする）[45]は、接見を弁護人と被拘禁者との意思疎通とし、裁判所に提出するため被拘禁者を写真撮影する行為は証拠保全行為

---

37) 大阪地判平16・3・9訟月52巻10号3098頁以下、大阪高判平17・1・25訟月52巻10号3069頁以下。確定。大阪地判は、秘密交通権の保障を、憲法34条に加え、市民的及び政治的権利に関する国際規約（いわゆるB規約）14条3項b号からも根拠づけ、規約人権委員会のゼネラルコメントにも言及したのに対し、控訴審判決は、憲法および刑訴法の解釈から導くことができるためB規約の内容等には触れないとした。北村泰三「接見交通権の秘密性と自由人権規約14条」国際人権17号（2006年）84頁以下、菅充行「コメント：接見中の無検査ビデオ視聴拒否事件」国際人権17号（2006年）89頁以下参照。
38) 大阪地判平16・前掲注37）3121頁。
39) 大阪高判平17・前掲注37）3086頁。
40) 大阪高判平17・前掲注37）3085頁。
41) 越後谷透「解説」訟務月報52巻10号3075-3076頁。
42) 林眞琴ほか編『逐条解説刑事収容施設法』（有斐閣、2010年）540頁。
43) 「被収容者の外部交通に関する訓令の運用について（依命通達）」（平成19年5月30日法務省矯成第3350号）7（2）。

であり、接見交通権に含まれるものとして保障されているとはいえないとした。

　口頭での相談・助言と、その際に使用される書類等の提示行為を区別することは困難であるし、後者の秘密性が保障されない限り、接見においての萎縮効果が生じることは当然予測しうることからみても、大阪高裁の結論は説得的である。同じように、手書きのメモに代わる録音、情報検索・提示のためのパソコンの使用、被疑者等の外観や態度等を記録するための写真撮影やビデオ録画も、口頭での打合せをより正確に記録化する行為、あるいは打合せをより効率的に行うための行為にあたり、「接見」に密接不可分な行為として、その秘密性が保障されてしかるべきである[46]。後日裁判所に提出する目的で、弁護人が接見室内で被疑者等の話を聴きながら供述録取書を作成したとしても、それが証拠保全行為であって接見に含まれないとはいえないだろう。書面と写真との違いがどこにあるのか疑問である。

　仮に録音や撮影に制約を設けうるとしても、もともと立会人なしの接見室内で行われるものであるから、事実上録音等が行われればそれだけのこと[47]であり、本来、施設側にとって把握のしようのない事柄のはずである。しかし、実際には、施設職員が監視窓から頻繁に接見室内をのぞき見て、撮影等を阻止しており、そのこと自体も秘密交通権を侵害する側面を持つ。

(2) 保安・警備上の支障

　接見室内で、弁護人がメモを作成したりスケッチをした場合、これらの内

---

44) 安元隆治「拘置所接見室内での写真撮影の可否をめぐる田邊国賠」季刊刑事弁護75号（2013年）128頁以下。髙山巖「接見室での録音・録画をめぐる実情と問題の所在」季刊刑事弁護72号（2012年）68頁以下。森下弘「接見室内での電子機器の利用について」季刊刑事弁護72号（2012年）72頁以下。
45) 東京地判平26・11・7 LEX/DB25505290。当該撮影行為自体に、罪証隠滅のおそれや逃亡のおそれ、その他刑事施設の設置目的に反するおそれが生ずる相当の蓋然性があったとは認められず、撮影行為を理由に面会を終了させた手続に関しても違法があったとして、請求は一部認容された。
46) 葛野尋之「弁護人接見の電子的記録と接見時の電子通信機器の使用」季刊刑事弁護72号（2012年）78頁。
47) 河上ほか編・前掲注4）445頁［河上和雄＝河村博］。

容の秘密性は接見内容と同様絶対的に保障される。ところが、手書きによるメモ等と内容が異ならないにもかかわらず、録音・撮影については制約ができると主張され、またそのように運用されているのはなぜか。ひとつの理由として挙げられるのは、被収容者が、記録媒体を通して、不特定多数の者に直接的に意思を伝達する[48]可能性、第三者からの直接的なメッセージ等を受けとる可能性（それによる逃走、罪証隠滅のおそれ）である。そこでは、「接見」として秘密性が保障されるのは、被疑者等と弁護人との口頭による意思伝達に限られるという解釈の下、接見の際の第三者との通信（の可能性）に対しては、信書の発受と同様の検査（刑訴法39条２項、被収容者処遇法135条１項、２項１号、222条１項、２項１号）を行うことに正当性があるとされる。

被疑者等から弁護人にあてた信書については、弁護人が内容を見ずに、そのまま第三者に渡してしまうかもしれないことが、検査の必要性の理由とされる。それ自体、原則的な検査[49]を根拠づけるほど蓋然性の高い事態とは思われないが、接見時の録音や撮影の場合はまして、弁護人がその内容を把握しないということはありえない。それでもなお、「巧妙に隠語が使われていたり、事件の全貌を把握していないために、その内容の真の意義を把握できないまま交付することも考えられる」[50]ことを理由として、検査の必要性が説かれる。しかし、繰り返しになるが、観念的な可能性が被疑者等の防御活動を制約する理由となりうるかは疑問である。

(3) 施設管理権等との調整

取調べにおける接見内容の聴取と同じく、接見時における録音機等の使用制限についても、平成11年の最高裁判例が引用され、接見交通権が刑罰権ないし捜査権に絶対的に優先するような性質のものということはできないという論理が展開される。しかし、上述のように、秘密交通権の問題に関して、

---

48) 林ほか編・前掲注42）540頁。
49) 弁護人等から発せられた信書については、その信書が真に弁護人から発出されたものであるかを確認する限度での検査しか許されない。被収容者から弁護人に宛てて発せられる場合は、一般の信書と区別なく検査が行われる。
50) 林ほか編・前掲注42）687頁。

合理的調整を持ち出すのは妥当でない。

　この問題については、拘置所に収容された被告人と弁護人間の信書の発受に関する最二小判平15・9・5における反対意見[51]が傾聴に値する。まず、被疑者等と弁護人との接見において、「捜査機関や収容機関側が重大な関心を持つと考えられる内容にわたる可能性がある行為が行われることがあるとしても、そのことを理由に秘密交通権自体が制限されることは許されない」[52]のであって、接見の秘密性は、刑罰権や捜査権の行使に常に優先されるものである。その上で、刑訴法39条2項の規定は、接見交通権が刑罰権ないし捜査権の行使に絶対的に優先する性質のものではなく、一定の制約を受けることを規定したものであるが、その制約を解釈するにおいても、刑訴法39条1項が、接見内容の秘密性を完全に保障している趣旨が反映されなければならないと論じている。

　大阪地判も、秘密交通権が刑罰権ないし捜査権に絶対的に優先するような性質のものということはできないとする点では、東京地判やその他の裁判例と同様の枠組を用いている。しかし、接見交通権という「……機会を確保することが、憲法の予定する刑罰権の発動ないし捜査権の行使を適正なものとし、実体的真実の発見に資する点にその実質的根拠が求められ」ることからすれば、制限の必要性および合理性を検討するにあたっては、秘密交通権を可及的に保障する方向性が要請される[53]とした。このように、秘密交通権の保障を、刑罰権ないし捜査権行使の適性化の前提[54]と位置づける点は、両者を合理的調整の可能な対立的価値と位置づける観点とは異なるものといえる[55]。

　録音・撮影機に記録されるのは、接見内容そのものであるから、これが施設職員に把握される場合は、被疑者と弁護人との自由な相談・援助に強い萎縮効果が生じる。また、録音・撮影機が接見室内に持ち込まれたとしても、

---

51) 最二小判平15・9・5判時1850号62頁以下。
52) 最二小判平15・前掲注51) 63頁。
53) 大阪地判平16・前掲注37) 3124頁。この点は、大阪高判も踏襲している。
54) 大阪高判平17・前掲注37) 3120頁。
55) 清野幾久子「証拠ビデオテープ再生を伴う接見申し入れの拒否と秘密接見交通権」判例セレクト2004、10頁。

信書や物の授受とは異なり物の移転はともなわないため、戒護上の支障を来すような異物の混入を調べる必要はない。また、弁護人自身が現に持ち込む場合であるから、信書のように、弁護人の名前を使って第三者との意思伝達が行われるという可能性を懸念する必要もない。すなわち、内容検査がもたらす弊害は、接見内容を事後的に聴取する場合と同じく（逐一正確な内容が把握される点では、より）深刻であるのに対し、内容検査を行う必要性は極めて低い。たとえ絶対的に優先されるわけではないと解したとしても、接見時の録音や撮影内容に対する検査要求を個別に正当化できるような事例を挙げることは難しいのではないだろうか。

(4) 弁護人によるスクリーニング

収容施設側は、被疑者等が逃走ないし罪証隠滅あるいは規律秩序の維持を害するような情報伝達に関与することを懸念する。そこでは、弁護人のスクリーニング機能はほとんど軽視されており、弊害除去の責務と権限は施設にのみあるという前提で議論がなされている。しかし、弁護人は専門家であり、秘密交通権の保障にともなう弊害除去の責任も、弁護人が果たすべきである[56]。

刑罰権ないし捜査権行使の適正さは、秘密性が保障された自由な接見が確保されてこそ実現される。そうであれば、録音や撮影機器の持ち込み、パソコン、携帯電話の持ち込みについても、その中に第三者から（第三者にむけて）の通信が含まれうるという単なる可能性で、秘密交通権を侵害することは正当化されない。せいぜい、それらが罪証隠滅等に直接供されうる物品でないことを外形的に視認すること、あるいは書面又は口頭により弁護人にそ

---

56) 葛野・前掲注37）79頁以下。福島至「接見交通の秘密と防御活動の自由」浅田和茂ほか編『人権の刑事法学』（日本評論社、2011年）329頁以下。法曹資格を与えられた弁護人を信用できないというのでは、そもそも刑事司法を適切に運営できるはずがないとの指摘もなされている（同348頁）。弁護人によるスクリーニングの基準については別途議論になりうるが、秘密交通の問題ではない。川崎英明「接見交通権と刑事弁護の自由」三井誠ほか編『鈴木茂嗣先生古稀祝賀論文集　下巻』（成文堂、2007年）292頁以下。村岡啓一「接見禁止決定下の第三者通信をめぐる刑事弁護人の行為規範」広渡清吾ほか編『民主主義法学・刑事法学の展望　上巻』（日本評論社、2005年）29頁以下。

の旨確認を行う程度の検査が許されるにすぎず、内容にわたる検査(あるいは検査の困難性等を理由とする一律の持ち込み禁止)は許容されない[57]と解すべきである。

---

57) 大阪地判平16・前掲注37) 3127頁。

公訴・公判

[6]
起訴基準の再検討
いつ捜査は終結するのか？

石田倫識

1　はじめに

(1)　問題意識——起訴・不起訴の決定を留保することは許されるか？

　わが国の検察官は、公訴権を独占し（刑訴法247条）、かつ、極めて広大な訴追裁量権を付与されている（同248条）。それゆえ、学説の多くは、この広大な検察官の訴追裁量権を適正に行使させるための制度的あるいは理論的枠組みをいかにして設定するのか、ということに問題関心を集中させてきた。しかし、ここでは、起訴・不起訴いずれの方向にせよ、「訴追の必要性」に関する検察官の判断を是正することに専ら焦点があてられており、検察官が「嫌疑」が充分でないことを理由に起訴・不起訴の決定を留保することについては、特段の関心が払われてこなかったように思われる。

　たしかに、起訴処分それ自体が有する各種の不利益に鑑みれば、無実の者が誤って起訴される事態は可及的に回避すべきであるから、起訴の判断を慎重に行うこと（「慎重な起訴」）に何ら問題はないともいえよう。それゆえ、「高度の嫌疑」が確認できるまで、起訴を慎重に留保することが、これまで問題視されることもなかったのであろう。「慎重な起訴」は、いわば抑制的な公訴権行使のあり方として、日本の刑事司法制度の「長所」であり、「神髄」である[1]、とさえ考えられてきたのである。

しかしながら、起訴を起点として取調べを含む捜査活動に一定の制約が生じることも顧慮すれば、「高度の嫌疑」が確認できるまで起訴を留保しうるということは、他面において、比較的制約の少ない形で捜査活動（とくに被疑者取調べ）を継続させ、これによって訴追側が嫌疑の積み増しを行うことを可能にさせている、という側面を有していることも否定しえないのではなかろうか。かりにそうであれば、一概に「慎重な起訴」が抑制的な公訴権の行使であるとは言えないであろう。

　このように、起訴に必要な嫌疑の程度（起訴の基準）として、「高度の嫌疑」を要求することは、誤った起訴を可及的に抑制するという美点を有するものの、その反面、捜査・訴追権限の実質的拡張という機能を果たしていることにも留意する必要があろう。従前、わが国では、この点に関する問題意識がやや希薄であったように思われる。

(2)　イギリス法を参照する意義

　以上のような問題意識のもと、本稿では、起訴・不起訴の決定を留保することの問題性について検討する[2]が、その手がかりとして、イングランドおよびウェールズ法（以下、イギリス法とする）を参照する。もっとも、これは必ずしもイギリス法を模範法とする趣旨からではない。わが国の刑事手続の運用状況は極めてユニークであり、独自の展開を遂げてきた。それだけに、外国法との比較を通じて、これを不断に見直していくことをしなければ、現行の法制度ないし法運用が唯一絶対的なものとして、固着化していく危険性がある。とりわけ「ガラパゴス的状況」[3]とまで評されるわが国の刑事手続

---

1)「市民的及び政治的権利に関する委員会からの質問事項に対する日本政府回答（仮訳）（第5回政府報告審査）」18頁以下。
2) これは、従来の「起訴の基準」――「有罪判決が得られる高度の見込みがある場合に限って起訴する」という検察実務が採用してきた伝統的な「起訴の基準」――を再検討しようとする試みに他ならない。石田倫識「起訴の基準に関する一試論――黙秘権の実質的保障に向けて」法政研究78巻3号（2011年）839頁。なお、葛野尋之「裁判員制度と刑事司法改革」法社会学79号（2013年）54頁参照。
3) 松尾浩也「刑事訴訟の課題」松尾浩也＝井上正仁（編）『刑事訴訟法の争点〔第3版〕』（有斐閣、2002年）7頁。

の運用状況に鑑みれば、これを意識的に相対化させる作業も必要であろう。この点、わが国とは対照的な法制度ないし法運用がとられているイギリスの刑事手続を参照し、これを対置させることは、わが国の刑事手続のあり方を再点検する有意義な契機となりえよう。

　後述のとおり、わが国とは対照的に、イギリス法においては、伝統的に、一定の証拠が得られているにもかかわらず、起訴・不起訴の決定を留保し、起訴前身体拘束下での被疑者取調べを継続することは許されていない。わが国の刑事司法制度の「長所」・「神髄」とされる「慎重な起訴」が、イギリス法においては禁じられているのである。その理由を分析することは、わが国の刑事手続のあり方を再考するうえで、有益な示唆をもたらしうるであろう。以下、行論に必要な限りで、イギリスの刑事手続[4]を概観することから始める。

2　イギリス法の概要

(1)　起訴 (charge[5]) 前の手続

　イギリスにおいては、多くの事件が、通常、警察による無令状逮捕（警察刑事証拠法[6] 24条 1 項、以下、PACE とする）によって開始される[7]。逮捕後は可能な限り速やかに警察署に引致されなければならず、逮捕留置が許される

---

4) なお、テロ関連事件については、通常事件とは異なる手続がとられている。この点、小山雅亀「イギリスにおける告発（charge）の前と後（上）（下）」西南学院大学法学論集41巻 3 ・ 4 号（2009年）33頁、同42巻 3 ・ 4 号（2010年）41頁に詳しい。以下の記述は、通常事件における手続である。

5) 従前、「charge」には「告発」の訳語があてられるのが一般的であった。それは、わが国の「起訴」とイギリス法における「charge」とが、必ずしも同一の概念とはいえないからであろう。たしかに、両国の刑事手続のなかで、「起訴」と「charge」の占める比重には、かなりの差異がある（たとえば、「起訴」が公判開始に直結する機能を果しているのに対し、「charge」は必ずしもそのような機能を有しておらず、「charge」後にも事件のふるい分けが予定されている）。しかし他方で、両者は、いずれも「訴追の開始」を意味し、事件を裁判所の管轄下に移行させる——その結果、その後の捜査活動（とりわけ被告人の取調べ）に一定の制約を生じさせる——という共通の機能を有している。本稿では、この点を重視し、「charge」に「起訴」の訳語をあてておく。

6) Police and Criminal Evidence Act 1984.

時間は、警察署への引致を起点に原則24時間である（PACE41条1項）[8]。この時間内に、留置管理官（custody officer）[9]は、起訴・不起訴の決定を下さなければならない。

　もっとも、許容された時間内であれば、無条件に留置の継続が許されるわけではない。留置管理官は、被疑者を「起訴するに足りる充分な証拠」（sufficient evidence to charge）の有無を判断し、かかる証拠が存在するならば、速やかに起訴・不起訴の決定を下さなければならない、とされている（同37条7項）[10]。それゆえ、逮捕後、留置の継続が許されるのは、いまだ「起訴するに足りる充分な証拠」が収集されていない場合に限られる。

(2)　「捜査の終結」と「起訴・不起訴の決定」

　他方で、いまだ「起訴するに足りる充分な証拠」が得られていない場合には、これを収集する目的で、被疑者の留置を継続し取調べを行うことが認められている（同37条2項）。つまり、被疑者取調べによって、起訴に必要な嫌疑（証拠）の積み増しを行うことが、ある程度、予定されているのである[11]。もっとも、それは、あくまで「起訴するに足りる充分な証拠」を収集する限度において、である。ひとたび「起訴するに足りる充分な証拠」が得られた

---

7) A.Sanders et al., Criminal Justice, 140（4th ed., Oxford University Press, 2010）. なお、被逮捕者総数も、わが国よりかなり多く、年間で約130万人程度とされる。Cape & Hodgson, *The Investigative Stage of the Criminal Process in England and Wales*, in Ed Cape et al. ed., Suspects in Europe, 59, 62 n.12 (Intersentia, 2007).

8) 警視（superintendent）以上の上級警察官の判断で、引致から最大36時間までの延長が可能である（同42条1項）。それ以上の延長には治安判事裁判所の許可（継続留置令状）が必要となるが、その場合でも引致から最大96時間までである（同43条および44条）。もっとも、警察留置時間が24時間を越えることは少なく、36時間を越えることは稀である、とされている（Cape & Hodgson, *id.* at 64）。なお、平均して6時間40分とも言われている。C.Phillips & D.Brown, Entry into the Criminal Justice System : A Survey of Police Arrests and their Outcomes, Home Office Research Study 185, at 109（Home Office, 1998）.

9) 留置管理官とは、捜査（被疑者取調べを含む）に関与しない警察官であり、被疑者の身体拘束に関して責任を負うとともに、継続留置（あるいは保釈）の許否、起訴・不起訴の決定等を担当している。なお、原則として、巡査部長（sergeant）以上の階級にある警察官が担当しなければならない（同36条3項）。

10) 実際にも、通常、留置期限の満了前に起訴・不起訴の決定が行われている。Ed Cape, Defending Suspects at Police Stations, para10.4（6th ed., Legal Action Group, 2011）.

ならば、速やかに取調べを打ち切り、起訴・不起訴の決定[12]をしなければならない[13]。要するに、「起訴するに足りる充分な証拠」が得られた時点をもって、「捜査の終結」とみなし、この時点で、起訴・不起訴の決定を行わなければならない、としているのである。それゆえ、イギリスでは、「起訴するに足りる充分な証拠」という文言の意義が、極めて重要な問題として浮上してくる[14]。

　この点、PACE には、上記文言の定義規定は置かれておらず、その意義は必ずしも明らかではない。また、運用規程 C（Code of Practice C、以下、単にCとする）は、「起訴するに足りる充分な証拠」という文言ではなく、「有罪判決の現実的見込み」（realistic prospect of conviction）という文言を用いている。すなわち、捜査担当官（取調官）は、「有罪判決の現実的見込み」を提供するに足りる充分な証拠が得られたときには、速やかに被疑者の取調べを打ち切らなければならず（C11.6）[15]、そのうえで、遅滞なく、これを留置管理官に告げなければならない（C16.1）、とされている。そして、ここにいう「有罪判決の現実的見込み」とは、「裁判所が、被告人を無罪とするよりも有罪とする可能性が高い」という程度の見込み（51％ルール）を意味する

---

11) もっとも、取調べを受けた被疑者は10人中6人であり、うち90％の被疑者は1度しか取調べを受けていない。重大事案においても、2度以上の取調べが行われるのは2割未満である。T. Bucke & D.Brown, In Police Custody : Police Powers and Suspects' Rights Under the Revised PACE Codes of Practice, Home Office Research Study 174, at 31（Home Office, 1997）.
12) 留置管理官は、①被疑者を起訴する（同37条7項（d））、②起訴せずに保釈する（同（b））、あるいは、③（無条件に）釈放する（同（c））ことが可能である。なお、後述2（3）のとおり、今日では、多くの犯罪に関して起訴・不起訴の判断権限が検察庁に移されていることから、検察庁への送致が義務づけられている犯罪については、被疑者の留置を継続したまま（同（a）（ⅱ））、あるいは、被疑者を保釈により釈放したうえで（同（a）（ⅰ））、検察庁に事件を送致しなければならない。
13) 「起訴するに足りる充分な証拠」が存在するにもかかわらず、起訴・不起訴の決定を留保し、被疑者の留置を継続して取調べを続けることは違法となる。もっとも、弁護人は捜査段階で警察の手持ち証拠を確認することができないため、取調べが打ち切られるべき時点に到達しているか否かを同時的・実効的に判断することは困難とされる。しかし、後の公判において、この時点を越えて行われた取調べにより得られた自白等の証拠排除（同76条・78条）を主張することは可能である。Ed Cape, *supra* note 10, paras10.8, 7.72-7.73.
14) Cape, *PACE Then and Now : Twenty-One Years of 'Re-balancing'*, in Ed Cape & R.Young ed., Regulating Policing : The Police and Criminal Evidence Act 1984 Past, Present and Future, 191, 204（Hart Publishing, 2008）.

（検事規範[16]）4.5、以下、CCPとする）、とされている。

　以上のことからすると、イギリス法においては、①「有罪判決の現実的見込み」が生じた時点が、「捜査の終結[17]」時点であり[18]、②「捜査の終結」後、遅滞なく、これを留置管理官に告げなければならないとするのは、「有罪判決の現実的見込み」が生じている以上、速やかに起訴・不起訴の決定を行うべきであるとの趣旨に解されよう[19]。要するに、「起訴するに足りる充分な証拠」が存在するときとは、「有罪判決の現実的見込み」が得られたときであり、この時点が、捜査を終結させなければならない時点であるとともに、起訴・不起訴の決定を行わなければならない時点である、と考えられているのである。

　なお、起訴後の被告人取調べは、原則的に禁止されており（C16.5）[20]、実際にもこれが行われることは極めて稀のようである[21]。

(3)　起訴・不起訴の判断権者

　前述のとおり、起訴・不起訴の決定は、警察官である留置管理官によってなされる。しかし、今日では、略式起訴犯罪等を除いたほぼすべての犯罪に

---

15) もっとも、近年の改正を受けて、「有罪判決の現実的見込み」が得られた後も、一定程度、被疑者の留置を継続し取調べを行いうるかのような規定（C11.6（a）(b)）が置かれている。この点の解釈をめぐっては、Ed Cape, *supra* note 10, paras7.70 - 7.71. なお、和田進士『イギリスの別件逮捕・勾留』（成文堂、2014年）219頁以下、同「イギリス1984年警察・刑事証拠法期における告発前の取調べの終了時点について」立命館法学310号（2006年）492頁参照。
16) The Code for Crown Prosecutors, 7th ed., January 2013.
17) ここでいう「捜査の終結」とは、被疑者の留置を継続して取調べを行うことが禁止される時点を指しており、捜索・差押え等による物的証拠の収集等、その他の捜査方法に特段の制約を生じさせるものではない。Cape, *supra* note 14, at 205.
18) 注15で指摘したように、今日では、「有罪判決の現実的見込み」が生じた時点が、「捜査の終結」時点であるとは言い切れないが、とはいえ、一定の時点において、捜査は終結し、起訴・不起訴の決定がなされなければならず、これを訴追側の裁量で留保し、被疑者取調べを継続することが許されないことに変わりはない。
19) Ed Cape, *supra* note 10, para10.6.
20) 起訴後取調べが原則的に禁止される理由としては、①事件はすでに裁判所の管理下にあり、起訴後の当該事件に関する措置は裁判所によって行われるべきであること、②起訴後勾留は長期に及びうることから、この間の取調べを禁止する必要性が高いこと等が挙げられる。Walker, *Post-Charge Questioning of Suspects*, [2008] Crim.L.R.509, 515.
21) 小山雅亀「イギリス検察庁の現在」西南学院大学法学論集41巻1・2号（2008年）27頁参照。

ついて、留置管理官は実質的な判断権限を有していない（起訴に関する検察長官指針[22] 15、16、以下、Guidance とする）。イギリスでは、従前、捜査と訴追が分離されていなかったこともあり、有罪判決が得られる見込みの薄い事件（充分な証拠が存在しない事件）が、（警察によって）過剰に起訴される傾向にあった。これを是正し、効率的な訴追制度を構築するために[23]、近年の一連の法改正によって、起訴の実質的な判断権限は、警察から検察官へと大きく移されてきている[24]。

とはいえ、最初に起訴・不起訴の決定を行うのは依然として留置管理官であり、留置管理官が事件選別において重要な役割を担っていることに何ら変わりはない[25]。なぜなら、留置管理官が「起訴するに足りる充分な証拠」があると判断する場合にのみ、事件は検察官に送致されることになるからである（PACE37条7項（a））[26]。

事件の送致を受けた検察官は、ここでも「起訴するに足りる充分な証拠」

---

[22] The Director's Guidance on Charging 2013, 5th edition, May 2013（revised arrangements）.
[23] 実際にも、イギリスの有罪率は上昇傾向にある。最新の検察庁の年次報告書（Crown Prosecution Service Annual Report and Accounts 2013-14）によれば、治安判事裁判所における有罪率は、78.7％（2003年）から85.7％（2013年）に、刑事法院における有罪率も、74.3％（2003年）から81.0％（2013年）に、それぞれ上昇している。
[24] この間の動向については、小山雅亀『イギリスの訴追制度』（成文堂、1995年）、同「イギリス検察庁（CPS）の創設と私人訴追主義」刑法雑誌35巻3号（1996年）352頁、同「イギリスの刑事訴追制度の動向」西南学院大学法学論集35巻3・4号（2003年）129頁、同「イギリスの刑事訴追制度の動向（補論）」西南学院大学法学論集39巻1号（2006年）61頁、鯰越溢弘『刑事訴追理念の研究』（成文堂、2005年）113頁等。なお、今日では、起訴権限を警察に戻そうとする動きもあり、起訴に関する法制度および実務は、なお流動的な状態にあるとされる。Ed Cape, *supra* note 10, para10.1.
[25] M.Zander, The Police and Criminal Evidence Act 1984, para4.13（5th ed., Sweet & Maxwell, 2005）.
[26] もっとも、保釈により釈放すれば、逃亡・罪証隠滅等の実質的危険がある場合で、かつ、起訴できなければ釈放するしかない時点において、いまだすべての証拠を収集し得ていない場合には、さしあたり、一段低い暫定基準（Threshold Test）により、事件を検察官に送致することができる。この場合には、「被疑者が罪を犯したことを疑うに足りる合理的理由」があればよいとされている。ただし、捜査を継続すれば、合理的期間内に、正式な基準（Full Code Test）を充足しうる充分な証拠――「有罪判決の現実的見込み」を提供するに足りる充分な証拠――が得られると思料する合理的理由がなければならない（Guidance4, 5, 11）。暫定基準と正式基準については、Ed Cape, *supra* note 10, paras10.7, 10.15-10.19.

の存否という同様の基準に基づき、起訴・不起訴の決定を行うとされているが（同37B条2項）、CCP4.4では、これが「有罪判決の現実的見込み」の存否といいかえられている。したがって、検察官は、「無罪となるよりも有罪となる可能性が高い」か否かを判断することになる[27]。そして、その後に、留置管理官が、検察官の処分判断に従った決定を下すのである（同37B条6項）。

なお、以上のように、通常、留置管理官は、起訴の決定前に、検察官への事件送致を義務付けられているが、留置期限満了前に検察官からの処分決定を得ることが不可能である場合には、一定の条件のもと、検察官に送致することなく、さしあたり自ら起訴することが例外的に許されている[28]。もっともその場合でも、起訴後、実行可能な限り速やかに検察官に事件を送致しなければならない（Guidance20）。

(4) 起訴後の手続

留置管理官による起訴の後、事件は検察官に引き継がれる。留置管理官によって起訴の判断がなされた事件はもちろん、検察官により起訴の判断がなされた事件においても、その後の証拠収集等によって事情の変更はありうるから、継続的な審査を行い、訴追の継続ないし打切り（discontinue）について判断しなければならない（CCP3.6）[29],[30]。なお、訴追の打切り後でも、新証拠の発見により証拠の欠如が補われた場合など、訴追を再開することは許されている（犯罪訴追法[31]23条9項）。それゆえ、訴追の打切りには、被告人の同意が必要とされる（同23条7項）[32]。

(5) 小括

以上の記述から窺われるように、イギリス法における起訴前の身体拘束期

---

27) もっとも、検察官も、一段低い暫定基準でひとまず起訴することができる（Guidance11）。
28) この場合にも、一段低い暫定基準を適用し、起訴することが許されている（Guidance20）。
29) 検察官が、訴追の打切りを考える場合には、可能な限り、警察と連絡をとらなければならないとされている。これは、検察官の判断に影響しうるより多くの情報を提供する機会を警察に与えるためである。もっとも、訴追の継続を決定する最終的な判断権限は検察官にある（CCP3.6）。

間(原則24時間)は、起訴・不起訴の決定に向けた捜査(とくに身体拘束下での被疑者取調べ)を行うためのものとして捉えられている。訴追側は、この時間内であれば、起訴・不起訴の決定に必要な限り、被疑者の留置を継続し取調べを行うことが許されている。

しかし、「どこまでが起訴・不起訴の決定に必要なのか」ということを、訴追側が自由に決めることは許されておらず、客観的な基準——「有罪判決の現実的見込み」の存否——によって規律されている。それゆえ、「有罪判決の現実的見込み」は得られたものの、いまだ「有罪の確信」が得られないということを理由に、起訴・不起訴の決定を留保することは許されないのである[33]。

もっとも、許されていないのは、「起訴・不起訴の決定」を遅らせることで、不当に被疑者の留置を継続し取調べを続けることであって、起訴処分それ自体の留保が許されないわけではない。それゆえ、「有罪判決の現実的見込み」が得られた時点で、被疑者を保釈により[34](あるいは無条件で[35])釈放したうえで「捜査」[36]を継続し、より高い嫌疑を確認しえた段階で起訴する、ということは可能である。つまり、「どの程度の証拠を収集して起訴に

---

30) 検察庁の年次報告書(前掲注23))によれば、2013年に治安判事裁判所で処理された事件(640,657件)のうち、検察官により打ち切られたものは62,200件(9.7%)である。近年の打切り率は、9.6%(2012年)、9.6%(2011年)、9.6%(2010年)、9.0%(2009年)、8.7%(2008年)、9.9%(2007年)、10.9%(2006年)、11.6%(2005年)、12.5%(2004年)、13.8%(2003年)、15.5%(2002年)、16.2%(2001年)である。ただし、この打切りのなかには、訴追の必要性(public interest)を欠くことを理由とするものも含まれている。なお、HMCPSI Thematic Review of the Decision-making and Management in Discontinued Cases and Discharged Committals, 3.6 (2007)によれば、証拠不充分を理由とする打切りが全体の42.7%、訴追の必要性を欠くことを理由とする打切りが23.7%、重要証人の証言拒否等により訴追の継続が困難となったことを理由とする打切りが25.9%、その他が7.7%とされている。
31) The Prosecution of Offences Act 1985. もっとも、CCP10.1によれば、検察庁の決定は信用しうるものでなければならないから、検察官が起訴しない旨又はこれを打ち切る旨を被疑者・被告人に告げた場合には、特別な理由のない限り、通常、訴追の再開はない、とされる。
32) 正式な無罪判決(一事不再理効)を得ることで再訴追の危険を排斥する目的や汚名返上の目的から、ごく偶にではあるが、被告人が訴追の継続を主張することもあるという。J.Sprack, A Practical Approach to Criminal Procedure, para4.15 (14th ed., Oxford University Press, 2012); M.Delmas-Marty & J.R.Spencer ed., European Criminal Procedures, 170 (Cambridge University Press, 2002).

踏み切るか」ということは、イギリスにおいても、訴追側の裁量で判断しうるのである。許されていないのは、「有罪判決の現実的見込み」を得ているにもかかわらず、起訴・不起訴の決定を留保することによって、身体拘束下での被疑者取調べを継続するということである。つまり、身体拘束下での被疑者取調べを利用することで更なる嫌疑の積み増しを行うことが禁止されているのである。

3　日本法への示唆

(1)　イギリス法の根幹

本稿では、紙幅の都合上、概括的な記述にとどめざるを得なかったが、イギリスの訴追過程は極めて複雑であり、かつ、今日においても目まぐるしい変遷を続けている[37]。しかし、この変遷過程において、なお修正されずに堅

---

33) なお、イギリス法においても、起訴便宜主義が採用されており、「訴追の必要性（public interest）」を考慮し起訴猶予とすることは認められている。そうすると、「有罪判決の現実的見込み」が得られても、なお「訴追の必要性」判断を行うために被疑者取調べが必要になる場合もあるのではないか、との疑問が生じよう。この点、CCP4.11では、「訴追の必要性」を否定する方向に作用する諸要素が存在しうる場合であっても、検察官は、訴追を継続させ、それらの諸要素については、量刑手続における裁判所の判断に委ねることを検討すべきであるとされている。これは、「訴追の必要性」についても、公判前に密度の濃い事件選別をするのではなく、むしろ公判での事件選別を志向するものといえよう（なお、2004年版CCP5.7においては、より明確に裁判所の判断に委ねるべき旨が規定されていた）。このことからも窺えるように、イギリスの起訴便宜主義は、わが国のような密度の濃い事件選別を意図するものではなく、さしあたりの事件選別にとどまるものといえる。そのこともあってか、「訴追の必要性」を判断するために被疑者取調べが必要となる旨の主張は、管見の限り、見当たらない。
34) PACE37条7項(b)。なお、この起訴前の警察保釈には特段の時間的制約が設けられておらず、とりわけ保釈条件（たとえば、特定の日時に警察署に出頭すること等）が付されている場合などには、欧州人権条約5条（人身の自由）に違反する可能性がある、との指摘もある。Cape & Edwards, *Police Bail without Charge: the Human Rights Implications*, 69 Cambridge Law Journal, 529 (2010).
35) PACE37条7項(c)。
36) ここでの「捜査」は、身体拘束下での被疑者取調べを除く、その他の捜査を意味する。注17) 参照。
37) 注24) に掲げた小山雅亀教授による一連の論稿において、イギリスの訴追制度の変遷過程が詳細に分析されている。

持されているイギリス法の根幹部分も存在する。それは、ある「一定の時点」において、留置管理官（又は検察官）は、起訴するか否かの決定を行わなければならず、この決定を留保することによって、身体拘束下における被疑者取調べの継続を可能にすることは許されない、という点である。この「一定の時点」が、いかなる時点を指すのかについては、必ずしも明確とはいえず、またPACE制定前後およびその後の法改正を通じて変遷もみられるが[38]、「捜査の終結」時点を規律する「一定の時点」を訴追側の裁量で決める（遅らせる）ことは一貫して許されていないのである。なぜなら、「起訴・不起訴の決定を遅らせる唯一の目的は、被疑者の留置を継続させることで被疑者を屈服させ（breaking down）、最終的には自白を獲得することによって、有罪判決を単なる可能性（probable）にとどまらない、ほぼ確実（almost certain）なものにすることにあるのであって、それは不当な（improper）目的でしかない」[39]と考えられているからである。ここで「不当」と捉えられていることの核心は、訴追側が、「捜査の終結」時点——起訴前身体拘束下での被疑者取調べが許される限界線——を越えて、有罪判決をより確実なものとするために、取調べによる嫌疑の積み増しを無制約に行いうるという点であろう。

(2) 被疑者取調べによる事件選別

もっとも、「有罪判決をより確実なものとする」という目的は、起訴・不起訴の決定過程において、無罪判決を受ける可能性のある被疑者を予め可及的にスクリーン（選別）するということであって、必ずしもこれが「不当な目的」であるとはいえないのではないか、との観方もありえよう。現にイギリスにおいても、訴追それ自体が被告人にとって甚大な不利益をもたらすことは強く意識されており、無実の被疑者に対する訴追は可及的に回避されるべきことが主張されている[40]。しかし、そのための方策として、被疑者取調

---

38) イギリスにおいても、この「一定の時点」は後倒しにされる方向で法改正が重ねられており、刑事手続全体における捜査の比重は高まりつつあることが指摘されている。Cape, *supra* note 14, at 205; A.Sanders et al., *supra* note 7, para5.4.5.
39) J.Sprack, *supra* note 32, at 44.

べを活用するということには基本的に懐疑的である。なぜなら、通常、警察による被疑者取調べの目的は、中立的な「真実の追求」というよりも、被疑者からの不利益供述の採取にあるのであって、被疑者取調べに対する規制を緩和させることが、被疑者にとって有利な方向に機能するのかは疑わしい、と考えられているからである[41]。

(3) 「捜査の終結」概念の必要性

わが国においては、起訴・不起訴の決定を行わなければならない時点（「捜査の終結」時点）について、法律に特段の規定が置かれていないこともあり、起訴・不起訴の決定を留保することが、「慎重な起訴」の美名のもと、暗黙のうちに許されてきた[42]。しかし、起訴・不起訴の決定を留保できるということは、それだけ捜査（とりわけ起訴前身体拘束下での被疑者取調べ）の期間を検察官の裁量で長引かせることができる──「捜査の終結」時点を検察官が自由に決定することができる──ということを意味している。にもかかわらず、わが国では、この検察官の裁量を規律するルール──「捜査の終結」という概念──について自覚的な議論が行われてこなかった。そのため、起訴前身体拘束期間が満了しない限り、検察官は「有罪の確信」が得られるまで──それは「自白が得られるまで」ということとほぼ同義となろう──身体拘束下での被疑者取調べを無制限に続けることが可能になっていたのである。この点について敷衍すれば、以下のように言えるであろう。

わが国でも、イギリス法と同様、起訴前身体拘束期間は「起訴・不起訴の決定に向けた捜査を行うための期間」と解する見解が有力である[43]。それゆ

---

40) Id. at 80. とはいえ、公判に付されたすべての被告人が有罪判決を受けるという制度にも疑問があると考えられている。The Royal Commission on Criminal Procedure, Report, para.6.16 (Cmnd.8092, 1981). その背景には、「一定の時点」に至れば、事件を裁判所の管轄下に移行させ、後は公判における事件選別に委ねるべきであり、公判前に濃密な事件選別を行うべきではないとする公判中心主義の思想があるのであろう。
41) 起訴後の被告人取調べに関する指摘ではあるが、A.Sanders et al., *supra* note 7, at 287.
42) もっとも、起訴後の打切りもある程度予定されているイギリスとは異なり、起訴後の事件選別を──極めて抑制的な公訴の取消し（刑訴法257条）以外に──何ら予定していないわが国においては、起訴・不起訴の決定段階において、濃密な事件選別が要求されるそれなりの理由があったことは事実であろう。

え、ひとたび捜査が完了し起訴・不起訴の決定をなしうる状態に至れば——起訴前身体拘束期間の目的は果たされたのであるから——この時点で「起訴前」身体拘束を継続する必要性は失われることになる[44]。捜査の完了後は「起訴前」身体拘束の継続それ自体が許されないのであるから、当然、「起訴前」身体拘束下での被疑者取調べということも想定しえない。その意味では、わが国においても、起訴前身体拘束下での被疑者取調べを打ち切り、起訴・不起訴の決定をしなければならない時点——「捜査の終結」という概念——は存在していると言えなくもない。しかし、「有罪の確信」が得られたときを「捜査の終結」時点と解するのであれば、それは結局のところ、「捜査の終結」という概念を否定するに等しいであろう。「有罪の確信」を要求するということは、検察官にどこまでも有罪判決の可能性を高めるように要求するものに他ならない。そうであれば、被疑者から充分な供述（自白）が得られていない場合に、「捜査の終結」は観念しえないであろう。その結果、いつまでも「捜査の終結」を迎えず、（起訴前身体拘束期間が満了しない限りは）起訴前身体拘束下での被疑者取調べが継続されることになるのである[45]。このような刑事手続の運用は、被疑者に黙秘権を保障する憲法・刑訴法との整合性を欠くものとなろう[46]。イギリス法において、「一定の時点」を越えて起訴・不起訴の決定を遅らせることが伝統的に禁止されてきた理由は、まさにこのような事態を阻止するためであったことを想起すべきである。

　以上のような観点からすると、「慎重な起訴」とは、検察官に対し、「有罪の確信」が得られるまでは起訴・不起訴の決定を遅らせて、起訴前身体拘束下での被疑者取調べを続行せよ、と要求するものであったとも評価しえよう。そして、このような公訴権の運用方針が、取調べに過度に依存した刑事手続の運用を生み出す構造的な一要因となっていたのではなかろうか。これを抜本的に改善し、被疑者の黙秘権保障と整合的な刑事手続を構想しようとする

---

43) 川出敏裕『別件逮捕・勾留の研究』（東京大学出版会、1998年）61頁、佐々木正輝＝猪俣尚人『捜査法演習』（立花書房、2008年）233頁等。
44) 川出・前掲注43）206-208頁。
45) 石田倫識「起訴前勾留の目的と被疑者取調べ——取調べ目的の身体拘束の禁止」浅田和茂ほか（編）『改革期の刑事法理論 福井厚先生古稀祝賀論文集』（法律文化社、2013年）92頁参照。
46) 石田倫識「黙秘権保障と刑事手続の構造」刑法雑誌53巻2号（2014年）244頁。

のであれば、「慎重な起訴」という公訴権の運用方針を見直し、わが国においても、「捜査の終結」概念を導入する必要があるのではなかろうか。

4　おわりに

　それでは、起訴するか否かの決定を行わなければならない「一定の時点」、すなわち、「捜査の終結」時点を奈辺に求めるべきであろうか。

　この点、イギリス法では、「有罪判決の現実的見込み」、すなわち、「裁判所が、被告人を無罪とするよりも有罪とする可能性が高い」という程度の心証が得られた時点と解されていた（51％ルール）。しかし、なぜこの時点でなければならないのか、その理論的根拠は必ずしも明らかではない[47]。現にイギリス法においても、「捜査の終結」時点は時代により変遷を重ねているところであって、このことからも窺えるように、「有罪判決の現実的見込み」をもって、「捜査の終結」と解さなければならない論理的必然性が存在するわけではないのである。それゆえ、わが国において、必ずしも今日のイギリス法と同じように、「有罪判決の現実的見込み」が得られた時点をもって「捜査の終結」と解さなければならない理由は存しないといえよう。しかし他方で、被疑者の黙秘権保障と整合的な刑事手続を構想しようとするのであれば、少なくとも今日のように「有罪の確信」が得られた時点をもって「捜査の終結」と解することは妥当ではない。むしろ、「捜査の終結」を前倒しする方向で刑事手続全体の見直しを図っていくことが今後の課題となろう。

47）この点に関して、筆者が、Andrew Sanders 教授に質問したところ、51％ルールは「便宜的な基準（convenient threshold）」にすぎず、おそらく「歴史的な偶然（historical accident）の産物」であろうとの説明であった。そのうえで同教授は、「1984年 PACE 以前には、起訴前身体拘束（及びそこでの被疑者取調べ）に関する正式な時間制限規定が存在しなかったため、51％ルールには取調べの終了点を規律する基準としての意義が存在したが、今日では PACE に時間制限規定（原則24時間）が置かれているから、捜査の終結点としての51％ルールに存在意義を見出すことは難しいように思われる」との見解を示された。たしかに、起訴前身体拘束期間それ自体が著しく縮減されていけば、それに加えて「捜査の終結」概念を設定する必要性は乏しくなっていくであろう。他方で、最大23日間もの起訴前身体拘束期間を設ける日本法においては、「捜査の終結」概念を導入する必要性は非常に高いといえるのではなかろうか。

公訴・公判

[7]
公判前整理手続の目的と限界
争点の整理と証拠の厳選に着目して

高平奇恵

1 はじめに

　刑事裁判の充実および迅速化をはかるための方策として、2004（平成16）年5月に成立した刑事訴訟法等の一部を改正する法律によって導入された公判前整理手続であるが、その運用は、未だ試行錯誤の段階であるといえる。当初、裁判所が非常に消極的であった複数鑑定について、論調が変化してきており、また、証拠の厳選が行き過ぎたとされ、控訴審によって差し戻された事例等が報告されている[1]。

　公判前整理手続の実施の視点、特に裁判所の視点について、いくつかのキーワードがある。たとえば、「核心司法」「わかりやすさ」「裁判員の負担」等である。このようなキーワードには、審理期間、審理時間をできるだけ短縮した審理予定を策定し、予定通りに審理を進めることが、裁判所の重要な関心事であることが現れている。しかし、これが過度に重視された場合、「充実した」公判の審理が含意する、被告人の権利等の本来的に刑事手続において重視される利益よりも、迅速かつ綿密に審理計画を策定し、これを厳

---

1) 広島高判平20・9・2（LEX/DB 文献番号25420921）、広島高判平20・12・9（LEX/DB 文献番号25440322）。)

密に守るということが目的化してしまうのではないかという懸念が、繰り返し表明されてきた[2]。

裁判官の立場からも、「模擬裁判でも、実際の公判前整理手続でも、とりわけ主張整理や証拠整理の場面において、裁判所がやや性急に在るべき姿を追い求めているような例がないではないようであり、それでは当事者の反発を招き、裁判員裁判の円滑な実施を阻害する懸念がある。」[3]という意見が述べられている。

これまでの公判前整理手続に関する議論状況を振り返り、いかなる問題が生じているのか、争点の整理および証拠の厳選に着目して検討していきたい。

2　争点の整理

(1)　争点の整理の基本的視点

精密司法と対置される「核心司法」とは、犯罪事実と量刑上重要な事実というその事件の核となる事実を立証命題とすべきとする考え方である。犯罪事実と量刑上重要な事実に焦点をあてるべきという考え方自体に、異論はないと思われるが、この「核心司法」という言葉は、しばしば「裁判員の負担」と関連づけて語られる。

公判前整理手続の争点の整理の目的と関連し、裁判所の果たすべき役割を、「最も重要なことは、公判審理にどれだけの日数を要するかの明確な見通しを立てることである。裁判員候補者として呼び出される者の立場からは、職務従事予定期間が何日になり、具体的にどのような審理予定なのかが最も関心のあることである」[4]という立場は「裁判員の負担」を重要視する立場であると評価できるであろう。公判前整理手続施行間もないころの裁判官の意見は多く表明されているが、たとえば「争点の絞り込みは、真の争点に関す

2）吉田康紀「公判前整理手続と期日指定」季刊刑事弁護60号（2009年）18頁、寺田有美子「連日的開廷と弁護人の準備その2」季刊刑事弁護48号（2006年）61頁、朝倉保「乙号証の取調べ」季刊刑事弁護48号（2006年）67頁等。

3）角田正紀「公判前整理手続の運用について」原田國男判事退官記念論文集刊行会『原田國男判事退官記念論文集』（判例タイムズ社、2010年）121頁。

4）角田・前掲注3）121頁。

る審理を実施して充実した迅速な公判を実現し裁判員の負担を軽減する上で重要であるが、これまでの過度にもわたる精密司法的審理方式の下では十分なプラクティスが築かれてこなかった分野といってよく、明確な目的意識をもって強力な働き掛けをすることが求められている」[5]、また、裁判員の負担の限界を超えない証拠の総量から逆算して、優先度の高い順に立証事実を絞り、あるいは、立証方法の根本的な見直しもありうるとする視点が示されている[6]。裁判官の立場から「改正刑訴法が施行された前後ころから比較的最近に至るまで、裁判官は公判前整理手続における争点整理をリードする存在であって、公判審理を簡明にするためにも「争点の絞り込み」を当事者に強く促すことが必要であると論じられることが多かったし、裁判官の多くはそのような認識で公判前整理手続に臨んでいたのではないかと思われる。」[7]という評価もある。

「核心司法」という言葉が、「裁判員の負担」と結び付けられた場合には、全体的な審理時間の圧縮や証拠の総量規制が目的化してしまいがちである。「裁判員の負担」を過度に強調すれば、事件そのものの内容や重大性ではなく、裁判員の負担を基準として争点の絞り込みが極端になされ、本来刑事司法において重視されなければならないより重要な利益、被告人の防御権が害されるおそれが生じることは、決して軽視されてはならない。

(2) 争点整理はどこまですべきか——間接事実積み上げ型の否認事件を題材に

公判前整理手続の争点整理がどの程度までなされるべきかについても、議論がなされてきた。

否認事件については、「裁判所が主導的に、新しい争点を提示したり、証拠の具体的な証明力に踏み込んで議論をするようなことは、基本的に控えるべきものとなる」[8]とされる一方、「裁判所は、当該争点につき評議において

---

5) 米山正明「公判前整理手続の運用と今後の課題——大阪地裁における1年間の実施状況を参考にして」判例タイムズ1228号（2007年）41頁。
6) 今崎幸彦「裁判員裁判における複雑困難事件の審理についての一試論」『小林充＝佐藤文哉先生古稀祝賀刑事裁判論集』（判例タイムズ社、2006年）634頁以下。
7) 杉田宗久「公判前整理手続の現状と課題——裁判所の立場から」刑法雑誌第49巻第1号（2009年）58頁。

裁判員と議論をして結論を出す役割を担っているのであり、その評議を的確に行うという観点から、当事者の主張する間接事実の必要性や合理性などに関して、当事者に対して釈明をし、あるいは議論をして、これらを通じて争点が必要な範囲に整理されていくことは当然あり得るところである」[9]とされる。これは、間接事実積み上げ型の否認事件について、公判前整理手続において、両当事者が十分に意見を交換し、裁判所が適宜釈明を求めるなどして、公訴事実を立証するための間接事実の体系や証拠構造を明らかにして、当事者双方および裁判所の間で、各間接事実の位置づけや推認力についての共通認識を形成し、これに基づいて真に必要な範囲の間接事実は取調べ、そうでない間接事実は審理対象外とするという見解である[10]。

これに対して、当事者訴訟追行主義の訴訟では、関連性がある事実であれば、いかなる範囲を公判で主張するかは、当事者の判断事項であり、判断のための間接事実の推認力や量刑事情の重要性の評価自体は、各当事者が行うもので、公判前整理手続で「法曹三者」で議論すべき事柄ではないとする見解もある[11]。いずれも当事者主義を基調とする、アメリカの公判前会議[12]や、イングランド・ウェールズの答弁指示聴聞[13]は、当事者間の努力や能力に委ねられる側面が強いとされている[14]。

いずれの見解が正当かについては、公判前整理手続の目的に照らして考える必要がある。公判前整理手続の目的は、争点と証拠を整理することにとどまり、公判審理を前倒しすることではない。あまりに踏み込んで（たとえば

---

8) 角田・前掲注3) 125頁。
9) 角田・前掲注3) 125頁。
10) 司法研修所編『裁判員制度の下における大型否認事件の審理の在り方（司法研究報告書）』（法曹会、2008年) 51頁。
11) 神山啓史＝岡慎一「裁判員裁判と「当事者主義の重視」」判例タイムズ1274号（2008年) 46頁。
12) 詳細は岡田悦典「刑事訴訟における準備手続の役割と構造——当事者主義訴訟における公判前整理手続に関する比較研究（2）」南山法学31巻1・2号（2007年) 241頁以下参照。
13) 第18回司法制度改革審議会において紹介された経緯がある。制度の詳細は岡田悦典「刑事訴訟における準備手続の役割と構造——当事者主義訴訟における公判前整理手続に関する比較研究（1）」南山法学30巻3・4号（2007年) 105頁以下参照。
14) 岡田悦典「刑事訴訟における準備手続の役割と構造——当事者主義訴訟における公判前整理手続に関する比較研究（3）完」南山法学31巻3号（2007年) 100頁。

間接事実の推認力にまで）精査を行えば、公判前整理手続が肥大化してしまい、その反面として、肝心の公判審理が形式化・形骸化してしまうおそれがある[15]。「実質的に見れば公判の前倒しといえ、公判さながらの公判前整理手続は『公判前中心主義』となり、公判前にすでに一つのストーリーが作られている、すなわち、実際の公判はセレモニー化、儀式化していくことになる」[16]。

　裁判所の役割として、当事者の主張の交換を、求釈明を通じて活性化させ、争点を明らかにすることが期待されるとしても[17]、これを超えて、当事者の主張の構成自体に介入することは、当事者追行主義に照らして行きすぎである[18]。また、証拠の内容に触れることのない裁判所の争点や証拠の整理の能力には、自ずから限界がある。争点の混乱や審理の遅延の危険を根拠として、一定の制限をすることができる場合があるとしても[19]、当事者の主張を尊重することが原則となる。裁判所が、主体的に当事者との議論を通じて、間接事実の推認力についてまで共通認識を形成するところを、公判前整理手続における争点の整理の到達点と考えることはできないというべきである。

　また、前者の見解に立つと、到底無視することのできない弊害も生じる。

　間接事実の推認力にまで踏み込んだ「争点整理」の必然の結果として、裁判員と裁判官との間には、大きな情報格差が生じる。このような情報格差は、裁判員と裁判官が平等な立場で心証形成をするという前提を崩すおそれがある。

　また、単なる情報格差の問題にとどまらず、裁判所が争点整理の際にあまりに詳細な事実まで踏み込み、場合によっては証拠に接触することによって、

15）秋田真志「弁護人の立場からみた公判前整理手続の現状と課題」刑法雑誌第49巻第1号（2009年）98頁。
16）春日勉「迅速な裁判と期日指定の問題点」季刊刑事弁護60号（2009年）23頁。
17）杉田宗久「公判前整理手続の現状と課題——裁判所の立場から」刑法雑誌第49巻第1号（2009年）59頁は、「裁判所は、争点整理においても、本来有する釈明権を行使することによって、当事者の主張交換をバックアップし、かつ、主張交換により一応形成された争点について、当事者の主張をより噛み合った十全なものにすることにこそ、その役割があるのではないかと考える。」とする。
18）酒巻匡「裁判員制度と公判手続」ジュリスト1370号（2009年）152頁。
19）堀江慎司「刑事裁判の充実・迅速化」ジュリスト1370号（2009年）129頁。

一定の心証が形成される可能性は否定できない[20]。この点が、予断排除の原則との関係で大きな問題となることが指摘されている[21]。これに対して、裁判官が公判前整理手続で触れた証拠によって独自に心証を形成し、その心証に基づいて裁判員の判断を誘導したり、判決を形成する基礎に使ったりしない限りは特に重大な弊害があるとは思われない、とする見解もある[22]。

このような見解は、仮に公判前整理手続で証拠に触れることがあってもこれによって心証を形成することはないという、専門職である裁判官の能力に対する信頼を基礎としなければ成り立ちえない。しかし、判決に明示でもされなければ、公判前整理手続で得られた情報が、心証形成に影響したかどうかを外部から事後的に検証することはほとんど不可能である。証拠以外の情報が判決に影響を及ぼしたかどうかが、裁判の公正に関わる重要な問題であることからすれば、効率性を一定程度犠牲にすることになるとしても、公判前整理手続で得られた情報が、判決に影響を及ぼさないことを制度的に保障することが必要となると思われる[23]。

アメリカの公判前会議に関する議論においても、陪審裁判であっても、裁判官による説示等で、裁判官が重要な役割を演じることから、公判を主宰する裁判官が公判前に監督することになると、会議から得られた情報によって、被告人の有罪・無罪の判断に影響を与えるかもしれないという指摘が、研究者からなされたことが紹介されている[24]。裁判官が事実認定者としても評議の場に加わる日本の制度では、この危険は一層高まるというべきである。

---

20) 緑大輔「公判前整理手続と当事者主義——争点設定と証拠の厳選」季刊刑事弁護60号（2009年）28頁は、「公判前整理手続の段階で、当事者主張予定の間接事実の推認力・重要性を裁判所が判断して、当事者の主張を絞りこむということは、裁判所がすでに公判前整理手続の段階で証拠構造を把握して証拠を評価し、一定程度の心証を得ていることを示唆する。」とする。
21) 川崎英明「第19講公判前整理手続と証拠開示」村井敏邦ほか編『刑事司法改革と刑事訴訟法 下巻』（日本評論社、2007年）544頁。白取祐司『刑事訴訟法〔第6版〕』（日本評論社、2010年）262頁参照。
22) 寺崎嘉博「公判前整理手続の意義と「やむを得ない事由」の解釈」刑事法ジャーナル第2号（2006年）7頁。
23) 白取祐司『刑事訴訟法〔第6版〕』（日本評論社、2010年）262頁は、訴訟の全過程において、裁判官を予断・偏見から守るのが予断排除の原則であるととらえれば、公判期日前に証拠に触れること自体望ましいことではなく、裁判員との情報格差の問題も生じることとなり、何らかの制度改正が検討される必要があると指摘する。

これらの点に関連すると思われる、裁判員経験者のアンケートの回答は興味深い。「経験をお持ちの裁判官が自分の中で整理した前提で評議を進めていた感が多少なりともあった。もう少し無の状態で進めた方がいろんな観点から考えられたような気はしました。」「慣例に従った誘導が多かったが、それは裁判員制度導入の意義とは異なるのではないか。」「裁判官はおそらく着地点（判決）迄のストーリーを持って臨んでおられ、多分そのストーリーから大きく逸脱する意見については、真剣な説明をされる様に感じた。法のプロの説得力にはかないませんね。」[25]等、裁判官が評議を主導する（しすぎる）ことに対する問題意識が示されている。これが証拠調べを経た後の意見であることを差し引いても、情報格差が現実に評議に影響を与えている可能性や、予断が生じている可能性、公判の形骸化という評価を裁判員経験者がしている可能性を払拭しきれない、ということになるのではなかろうか。

3 証拠の厳選

(1) 証拠の厳選についての裁判所の視点

証拠の厳選についても「核心司法」「わかりやすさ」をキーワードに、様々な方策が提案され、実践されてきた。

従来、殺人、放火のような重大な事件では、「事件の全容を明らかにする」ためとして、公訴事実の立証に入る前に、事件の背景、公訴事実に至る経緯等について、広範・詳細な立証が行われることが少なくなかったといわれる[26]。

平成20年司法研究報告書は、証拠の厳選について「公判前整理手続において、争点を絞り込む過程で、事件の核心がどこにあるのかを早期に見抜き、

---

24) 岡田・前掲注14) 128頁。公判を受け持たない裁判官に公判前会議を担当させることの長所として指摘されたものである。
25) 最高裁判所「裁判員等経験者に対するアンケート調査結果報告書（平成23年度）」149頁、裁判員アンケートの集計結果、評議の進め方についての意見（問8）第1、2一定の意見への誘導の有無に対する回答である。
26) 吉丸眞「裁判員制度の下における公判審理及び評議のプラクティス」ジュリスト1332号（2006年）110頁。

一見争点のように見えても有罪・無罪の決定や刑の量定上ほとんど影響しないというようなものについては、削り落としていく作業を相当意識的に行うことが必要と思われる。」とする一方、「証拠を過度に削減して、必要な証拠調べが行われず、裁判の適正が損なわれることもあってはならない。」としたが、「このジレンマを解決する方策は、争点を中心に証拠調べを事件の核心に中心し、真に重要な事実については十分に証拠調べを尽くすとともに、その余の周辺部分や枝葉末節に関する証拠調べは思い切って切り捨てることにある」とした[27]。

そして、具体的には、「当事者間で争いのない事実については、最良証拠に絞った上、その余の請求は原則として却下するか、撤回を促すべきである。（中略）また、争いのある部分についても、当事者の請求に流されるのではなく、もっとも的確な証人から必要な数及び尋問事項に絞り込んで採用すべきであろう。さらに、裁判所が取り調べる必要性があると判断したことを前提として、同意のあった書証についても、その分量や表現、予備知識の要否等も考慮し、裁判員が最も内容を理解しやすいような証拠調べ方法を検討し、それに応じた証拠決定を行うことになる。」とした[28]。

基本的には、採用する証拠の総量を思い切って減らしていく方向性である。たとえば、ある裁判官からは、「自白事件で、犯人性に関する証拠、立証趣旨が重複している証拠、争いのない事実について必要のない裏付け証拠、重要な情状事実とは思われない事実を立証する証拠などについては、弁護人の同意があっても、撤回を促すか、請求を却下するかしている。否認事件における争いのない部分についての重複する証拠も同様である。」という報告があったとされる[29]。

同意書面であれば基本的には証拠として採用することの多かった、従来の実務のあり方とは全く異なる姿勢であるが、目指す方向と従来の実務との間に、正反対といってもいいほどの大きな隔たりがあったことが、ややもすれ

---

27) 司法研修所『裁判員制度の下における大型否認事件の審理の在り方』司法研究報告書第60輯第1号（2008年）14頁。
28) 司法研修所・前掲注27) 16頁。
29) 秋山敬「争点整理・証拠厳選等に関する諸問題」判例タイムズ1313号（2010年）84頁。

ば、初期の段階で行われた公判前整理手続での、極端な証拠の削減につながったのではないかと思われる。

　裁判官の意見としても、「裁判所側の問題点として、熱心さのあまり、「始めに主張、証拠の削減ありき」という姿勢で公判前整理に臨んで当事者に不満を持たれる、あるいは当事者の戦略に属する分野にまで介入しようとして反発を招くような事例が一部に報告されている。」「証拠整理に関していえば、絞りこみすぎて犯罪事実の認定に支障を生じるような事例も散見される」「犯罪事実はぎりぎり認定可能であるにしても、客観的証拠による裏付けを欠くかのような形になれば、本来は問題のない事実について裁判員に疑問を抱かせるおそれがあるし、また自白だけで事実認定をしたり、有罪にしている印象を与える懸念も考える必要があろう」[30]とするものがある。

(2)　証拠の絞り込みすぎによって生じる弊害

　「核心司法」という標語が、裁判員の負担という他の考慮要素に影響されることによって、証拠の総量を規制しようという考え方が強くなる。その結果、弁護人が重要と考える周辺部分からの立証・反証ができなくなってしまう結果となることへの危惧が表明されている[31]。被告人の防御を実質的に困難ならしめるような争点整理、証拠の厳選が、「裁判員の負担」や「わかりやすさ」を求めてなされるとすれば、まさに本末転倒であり、許されないというべきである。極端な証拠の絞り込みがされれば、「裁判員は選定された以外の証拠を参考にできなくなり、全体像が把握できないうえに、結局、結論を導くための十分な情報を持ちえないということになる」[32]。

　これに関連して「「最良の証拠」だけを採用して取り調べることに傾斜し過ぎると、取り調べる必要がないように見えたが実はその必要がある証拠について、取り調べないままで終わってしまうおそれがある」との指摘もある[33]。

---

30)　角田・前掲注3）129頁。
31)　座談会「公判前整理手続を総括する」季刊刑事弁護60号（2009年）70頁、鈴木一郎弁護士の発言。
32)　春日勉「迅速な裁判と期日指定の問題点」季刊刑事弁護60号（2009年）19頁。

これらの危惧が現実となる可能性は、残念ながら、十分にあると言わざるを得ない。なぜなら、裁判所が、可能な限り正確な審理予定を策定し、かつ、「裁判員の負担」が生じないように、予定どおりに進行することを第1の目的とした場合には、必要な証拠が取り調べられないままに結審することも容易に予想できるからである。

　また、タイトな審理日程を組んでいる場合は特に問題であるが、公判前整理手続を主宰した裁判所が、事実認定に真に必要な証拠の範囲について、公判段階で考え直し、自らが却下した証拠を採用することは、裁判所に公判前整理手続段階での思考の枠を超えることができなければ困難であると考えられる。

(3) 判例

　広島高判平20・9・2（判例集未登載）は[34]、被告人が、Aの顔面等を包丁で突き刺すなどしたが殺害するには至らず、また、Bの右前頚部等を包丁で突き刺すなどして殺害したという殺人未遂、殺人、銃砲刀剣類所持等取締法違反被告事件である。

　判決は、被害女性に対する殺人未遂について「原審裁判所が取り調べた証拠によって認められる（中略）事実からだけでは、被告人が、本件包丁で、Aの顔面のどの部位を、どの程度の力で切りつけたのかは全く不明と言わざるを得ず、その切りつけた部位や、その際の力加減次第では、同人の生命に対する危険が生じていたとはいえない可能性も十分考えられるので、原判決が説示するように、本件包丁で顔面を切りつけること自体、生命に対する危険性の高い行為であるとは断定し難い」「検察官が取調べを請求し、弁護人が同意意見を述べたにもかかわらず、原審裁判所が証拠取調べ請求を却下した書証の中には、Aの負傷状況を立証趣旨とする写真撮影報告書（甲2）、

---

33) 秋山敬「争点整理・証拠厳選等に関する諸問題」判例タイムズ1313号（2010年）84頁。
34) LEX/DB 文献番号25420941、評釈として、斎藤司「殺意の存在や犯行現場における第三者の存在の可能性について、証拠能力があり、取調べるべき証拠を取調べなかったことを理由に原判決には審理不尽の違法があるとされた事例」速報判例解説刑事訴訟法 No.6文献番号z18817009-00-080410329。

Aの負傷状況及び成傷状況等を立証趣旨とし、同人の創傷の深さ等について担当医師が詳細に述べた内容を録取した警察官調書（甲3）、Aに対する犯行態様、殺意の存在等を明らかにするため、同人の本件被害当時の着衣の状況等を立証趣旨とする捜査報告書（甲15）が存在することは明らかである。そして、これらの証拠を取調べれば、（中略）指摘した原判決の説示についての疑問点は、氷解する可能性がある。」とし、また、原判決が、被害者ら以外の者がいなかったから、被告人以外に攻撃できる者はいないとして、Bに対する殺人についても被告人の犯人性に疑いを入れる余地はないと説示した点について「確かに、原審記録中には、本件現場に被告人、B及びA以外の者がいたことを窺わせる証拠はない。しかし、その事実を積極的に認定し得る証拠も、また存しないのであるから、原審弁護人が、本件殺人について、第三者による犯行を積極的に主張するものではない旨述べていること（第1回公判前整理手続調書参照）を考慮しても、なお、被告人の弁解状況に照らすと、少なくとも、Aが本件殺人未遂の被害を受けてからBが本件殺人の被害を受けるまでの時間を客観的に明らかにして、本件殺人について第三者の関与の可能性を検討するため、検察官が取調べを請求し弁護人が同意意見を述べた、Aの110番通報状況等を立証趣旨とする捜査報告書（甲34）や、同様に弁護人が同意意見を述べた、本件包丁の発見状況等を立証趣旨とする実況見分調書の抄本（甲11）等を取調べるのが相当であったと考えられる」として、審理不尽を理由として、原判決を破棄し、差し戻した。

　本事例については、制度の改革期には行き過ぎた事例も現れるとして、過大視すべきでないとの評価もある[35]。たしかに、証拠の厳選の方向性それ自体が妥当でないとまでの結論は、この事例から直接導くことはできない。

　しかし、本事例は、公判前整理手続を主宰した裁判所が、証拠調べの必要性について、公判の段階で再考することは困難であること（Aの顔面切創の証拠に関する判断はこれにあたる）、公判前整理手続段階で、双方の主張を聞き、証拠を整理した結果生じた心証に従って判決を書く（弁護人の主張から、第三者の不存在の心証を、公判前整理手続の段階で抱いていたことが推測される）

35）杉田・前掲注7）64頁。

ことが、現実の危険として存在しうるということを示唆する事例とも評価できる。このような危険性を回避するための制度的な担保、たとえば、公判前整理手続を主宰する裁判所と、公判審理を主宰する裁判所を分けるなど、が必要であるということを示す重要な事例ではなかろうか。裁判員裁判の結果が尊重されるべきであるとする最高裁判所の基本的な姿勢に照らしても、極めて大きな問題がここに浮き彫りになっている。

4　裁判所が公判前整理手続で果たす役割

裁判員裁判においては、裁判官の役割について、自らが証拠を読み込み、必要な立証を促すような、いわゆる「真相解明型」から、当事者の主張・立証の合理性・妥当性を裁判員と一緒に評価するという「評価型」へ転換することが必要であるとされる[36]。もっとも、その転換は、従来の刑事裁判への否定的な評価に根差すものではないとされていることが、現在の公判前整理手続における裁判官の姿勢と無関係ではないと思われる[37]。裁判員裁判の導入に関する議論において、従前の刑事裁判は十分に機能しており、改革の必要性がないとの視点から、市民参加によってより正当な裁判を実現するという目的は、裁判員法に明記されることはなかった[38]。

従前の刑事裁判が十分に機能していたという主張の基底にあるもののひとつは、実体的真実主義を、いわゆる事案の真相を（可能な限り）明らかにするという、より積極的な意義を有するものとして捉える考え方であろう。石井一正元判事は、従来の日本の刑事司法の特徴を、「十分な捜査と慎重な起

---

36) 出田孝一「裁判員裁判における裁判官の役割」原田國男判事退官記念論文集刊行会編『原田國男判事退官記念論文集　新しい時代の刑事裁判』（判例タイムズ社、2010年）28頁等。
37) 一方で、刑事手続の状況に対する批判的な視点から、裁判員裁判の目的は、裁判員法1条に明記された事項にとどまるものではないとする見解も示されていることには注意を要する。大出良知「裁判員裁判の到達点と課題」季刊刑事弁護72号（2012年）17-18頁、高野隆「裁判員裁判と公判弁護技術」自由と正義56巻5号（2006年）71頁等参照。
38) 藤田政博「裁判員制度導入の意義と権威主義的パーソナリティ――民主的司法参加とパーソナリティの関係についての考察のために」慶應法学第11号（2008年）336, 337頁、大出良知「裁判員裁判の到達点と課題」季刊刑事弁護72号、2012年、17頁、五十嵐二葉『説示なしでは裁判員制度は成功しない』（現代人文社、2007年）10頁等参照。

訴」、「詳密な審理及び判決」あるいは「精密司法」であったと整理し、この基底にあるものが実体的真実主義であるとする[39]。そして、従来の刑事裁判において、「精密司法」「調書裁判」という批判的な評価を受けつつも、裁判官の職務活動が大きく変容することがなかった理由は、裁判官の「真相解明に向けた強い指向と自負による」ものであったともいわれる[40]。石井元判事は、実体的真実主義は、訴訟法上の真実が限りなく客観的真実に近づくことを要請する原理であり、当事者主義の下、あるいは「主張吟味型訴訟」においても、裁判所の認定した事実が客観的事実に即したものであることを要請しても矛盾はなく、かつその実現が可能であるとする[41]。真相解明の方法は変わったとしても、目指すべき方向が変化したわけではないということであろう[42]。

そうすると、真相を解明するにあたって重要なのは、公判前整理手続においては、事件の核心的事実は何か、それをどのように設定するかという点となろう。「真相解明に迫る役割を担う」裁判官が、この事案の核心の設定に主体的に関わろうとすることは、ある意味、従前の刑事裁判における裁判官の公判への姿勢と、その根底にある実体的真実主義に関する考え方と共通のものである。そうすると、これまでの刑事裁判のあり方に疑問を持たない裁判官にとっては、公判前整理手続における介入をできるだけ回避しようとする必要性は見出せないということとなるのではなかろうか。そして、公判前整理手続において、裁判所の介入が強くなされた場合には、当事者の主張のやりとりを通じて、裁判所に、事実関係の主要部分が把握され、争点を絞り込むプロセスが、裁判官にとって事実認定のプロセスと同様のものとして捉えられる可能性も否定できまい[43]。

しかし、ここで特に留意しなければならないのは、裁判官は証拠に接していないということである。その意味で、公判前整理手続における裁判官の役

---

39) 石井一正「わが国刑事司法の改革とその変容」判例タイムズ1365号（2012年）38頁。
40) 今崎幸彦「裁判員裁判における審理及び制度運営上の課題」判例タイムズ1255号（2008年）20頁。
41) 石井・前掲注39）39頁。
42) 出田・前掲注36）29頁参照。
43) 高野隆「公判前整理手続は事実を認定する手続ではない」季刊刑事弁護78号（2014年）13頁。

割は、当事者に比して一歩後退したものにならざるを得ないし、制度は、裁判官に対し、そのような謙抑的な姿勢を求めているというべきである。

　証拠に接しない裁判所が、過度に争点の設定に介入することは、証拠も見ないうちに、実質的には事実認定と同様のプロセスが公判前整理手続でなされる危険性が存在することを意味する。主宰者である裁判所も、当事者も、公判前整理手続における主張が、過度に詳細に至り、裁判所が事実上心証形成をしてしまうリスクを避けるという視点を持つことが重要である。

　その意味で、弁護人は、あまりに詳細にわたる証明予定事実記載書面に逐一認否を求められた場合には、公判前整理手続の機能および、予断を避けるという視点から、これに応じる必要はない[44]。一方、主張制限はないものの、証拠制限は存在することから（刑訴法316条の32）、被告人への不利益を生じさせることがないよう、証拠の必要性を裁判所に理解させるため、ある程度具体的な主張をすることが必要な事件もある。この点、公判前整理手続において実質的な事実認定が行われる危険性を徹底的に回避するという視点から、①訴因事実に対する認否をしない、②予定主張は必要がなければ提出しない、③真正・同一性の明らかでない証拠の取調べに同意しない等の弁護方針が提案されている[45]。公判前整理手続の主宰者である裁判所からの要求に対して、ややもすれば当事者である弁護人が、安易に応じてしまうことへの警鐘の意味が含まれているものと思われる。全ての事案において、この方針が最も有効であるかどうかには異論もある[46]。もっとも、被告人の防御権の保障という観点から、主張制限はなされなかったこと、また、現状の公判前整理手続において、あまりに詳細な事実等に踏み込むことによって、事実認定と類似するプロセスが公判前整理手続で生じることを回避することを理由とするならば、これは正当な理由というべきであり、全ての事案にかかる方針が有効かどうかは別論として、このような弁護方針も、ありうる弁護方針である[47]。

---

44) 弁護戦略上、認否をした方がよいと考えられる場合もあり得よう。
45) 高野・前掲注43) 14-15頁。
46) 水島和男「検察官による証明予定事実記載書面の提出と証拠調請求、被告人・弁護人の主張明示等に関する問題」判例タイムズ1296号（2009年）29-31頁。

5 結びに代えて

　公判前整理手続の導入が、いくつかの積極的な変化をもたらしたことは確かである。証拠開示も、不十分とはいえ、制度導入以前と比較すれば格段の改善がみられる。また、従前であれば、十分な検討もされずに採用される傾向があった被告人の供述調書についても、裁判所の採用に対する姿勢は大きく変化した。もっとも、「被告人の防御」を軸にした直接主義・公判中心主義への移行が実現する方向にあるかについては、疑問があると言わざるを得ない。本来は最も重視されなければならない「被告人の防御」の観点よりも、「わかりやすさ」や、「裁判員の負担」がより重視されているように思われることすらある。

　日本の公判前整理手続では、証拠の開示、証拠の開示の裁定、争点の整理、証拠の整理はひとつの手続内でなされる。これに対し、英米では、証拠の開示と、争点の整理等の手続は、それぞれ別個の手続として発展し[48]、公判と準備段階の各手続の主宰者は異なり、陪審裁判の場合には、事実認定者とも異なる。公判の準備としてなされるべき行為が、すべてひとつの手続で、かつ、公判の主宰者と同一の主体によってなされなければ、準備に支障を生じるということはないと考えられる。かえって、公判を主宰する裁判所が公判前整理手続も担当するという制度構造は、さまざまな点でゆがみを生じさせる危険がある。予断排除の原則と抵触するおそれは常につきまとい、審理計画どおりに審理を進めることが目的化し、本来刑事裁判において保護される

---

47) なお、論者の主張する弁護方針をとったとしても、予定主張が必要と弁護人が判断した場合には提出されるのであるから、その場合には、争点は明確になる。また、仮に予定主張を提出する必要がないと判断された場合であっても、反証の証拠請求の立証趣旨から、「主要な」争点がどこにあるかは明らかとなろう。その意味で、公判の時間を不必要に長く確保しなければならなくなるという批判は当たらないと思われる。

48) 岡田・前掲注12)、14) のほか、アメリカについて丸田隆「公判前整理手続・連日的改廷・選任手続の国際比較——アメリカ」季刊刑事弁護42号（2005年）59頁以下、イギリスについて松本英俊「公判前整理手続・連日的改廷・選任手続の国際比較——イギリス」季刊刑事弁護42号（2005年）65頁以下参照。

べき利益が置き去りにされる可能性がある。自ら審理計画を策定した裁判所が、公判前整理手続で得た情報や、場合によっては一定の心証をもとに、公判の流れや評議を強くコントロールし、自らが設定した審理期間内に審理をおさめようとするのは、ある意味自然なことである。また、公判段階で、必要な証拠が取り調べられていないことが判明した場合の軌道修正についても、自らが公判前整理手続を主宰した裁判所が、ぎりぎりまで短縮した審理期間中に、自らの公判前整理手続時点での考え方の枠を超え、その必要性を認め、場合によっては審理期間を策定しなおすということは、相当困難ではなかろうか。自ら却下した証拠であればなおさらである。このような状況によって、被告人に不利益が生じることは容易に予測できる。そのような不利益の発生を制度的に防止する必要性は高い。公判前整理手続は、公判と異なる裁判所が担当することが、最低限必要である。

　公判前整理手続で証拠開示や争点の明示等の準備をする主体は、あくまで当事者であり、準備段階での裁判所の介入は、当事者間のやりとりがうまくいかない、あるいは証拠開示に関する争いが生じた場合などに、消極的になされるものにすぎない。裁判所は、公判前整理手続の段階では、原則として証拠を見ることはできない以上、その主張や証拠の整理の程度にもおのずから限界がある。むしろ、精密なものを求めて実体に踏み込みすぎることにより、公判前整理手続の本来の目的である充実した審理を実現するどころか、審理を形骸化させるところにたどりつくおそれがある。公判前整理手続は、あくまで公判の「準備のための」手続である。その目的と限界は、常に認識されるべきである。

　未だ制度は過渡期にあり、試行錯誤の状態が続いている。軌道修正をはかりながら、よりよい制度を目指して行かなければならないことには異論はないであろう。しかし、その過程で、一定の方向性を目指し、これを性急に推し進めることによって、ひとりひとりの被告人の権利や利益が害されることがあってはならない。裁判員裁判は、制度の見直しの段階にさしかかっている。公判前整理手続のあり方も、本来刑事訴訟法が重視するはずの原理に沿うよう、制度それ自体から根本的に考え直すべきではないだろうか。

公訴・公判

[8]
証拠開示の運用と全面開示の展望

伊藤　睦

1　はじめに

　司法改革の一貫として2004年に刑事訴訟法が改正されるまでは、取調請求証拠の事前開示を求める299条をのぞいて、相手方当事者への証拠開示を求める明文の規定は存在しなかった。最高裁は、証拠調べに入った段階で弁護人から具体的必要性を示した請求がなされた場合に、裁判所の訴訟指揮権に基づいて、裁判所が検察官に対して個別の証拠の開示を命令することができることを認めているが[1]、開示時期の遅さや請求にかかる当事者の負担、裁判所の運用次第で開示範囲が極めて限定されること等の点で限界があった。
　2004年の法改正では、新設された公判前整理手続の中で、初めて証拠開示が明文の規定として整備されたため、結果として、被告人側に開示される検察側証拠の量が格段に増えたといわれている。しかしここで採用された証拠開示制度は、あくまで個別の証拠毎の開示に関するものであり、被告人に対する適正手続の観点から検察側証拠の全面開示を要求してきた立場からは不十分と感じられるものであった。
　2011年から2014年にかけて会議が開かれていた法制審議会「新時代の刑事

---

1 ）最二小決昭44・4・25刑集23巻4号248頁。

司法特別部会」では、証拠開示の拡充もテーマのひとつとして取り上げられていたが、証拠の一覧表を交付する制度を導入すること等が最終的なとりまとめの中に入れられただけで、現行法の枠組みを変化させるほどの改革には至らなかった。

以下では、アメリカ法の状況等も参考としながら、現在の制度の妥当性につきあらためて検討することとしたい。

2　2004年証拠開示制度と改革動向

2004年に新設された公判前整理手続は、第１回公判期日前に、検察側・弁護側双方の主張立証の全体像を明示させ、そのために用いる証拠の証拠調べ請求と相手方への開示を義務づけることにより、事件の争点と証拠を整理するものである。そこでの証拠開示は、①検察官取調請求証拠の開示、②この請求証拠の証明力を判断するために重要な類型証拠の開示、そして、③被告人側の主張に関連する証拠の開示、という３段階に分けて行われる。

公判前の証拠開示が実現したことや被告人側にも一定の開示請求権が認められたこと、被告人側の積極的な防御のための証拠開示も制度化されたこと等については一般に肯定的に評価されている。

他方で、この制度については厳しい批判もある。とくに批判されるのは、被告人側に対して、②の類型証拠開示を受けるために、見たこともない証拠について、該当する類型とそれを識別するに足りる事項を特定し、防御のための重要性と開示の必要性を示して請求することを義務づけた上で、検察側に対して、重要性・必要性と開示による弊害のおそれ等を勘案して最終的に開示の有無を決める権限を付与していることである。しかも被告人側は、③の主張関連証拠の開示を受けるために、②と同様の請求に加えて、自らの防御方針を明らかにしなければならず、事後の公判での主張がそれに拘束されるという不利益も負う[2]。

2）現行制度に対する批判としては、たとえば五十嵐二葉「証拠開示——裁判員裁判のためにつくられた世界に類のない『開示制限』制度」法と民主主義467号（2012年）62頁等。

実際、運用上の問題としても、弁護人は捜査に詳しくないため、開示された証拠を見て初めてさらなる証拠開示の必要性に気付くことも多く、また、本当に証拠がないのか、それとも請求に問題があるだけなのかが不明なために、弁護人としてはどうしても手続を繰り返さざるを得なくなるし、検察側も要件該当性を判断して証拠を探索するのに時間がかかるため、結果として公判前整理手続が長期化していること等[3]が指摘されている。そして、いくら円滑に手続が進められたとしても、本当に開示漏れが生じていないのかという不安は払拭されえない[4]。

　これまでのところ、検察官が任意開示も含めて柔軟に対応しているため問題となることは少ないともいわれている[5]。しかしもともと、証拠開示が法制化される前から、通常は検察官がおおむね裁判官の勧告に従って証拠を開示するため、証拠開示をめぐる深刻な争いはないともいわれていた[6]。それでも証拠開示が刑事司法における重要課題とされてきたのは、開示されない証拠が重大な誤判を生じさせてきたとの認識に加えて、検察側と弁護側の利害が対立する場合、とりわけ複雑困難な否認事件等、犯罪事実に争いのある事件でこそ開示をめぐる深刻な争いが生じていること、また、争いのない事件についても、検察官が開示と引き替えに供述調書への同意を迫る等、証拠開示を「人質」として刑事弁護を委縮させるような手法までとることがあること[7]等が認識されていたからである。そのような事態は、証拠を開示するか否かが検察官の裁量に委ねられていることから生じるものであるため、無辜の不処罰という観点からはもちろん、手続の適正化の面からも、被告人の権利としての事前全面開示が求められてきたのである。

---

3) たとえば坂根真也「公判前整理手続の現状と課題」季刊刑事弁護72号（2012年）28頁、遠藤邦彦＝花﨑政之＝秋田真志＝松代剛枝「ワークショップ 証拠開示」刑法雑誌52巻3号（2013年）148頁等。
4) 遠藤邦彦＝花﨑政之＝秋田真志＝松代剛枝「共同研究・刑事証拠開示のあり方」判例タイムズ1387号（2013年）53頁等。
5) 安永健次「証拠開示に関する問題（その2）（下）」判例タイムズ1331号（2010年）41頁等。
6) 第16回全国裁判官懇話会報告「市民に開かれた司法を目指して」刑事法分科会合同報告「証拠開示問題の新たな展開を求めて」判例時報1632号（1998年）3頁以下。
7) 川崎英明「証拠開示問題と刑事弁護の課題」季刊刑事弁護19号（1999年）17頁等。

事前全面開示に反対する側からは、互いに証拠を発見・収集することを前提とした当事者主義の考え方と証拠開示とは結びつかないといわれることもあるが、学説においては従来から、「一方当事者たる検察側の収集した事件に関する証拠・資料を被告人側に再分配することによって両当事者がこれを共通に利用できる場を設けたうえで、当事者相互が立証活動を展開し、それを事実認定者が公平・中立の立場から判定するという訴訟の形態は、やはり当事者追行主義の訴訟にほかならない」ことが指摘されている[8]。そして両当事者の情報・資料収集能力の圧倒的差異に鑑みれば、証拠開示を通して実質的な武器平等を実現することこそ望ましい。また、被告人に対して十分な防御の機会を保障することが適正手続の内容であるとすれば、検察側が強大な捜査権限等を背景として一方的に集めた証拠につき、被告人側のアクセスを認めず、その証拠について争う機会を奪うことは適正手続にも違反することになる[9]。さらに、訴追のもとになる基礎的な資料と証拠を開示し、徹底的な吟味の機会を被告人側に保障することは、無罪推定原則から導かれる本質的な要求でもある[10]。

　しかし、争点と主張に拘束される現行の証拠開示制度のもとでは、いくら弁護側が努力をしても、開示される証拠の範囲は、検察側が設定した争点に関係する、検察側からみて必要性・重要性のあるものに偏ることになる[11]。公判での審理は争点をめぐってなされる以上、争点から除外された部分についての防御は重要性を持たないから争点整理と切り離された被告人の防御準備のための証拠開示を考える必要はないとの見方もある[12]が、検察側の決めた枠組みの外で無罪証拠、無罪ストーリーが浮かび上がることが少なくないことは、東電OL事件等の最近の再審無罪事例からも明らかである。弁護側

8）酒巻匡『刑事証拠開示の研究』（弘文堂、1988年）287頁以下。
9）白取祐司「刑事証拠開示の諸相」札幌学院法学30巻2号（2014年）197頁、白取祐司『刑事訴訟法〔第2版〕』（日本評論社、2001年）239頁等。
10）田宮裕「刑事手続きと裁判所の役割——証拠開示問題を素材として」判例タイムズ259号（1971年）21頁。
11）この問題性については、松代剛枝「2004年刑事訴訟法改正と証拠開示」刑法雑誌46巻1号（2007年）128頁等。
12）川出敏裕「証拠開示制度の現状と課題」刑法雑誌53巻3号（2013年）4頁。

が適切な防御権を行使するためには、証拠の全貌を明らかにされた上で、検察側とは別の観点から疑いを投げかけることが必要である。そのための証拠開示がないままに、検察側が示す枠組みの中だけで有罪立証の強さを吟味し、防御方針を決定しなければならない状態に被告人を追い込むことは明らかに不当であるし、そもそも攻撃する側が許可した範囲でしか防御できないというのも、論理として疑問である。

　法制審議会特別部会における審議でも、委員の中からは、現行法を見直して、事前の全面証拠開示に切り替えるべきことが強く主張された。すなわち、証拠は公共の財産であるのに無罪の証拠になりうるものを開示せず、見たいものがあるなら言ってみろとでもいうような制度には納得がいかないし、検察側の視点のみから証拠を検討することの危険性や弁護側の請求にかかる負担等にも照らすと、請求すれば全部出るというのであれば最初から全ての証拠を開示すべきであり、そのような全面開示がなければ公平公正な裁判はあり得ないという主張である[13]。

　現行制度の立法にかかわった委員等からは、現行制度を導入する際に長期間かけて議論したことを蒸し返すのは相当ではなく、制度設計そのものの明白な欠陥が明らかな状況といえない以上は、現行制度の枠組みを変える必要はない等として、事前全面開示の採用については完全に否定された。またその際、検察側があらかじめ手の内を明らかにすると被告人がそれにあわせて虚偽の弁解をするおそれがある等の弊害も強調されていた。しかし、検察側は自身が収集したすべての証拠から選りだしたものを自由に組み合わせて有罪の主張・立証を行うことが許されているのに、被告人側がすべての証拠の開示を受け、そこから同じようにして主張・立証を行うこと、検察側の主張・立証を弾劾・吟味することについては「弊害」として扱うのは、政策論的、バランス論的にみても妥当とはいいがたい[14]。むしろ従来から指摘されているとおり、検察側の主張・立証を適切に吟味するための基本的情報をすべて開示することが、捜査の可視性を高め、ひいては事実認定の誤りを防ぐ

---

13) 法制審議会「新時代の刑事司法制度特別部会」第15回会議議事録参照（周防正行委員の発言）http://www.moj.go.jp/content/000105597.pdf
14) 斉藤司「証拠開示制度の見直し」犯罪と刑罰23号（2014年）137頁等。

ことにも役立つ[15]と考えるべきであろう。

　いずれにしても、法制審議会では最終的に全面開示の考え方は採用されなかった。そのような立場をとる理由のひとつとしては、当事者主義をとる諸外国でも全面開示を採用しているところはないことが挙げられていた。そこで以下では、アメリカにおける証拠開示をめぐる議論を概観することとする。

3　アメリカにおける開示ルール

(1)　Brady ルール

　アメリカの連邦法域において、たしかに制定法上、検察側手持ち証拠の全面的開示を義務付ける明文の規定はない。検察側が被告人に対して開示すべき証拠の範囲は、アメリカ連邦刑事訴訟規則16条において類型化された、被告人に由来する供述証拠と非供述証拠、あるいは、事前に入念な検討が必要な専門的知識に関係する証拠等に限られ、その範囲にかかる証拠の開示義務も、被告人側の請求のある場合にしか発生しない。この証拠開示は、被告人側の公判準備を可能にするとともに、公判における不意打ちを防止し、手続の迅速・効率化を実現するためのもの[16]にすぎず、被告人の憲法上の権利保障のために定められたものではない。

　しかし判例法上は、少なくとも被告人の防御のために重要な証拠・情報を、検察側が入手しているにもかかわらず開示しないことは、被告人に対して憲法上保障された、適正手続を受ける権利との関係で許されないと考えられている[17]。しかも、権利侵害の有無の判断は、検察官が開示を怠ったのが悪意によるものか否かにかかわらない。もともと判例法上、検察側が悪意で無罪証拠・情報を隠すことは許されないため、たとえば証人が被告人に不利益な

---

15) 渥美東洋「刑事訴訟の新たなる展開（下）――日米の証拠開示を一例にして」法曹時報29巻7号（1977年）1073頁、斉藤司「捜査手続過程の事後的可視化と証拠開示」浅田和茂ほか編『人権の刑事法学』（日本評論社、2011年）352頁等。
16) see Notes of Advisory Committee on Rules-1974 Amendment, and see ABA Project on Standards for Criminal Justice, Standards Relating to Discovery and Procedure before Trial (1970).
17) Brady v. Maryland, 373 U.S. 83 (1963).

方向で偽証し、検察側が知りながらそれを放置した場合も、検察官が「汚染された」有罪判決を獲得することは禁じられている[18]。しかし、検察官がそのような悪意ではなく、善意かつ誠実に職務を遂行している場合でも、検察官が証拠・情報を手元にとどめることで、被告人からすると公正な審理の機会を奪われたことになることはあり得る。ゆえに、いわゆる Brady ルールでは、検察官の意図にかかわらず、防御のために重要な証拠・情報が事実審理の段階で被告人側に開示されていなかったことが発覚した場合には、連邦憲法上の権利保障の問題として、そのような不公正な審理により獲得された有罪判決を維持し得ないと考えるのである。

(2) Brady ルールの適用基準

　被告人に対する公正な審理の保障という観点からは検察側の意図を問わないことが適切であるとしても、検察官が無意識に廃棄する種類の情報に関してまで、開示義務を課し、違反した場合の責任を問うことは、検察官にとって酷でもある。少なくとも、検察官が証拠開示義務を負う範囲は、何らかの程度で明確化される必要がある。

　この点につき、判例法上、検察側の開示義務の有無を決定する基準は「被告人側の請求の有無」と「証拠の重要性」に求められてきた[19]。

　すなわち、被告人側が証拠を特定した請求を行っていた場合、検察側にとっては義務の範囲が告知されていることになる。従って、この場合、被告人側の請求のテーマに関連性が認められる限り、検察官が何も答えずに開示義務を怠ることは許されない。

　他方で、被告人側が極めて概括的な請求しか行わなかった場合には、「証拠の重要性」で判断されることになる。被告人側の請求がなくとも開示義務が生じる可能性のある証拠を開示するのが検察官の職務上の公正義務であるが、だからといって、義務への違反が即座に憲法上の重大な違反にあたるとまでは言い切れないからである。

---

18) see Mooney v. Holohan, 294 U.S. 103（1935）.
19) U.S. v. Agurs, 427 U.S. 97（1976）.

しかしこの「証拠の重要性」という基準は、用い方次第では、極めて被告人の権利保障の範囲を狭めるものとなりかねない。たとえばこれを、「新たに発見された証拠により無罪が生じる可能性」とみると、被告人側が基準を超える証明をすることは非常に困難となる。とくに、裁判所が、あたかも検察側の有責性を問うことを避けるかのような姿勢をとる場合には、本当は検察側が故意に証拠を隠したときでさえ、被告人を救済できない可能性も生じる。

　実際、一時期の連邦最高裁判例の中には、証人の身元等に関する情報や捜査側と取引をした事実等について、被告人側が具体的な請求を行い、検察側がそれに関して虚偽の宣誓供述書を提出したことが発覚したにもかかわらず、重要性基準を「当該証拠が開示されていたとしたら、手続の結果が異なっていたであろうという『合理的可能性』」にまで引き上げることにより、有罪判決を認容したものもあった[20]。

　しかし、およそ証明不可能な基準を設けて被告人側の負担を重くすることは、検察官に対して、他に有罪の証拠が存在する限り、躊躇なく無罪証拠を隠すよう促すことにもなる[21]。ゆえに現在では、連邦最高裁も、「合理的可能性」という上記判例の言葉を踏襲しながらも、実質的にその証明基準を別のものに置き換えてきている。すなわち、重要なのは、「その証拠があっても被告人に下される評決が変わらないという可能性よりも、異なる結果に至る可能性の方があるかどうか」ではなく、「当該証拠がない状態で、信頼に値する評決に至るような公正な審理を受けたといえるかどうか」である[22]。言い方を変えると、異なる評決を受ける可能性が、審理の結果についての確信を損なうに十分であるならば、「手続の結果が異なっていた『合理的可能性』」があることになる[23]。そして、このとき被告人は、新証拠を投入して有罪証拠の価値を低く評価した結果、有罪判決を根拠づけるほどに十分な証

---

20) U.S. v. Bagley, 473 U.S. 667 (1985). もっとも、最高裁は、訴追側の行為により弁護側の公判戦略が妨げられ、当事者手続も損なわれる結果となったことは認めていた。
21) see Randolph N. Jonakait, The Ethical Prosecutor's Misconduct, 23 Criminal Law Bulletin 550 (1987) at 566,etc.
22) Kyles v. Whitley, 514 U.S. 419 (1995).
23) Smith v. Cain, 132 S.Ct.627:2012 U.S. Lexis 576 (2012) (quoting Kyles v. Whitley).

拠が残らなかったことを証明する必要はない。Bradyルールの侵害は、有罪証拠のうちのいくつかが退けられていたはずだという立証ではなく、被告人側に有利な証拠が開示されていたとすれば、評決への確信を揺らがせるほどに事例全体の見方に異なる観点をもたらし得た「合理的可能性」の証明によって認定されるからである[24]。公判後に中立的な源から新証拠が発見された場合とは異なり、検察側が証拠を所有していたために被告人側の利用可能性を奪う場合には、憲法上の権利侵害を主張する上で、被告人側に「無罪になっていた可能性」等の厳格な証明を果たす責任は課されないのである。

(3) Bradyルールの適用範囲

　Bradyルールには、有罪無罪に直接関係するものだけでなく、量刑に影響する可能性があるものも含まれ[25]、また、検察側の主張を直接否定するものだけでなく、証人が、自らも訴追を受ける可能性があるとか、経済的その他の利益を与えられる可能性がある等、検察側に有利な証言をする動機を持つこと等[26]も含まれる。下級審では、たとえ検察側が、他の証拠や矛盾等に照らして信用性がないと考えたものでも、Bradyルールのもとで開示が求められることも示されている[27]。そもそも検察官は、自己の立証に有益ではないと考えれば、たとえ無罪証拠として重要性を持ちうるものであっても、その重要性を見落として開示を怠ることがあり得る。検察官に対して慎重な行動を促し、見落としを妨げるためには、被告人に有利な証拠を開示する検察官の義務を高く設置することが望ましいのである[28]。

　同様の趣旨から、Bradyルールは、検察官が直接入手していないものにも及ぶと考えられている。

　むろん、Bradyルールは完全なオープン・ファイル政策をとることを各法域に強要するものではなく、訴追機関とは別の第三者の保管する資料やセン

---

24) Kyels, supra note 22.
25) see Cone v. Bell, 556 U.S. 449 (2009).
26) see Banks v. Dretke, 540 U.S. 668 (2004), and see Giglio v. U.S.,405 U.S. 150 (1972), etc.
27) e.g. see People v. Jackson,637 N.Y.S.2d 158 (1995), etc.
28) Michael E. Gardner, An Affair to Remember: Further Refinement of the Prosecutor's Duty to Disclose Exculpatory Evidence, 68 Missouri Law Review 469 (2003) at 480-481.

シティブ情報が含まれるもの等が問題となる場合にまで、無条件で被告人側に引き渡すことを要求するものでもない[29]。そういう意味では、被告人に対する憲法上の保障も絶対的なものとはいえず、それぞれの証拠・情報が開示を要求されるものかどうかの判断は、日本と同様、検察側に委ねられているともいえる。しかし、検察側は、裁量を認められる一方で、それに相応する義務も課される。被告人側にとって未知の情報を検察側が知っていたということが即座にBradyルールの侵害となるわけではないが、検察官は、開示されていない証拠について知ることのできる唯一の存在であるため、そのような証拠全ての潜在的な正味価値を測り、「合理的可能性」に達したと考える場合は開示する必然的な責任を負うことになる。そしてこれは、検察側の立証のために活動する他の者、典型的には警察官等にとって既知となっている、被告人側に有利な証拠・情報等につき、検察官が認知する義務を負うことも意味している。検察官が実際にその義務を果たすことができるか否かにかかわらず、つまりは、検察官の意図とは無関係に、重要性のレベルを充たした、被告人に有利となる証拠を開示しなかったことに対する責任を免れ得ないのである[30]。

(4) 検察官に対する義務づけは過剰な負担か

上記のような義務の賦課は、検察官に対して過剰な負担となるかもしれない。しかし、連邦最高裁が指摘するように、検察官は、きわどい綱渡りをおそれるならば、被告人側に有利なものは開示し、疑いのあるものについてもできる限り開示するだろう。そして、そのことは、「訴追での勝利よりも正義の実現に利益をもつ主権の代表者として」検察官を信頼することを正当化し、また、刑事裁判が、検察官個人の考えとは別の、訴えの真実性を確認するために選択されたフォーラムとしての役割を維持するのに役立つ[31]。ゆえ

---

29) e.g. Pennsylvania v. Ritchie, 480 U.S. 39 (1987). この事例では、審理の結果に影響する情報の有無と開示の必要性について、裁判官室で判断してもらうよう提出させたことで、被告人に対する憲法上の保障としては十分であるとされた。
30) Kyles, supra note 22.
31) Ibid（quoting Rose v. Clerk, 478 U.S. 570 (1986) etc.）.

に、そのような慎重な検察官の思慮分別を求めることこそ望ましいのである。

　もっとも、全ての検察官が Brady ルールに真摯に従っているとはいえないところもある。実際、州でも連邦でも、Brady ルールの違反が問題となる例はあとを絶たず、誤判の原因ともなっているため、制定法上の改正も含めた制度改革が検討されている[32]。改革提案としては、オープン・ファイル政策の採用、実務家に対する訓練・研修・監督、ルールに違反した場合の制裁的措置、またとくにクライム・ラボでの分析等との関係での、証拠開示を可能とするための全過程の記録化など、様々なものがあり、いずれも Brady ルールの遵守と、より徹底した開示を目指すものである。

　たとえば、改革課題のひとつとして、開示時期の遅れの問題がある。もともと Brady ルールは、事後的な救済の場面でのルールであるため、事実審理の段階で違反が明らかになったからといって、その時点での証拠開示を直接命じるものではなく、開示時期を公判前とも限定していない。州法等では通常、審理期日の２週間前等のように、相手方の準備に必要となる適切な期間をもって情報・証拠を開示するよう定めているが、検察官の中にはそれを無視して、早い段階で情報・証拠を入手していながら、あえて公判期日の直前まで開示しない戦略をとるものもある。事前開示は有効な反対尋問のためという考えから、反対尋問の時点で利用可能な状態になっていればお咎めなしで済むこともあるため、たとえばコロンビア特別区上位裁判所（D.C. Superior Court）の陪審裁判等を傍聴していても、そのような開示時期の遅れや開示漏れに関する論争に出くわすことはある。観察される限りでは、そのような場合、ともかくも審理予定を変更して弁護側に準備期間を与えた上で、期日を延期するなどして対応が可能であり、かつ、変更された期日においても反対尋問による実質的な防御の機会が保障できることを条件として、かろうじて検察側の懈怠を不問に処すことにしているようである。アメリカ合衆国の裁判では事前に決めた審理予定にこだわらず、証人尋問等の成り行きに

---

[32] たとえば Hooper & Thorpe, Brady v. Maryland Material in the United States District Courts: Rules, Orders, and Policies（2007）at http://www.fjc.gov/public/pdf.nsf/lookup/bradyma2.pdf/$ile/bradyma2.pdf. なお、米国の最近の動向について紹介したものとして、指宿信「証拠開示をめぐる日米の落差」法律時報85巻４号（2013年）85頁等。

柔軟に対応するのが当然とされているからこそ可能な対処だが、それでも、初めから当該情報が開示されていれば異なる防御方針があり得たかもしれず、弁護側にとって不公正であることに変わりはない。ゆえに、たとえば、弁護側の調査、準備、依頼人への適切な助言が可能なように、アレインメントや起訴の直後に、弁護人の請求がなくとも検察側が自発的に開示するよう改革すべき[33]等のことが提案されてきているのである。

　州法のレベルでは、これらの改革の一部を実現させているところもあり、たとえばノースカロライナ州等では、捜査官の手控えなども含めた全ての記録をファイリングして開示させるオープン・ファイル政策を採用した上で、検察側が故意に情報隠しなどを行った場合には罪に問われることを明記している。テキサス州でも、30年以上前に殺人のかどで有罪判決を受けていた人がDNA鑑定の結果として無実であることが明らかとなった事件において、検察官が無罪証拠となり得たかもしれない目撃証言を隠していたこと等が発覚し、法曹資格をはく奪されるとともに実刑の有罪判決を受けたこと等から、被告人にとっての有利不利を問わず、また、重大性をもつかどうかという基準も入れずに、とにかく関連性のある全ての証拠を開示する制度を取り入れることに踏み切っている[34]。

　これらの提案が連邦レベルでは立法化に至っていないのは、ルール違反が少数の悪質な検察官による特異な出来事なのか、検察組織全体の恒常的問題なのかという認識のずれによるものであり、改革に反対する立場でさえ、立法等がなくても検察官は倫理規範のもと[35]で、被告人の弁護に資する証拠・情報の全面的開示義務を負うことを前提としていること[36]は誤解されるべき

---

33) see Symposium: New Perspectives on Brady And Other Disclosure Obligations: What Really Works?: New Perspectives on Brady And Other Disclosure Obligations: Report of The Working Groups on Best Practices, 31 Cardozo.L.Rev. 1961（2010）.
34) 2013年に成立した、この事件で雪免された人物の名前から「The Michael Morton Act」と呼ばれる法により、テキサス州刑事訴訟法39章14条（Code of Criminal Procedure 39.14.）が改正された。see http://www.capitol.state.tx.us/tlodocs/83R/billtext/html/SB01611 F.htm
35) ABA模範規則38条（d）等では、証拠としての重要性にかかわらず、有罪を否定するか罪を減ずる可能性のある、検察官が知り得るすべての証拠・情報の時宜にかなった開示を義務付けている。

ではない。

(5) 被告人側の義務

　前述のとおり、日本の現行制度では、主張関連証拠の開示を受けるためには被告人側が公判で予定している主張を明示して、証拠の取調べを請求するとともに、それに関する証拠開示もしなければならない。アメリカの各法域でも被告人側に証拠開示等の相互義務を課すところは少なくないが、しかし、被告人側に課される義務は無制限なものではない。むしろ、検察側に広範囲な証拠開示義務が課される一方で、被告人側に事前の主張明示義務や証拠開示義務を課すことは、自己負罪拒否特権のもとで、特定の理由がない限り許されない。

　たとえば、連邦刑事訴訟規則16条（b）は、書面や証拠物、科学的実験等の結果ないし専門家証言等、特定の類型の証拠に限り、被告人側の証拠開示義務を定める。これは、たとえば被告人の精神状態に関して検察側と被告人側双方が専門家を利用する場合等には、公判で十分な吟味をするために相手方のものを事前に検討しておく必要性が、被告人側だけではなく検察側にもあるからである。しかし、これらの開示義務は、被告人側が実際に公判廷で用いることを意図し、被告人側が現に所有ないしコントロールできる範囲にあるものに限られる。しかもその開示義務は、検察側が有する同種の証拠につき被告人側が先に開示請求を行い、かつ、検察側がそれに応じた場合にしか発生しない。証拠の性質上、両当事者の相互開示を求めることに正当な利益があり、かつ、被告人側が先に引き金を引いた場合に限って事前開示が求められるのであるが、被告人の自己負罪拒否特権と抵触するものはその対象とはなり得ないため、弁護人とのやりとりや被告人自身の供述、弁護側証人の供述等に関する情報は、明文の規定でもって開示の対象から除外される。

　同様に、被告人側の主張明示も、性犯罪に関する特殊な主張や精神状態の抗弁を予定する場合、アリバイ主張の場合等、特定の場合に限定される。

---

36) e.g. see "Ensuring That Federal Prosecutors Meet Discovery Obligations" (2012) (Statement of James Cole, Deputy Attorney General U.S. Department of Justice, Before the Committee on the Judiciary United States Senate), etc.

このうち、たとえばアリバイ主張に関しては、多くの法域で、公判前に、主張の内容と証人の名前と住所を通告することを被告人側に要求する。この根底には、アリバイ証拠は被告人側に有利な情報しか含まないため、アリバイ潰し等がないという理想論に立てば、公判前に情報を開示させても有罪立証のための証拠を提供することにはならず、ただ必要な公判準備等を可能ならしめるにすぎないので、自己負罪拒否特権を侵害することにはならないとの見方がある[37]。またもともと検察側は、有罪立証の重要な要素として、被告人の犯行現場存在につき証明する責任を負うので、アリバイ主張があろうとなかろうと、検察側の立証には影響しない。しかし他方で、被告人もアリバイの挙証責任を負わず、訴追側の立証に対する反駁としての疑いを投げかければ十分とされているため、被告人が気軽に虚偽の主張をする可能性もないとはいえない。そこで、公判終了間際になって突如としてあげられた主張による混乱を避けるために、アリバイに関しては、事前の通告が要求されているのである。

　しかし、この点に関しても、アリバイ事前通告を課すことが、被告人にとって不利益な情報を入手する端緒を訴追側に与え、有罪立証に手を貸すよう強制することになるし、検察側の立証範囲やその強さ等が不明なまま、それについての想像に基づいてアリバイ主張をするか否かを選択するよう迫ることは、公判で検察側立証が終わってから判断する場合とは格段に異なる圧力を生じさせることから、自己負罪拒否特権の侵害に当たる[38]との強い批判もある。

　連邦最高裁も、アリバイに関しては事前通告義務を課すことに問題はないとしている[39]が、他方で、被告人が他の証人の証言に合わせて主張を変えるのを防ぐため等に、被告人が自己弁護のために証言するか否か、どの段階で

---

37) アリバイ・ルールについては、David M.Epstein, Advance Notice of Alibi, 55 Journal of Criminal Law, Criminology & Political Science 29 (1964), Barry Nakell, Criminal Discovery For The Defense and Prosecution-The Developing Constitutional Considerations, 50 North Carolina Law Review 432 (1972) 等。

38) see Kesel, Prosecutorial Discovery and the Privilege Against Self-Incrimination: Accomodation or Capitulation, 4 Hastings Constitutional Law Quarterly 855 (1977).

39) see Williams v. Florida, 399 U.S. 78 (1970).

証言するか等を、実際の他の証人尋問がどうなるかわからない段階で被告人に決定させることは、自己負罪拒否特権の侵害にあたると認めており[40]、アリバイに関する上記の理論を一般的な主張にまで拡張することまでを想定しているようにはみえない。少なくとも、証拠開示を受けることとの引き替えに争い方を明示させるとか、検察官にあらかじめ自己の立証の弱点を認識させて公判に備えさせるため、つまりは、検察側の立証を強固なものにしておくために被告人側に詳細な主張をさせるという、一部の論者が示している考え方は、アメリカ合衆国では自己負罪拒否特権との関係で是認され得ないことは明らかである。

4 公判前整理手続と証拠開示の改革に向けて

　最高裁は、検察官手持ち証拠ではなく、警察官が捜査過程で職務のために書き留めたメモについても検察側の開示義務を認めた一連の判例により、証拠開示の範囲を拡大した[41]。検察官が現に保管していないものにまで開示対象を拡張するのは制度の趣旨に反し、その範囲を不明確にして、それをめぐる当事者間の紛争を激化させる懸念がある等との批判もある[42]が、現行法の枠組みをもとにしながらも、訴追側への情報の偏在を修正して実質的当事者対等に近づけないと公判前整理手続の目的を達成することさえできない[43]という現状を直視して、被告人に対する適正手続保障にも合致する[44]解決を試みたものとして評価されよう。
　アメリカにおいては、上記のとおり、制定法とは別に、被告人に対する憲法上の適正手続保障の観点から、事実上の全面的証拠開示に近い運用を促す

---

40) see Brooks v. Tennessee, 406 U.S. 605 (1972).
41) 最三小決平19・12・25刑集61巻9号895頁、最三小決平20・6・25刑集62巻6号1886頁、最一小決平20・9・30刑集62巻8号2753頁。
42) 酒巻匡『刑事証拠開示の理論と実務』（判例タイムズ社、2009年）25頁。
43) 後藤昭「公判前整理手続における証拠開示命令の対象」平成20年度重要判例解説（ジュリスト1376号）213頁。
44) 門野博「証拠開示に関する最近の最高裁判例と今後の課題——デュープロセスの観点から」『原田國雄判事退官記念論文集・新しい時代の刑事裁判』（判例タイムズ社、2010年）139頁。

ための基準設定などが工夫されてきている[45]。それがもっぱら検察側への義務を高度に設定するという形であらわれているのは、被告人に対する権利保障の実効性を確保して実質的な当事者主義を実現するためであるとともに、無罪推定原則のあらわれでもある。被告人が検察側と同等の立証・防御に関わる権利を保障されなければ、被告人と検察側双方にとっての「公正」な裁判は実現しえない。日本においては、たしかにこれまで、証拠開示は憲法上の権利としての位置づけを与えられてこなかった。しかし、現在の制度のもとでは、これまで以上に十分に、被告人側に対して公判前の段階で武器と防御の機会を保障しておくことが必要になる。これまでにも、学説からは、憲法31条の無罪推定原則[46]、憲法37条2項の証人審問権および証人喚問請求権等に由来する、被疑者・被告人が検察官の主張立証に対してあらゆる角度から十分に弾劾する機会を保障されるという意味での「完全な弁護を提示する権利」ないし「自己に有利な証拠を提出する権利」[47]、憲法31条、37条、自由権規約14条1項ないし3項の「主体性が保障された公正な手続・裁判を求める被告人の権利」[48]等から証拠開示請求権を認めるべきと主張されてきたが、今改めて憲法論から証拠開示を捉え直すことには十分意味がある。そして何より、検察側に対し、被告人の防御権を実効性あるものとして保障し、公正な審理を担保する義務と責任があること、そのためにかかる基本的な負担を全面的に負うべきことの自覚を促す議論がなされるべきである。

---

45) 最近の改革論議の中では、「証拠の重要性」基準を廃止することに加えて、新証拠が評決に影響を及ぼさないことの挙証責任を訴追側に課し、それが証明できない限りは開示すべき証拠と考えるべき等のことも主張されてきている。
46) 田宮・前掲注10）35頁等。
47) 渕野貴生「証拠開示の原点を論じる意義」法と民主主義477号（2013年）32頁等。
48) 斉藤司「捜査過程を示す記録と刑事証拠開示」刑法雑誌52巻2号（2013年）227頁。

公訴・公判

[9]
訴因の機能と特定・変更
訴因の防御機能の位置づけと被告人の防御権保障のあり方

関口和徳

1 はじめに

　現在の日本の刑事裁判における審判対象は、検察官によって起訴状に明示された訴因である[1]。この訴因の機能つき、判例（後出【1】）は、「裁判所に対し審判の対象を限定」する機能（識別機能）と「被告人に対し防禦の範囲を示す」機能（防御機能）という2つの機能があるとしており、この点に異論はみられない。問題は、訴因の2つの機能の関係であるが、この点については議論のあるところである[2]。そして、訴因の特定や訴因変更の要否をめぐる学説上の激しい見解の対立は、訴因の2つの機能の関係、具体的には識別機能と防御機能のどちらを本来的な訴因の機能と位置づけるのかに起因しているものと考えられる。
　ところで、訴因に関する議論の出発点となる問題点である訴因の特定（刑訴256条3項）をめぐっては、従来、識別機能を本来的な訴因の機能と位置づ

---

1) 平野龍一『刑事訴訟法』（有斐閣、1958年）132頁等参照。なお、周知のように、かつて（旧刑訴法時代）は、公訴事実が審判対象とされていた。
2) 川出敏裕「訴因の機能」刑事法ジャーナル6号（2007年）121頁、堀江慎司「訴因の明示・特定について」研修737号（2009年）3頁、松本時夫「訴因の性格と機能について」法曹時報60巻6号（2012年）1頁等参照。

ける識別説（特定説）と、防御機能を本来的な訴因の機能と位置づける防御権説とが対立してきた。もともと識別説が有力であったが、近時その傾向に一層拍車がかかっているように見受けられる。訴因の特定に関する判例も識別説を徹底する方向に進んでいると解されるし、また、訴因変更の要否（刑訴312条1項）の基準を識別説の見地から再構成する判例も現れているからである（後出【5】）。

しかし、識別説に対してはひとつの疑問が生じる。訴因の識別機能の過度な強調は、防御機能の後退、ひいては被告人の防御権保障の後退に繋がらないか。実際、防御権説にたつ論者からはかかる視点からの批判が識別説に対して向けられてきたが、議論は平行線を辿っているように見受けられる。というのは、識別説も、被告人の防御権を軽視するものではなく、その実質的な保障を指向する見解だからである。もっとも、識別説が捉える防御権は、防御権説が捉えるそれとは異質のものであるように見受けられる。

では、識別説は訴因の防御機能をどう捉え、どう被告人の防御権を保障すべきと考えているのか。そこに問題はないか。問題があるとすれば、訴因の防御機能はどう捉え、被告人の防御権はどう保障すべきなのか。本稿では、これらの点につきこれまでの学説・判例を振り返りながら検討したい。

2　学説にみる訴因の機能

(1)　訴因の特定に関する学説

「訴因を明示するには、できる限り日時、場所及び方法を以て罪となるべき事実を特定してこれをしなければならない」（刑訴256条3項）。では、「罪となるべき事実」がどのように記載されていれば、訴因は特定されたことになるのか。この点に関しては、識別説と防御権説とが対立してきた。識別説は、「罪となるべき事実」が他の犯罪事実と区別（識別）可能な程度に特定されていれば訴因は特定されたものと解する[3]。これに対し、防御権説は、

3）松尾浩也『刑事訴訟法（上）〔新版〕』（弘文堂、1999年）174頁、岩瀬徹「起訴状に関する求釈明」刑事訴訟法の争点〔第3版〕（2002年）118頁、酒巻匡「審理・判決の対象（1）」法学教室375号（2011年）85頁、田口守一『刑事訴訟法〔第6版〕』（弘文堂、2012年）209頁等。

「罪となるべき事実」が他の犯罪事実と区別可能であることに加え、被告人が防御権を十分行使しうる程度に特定されている必要があると解する[4]。

　識別説と防御権説の対立は、訴因の機能である識別機能と防御機能の捉え方に起因するものである。識別説は、本来的な訴因の機能は識別機能であると解する。防御機能については識別機能と表裏のものと解し、審判対象が画定されれば防御範囲も明示されると解するのである[5]。これに対し防御権説は、本来的な訴因の機能は防御機能であると解する。そして、識別機能と防御機能とを表裏の関係ではなく、防御機能の方がより広い要請である（識別機能と防御機能とは「同心円的な関係」にある）と解するのである[6]。

　ところで、訴因の特定に関しては、「日時、場所及び方法」[7]は訴因そのものなのか、また、「日時、場所及び方法」はどこまで特定すべきなのかが問題となる。この点、識別説は、「日時、場所及び方法」は「罪となるべき事実」そのものではなく、訴因を特定するための一手段にすぎないと解する。したがって、「日時、場所及び方法」の記載が概括的でも、他の犯罪と区別可能であれば訴因は特定されたことになる[8]。これに対し、防御権説は、「日時、場所及び方法」は訴因そのものであり、「日時、場所及び方法」の記載は訴因の特定に不可欠な要素であると解する[9]。

　こうした両説の違いが明瞭に表れるのが、共謀共同正犯の訴因である[10]。識別説は、たとえ訴因に共謀の「日時、場所及び方法」等の記載がなく、

---

4) 小田中聰樹『ゼミナール刑事訴訟法（上）』（有斐閣、1987年）136頁、三井誠『刑事手続法Ⅱ』（有斐閣、2003年）164頁、光藤景皎『刑事訴訟法Ⅰ』（成文堂、2007年）286頁、白取祐司『刑事訴訟法〔第7版〕』（日本評論社、2012年）244頁、上口裕『刑事訴訟法〔第4版〕』（成文堂、2015年）351頁等。

5) 川出・前掲注2）121頁、古江頼隆『事例演習刑事訴訟法〔第2版〕』（有斐閣、2015年）190頁等参照。

6) 古江・前掲注5）190頁参照。

7) なお、「日時、場所及び方法」は例示と解されている（田宮裕『刑事訴訟法〔新版〕』（有斐閣、1996年）178頁等）。

8) 古江・前掲注5）190頁等参照。

9) 小田中・前掲注4）136頁等。「日時、場所及び方法」を特定することの意義につき、平野龍一『訴因と証拠』（有斐閣、1981年）104頁、平場安治ほか『注解刑事訴訟法（中）〔全訂新版〕』（青林書院新社、1982年）308頁［平場］、高田卓爾『刑事訴訟法〔2訂版〕』（青林書院新社、1984年）382頁も参照。

「被告人は、Ａと共謀の上」との記載だけでも、共謀と結びついた実行行為が特定されていれば訴因は特定されたものと解する[11]。これに対し防御権説は、上のような訴因の記載では被告人の防御（たとえば、アリバイ主張）に支障をきたすおそれがあるとして、訴因は特定されていないと解するのである[12]。

(2) 訴因変更の要否に関する学説

訴因には拘束力がある[13]。そのため、証拠調べの結果形成された裁判所の心証が訴因と食い違った場合にそのまま心証どおりの認定をすることは許されず、訴因変更を要する（刑訴312条1項）。もっとも、訴因と心証との食い違いが些細なものでも常に訴因変更を求めるのは煩瑣にすぎる。そこで現在の学説は、事実面で重要あるいは実質的な食い違いが生じた場合に訴因変更を要するとの理解で一致をみている[14]。問題はそのような食い違いが生じたか否かの判断方法である。この点については、訴訟経過に着目し具体的に被告人の防御に不利益が生じる場合に訴因変更が必要と解する具体的防御説と、訴訟経過を問わず一般的抽象的に被告人の防御に不利益が生じる場合には訴因変更が必要と解する抽象的防御説とが対立してきたが、現在は後者で

---

10) 共謀共同正犯の訴因の特定に関する問題点につき、小林充「共謀と訴因」大阪刑事実務研究会編著『刑事公判の諸問題』（判例タイムズ社、1989年）27頁、後藤昭「訴因の記載方法からみた共謀共同正犯論」村井敏邦先生古稀記念『人権の刑事法学』（日本評論社、2011年）453頁、亀井源太郎「共謀共同正犯における共謀の概念と刑事手続」刑法雑誌52巻2号（2013年）20頁等参照。
11) 中山隆夫「訴因の特定――裁判の立場から」三井誠ほか編『新刑事手続Ⅱ』（悠々社、2002年）188頁等参照。これを理論的に支える判例として、最大判昭33・5・28刑集12巻8号1718頁。もっとも、共謀共同正犯の訴因の特定に関する実務は識別説からだけでは説明することはできず、共謀共同正犯の性質の捉え方に関わる問題であるとの指摘もある（後藤・前掲注10）459頁等）。この点につき、稗田雅洋「訴因の特定」刑事訴訟法の争点〔新・法律学の争点シリーズ6〕（2013年）117頁、川出敏裕「訴因の構造と機能」法曹時報66巻1号（2014年）18頁等も参照。
12) 三井・前掲注4）164頁、光藤・前掲注4）290頁等参照。
13) 訴因の拘束力の問題につき、田口守一『刑事訴訟の目的〔増補版〕』（成文堂、2010年）206頁、井田良ほか編『事例研究刑事法Ⅱ 刑事訴訟法』（日本評論社、2010年）514頁［田口守一］等参照。
14) 大澤裕「訴因の機能と訴因変更の要否」法学教室256号（2002年）28頁等参照。

概ね一致をみている[15),16)]。

　ところで、訴因変更は心証と訴因との食い違いを正すために、すなわち心証に合わせて訴因を設定し直すものであるから、訴因の特定に関する議論はここでも妥当する。したがって、識別説に立つ場合、抽象的防御の意義は審判対象画定の観点から捉えられることになる[17)]。これに対し、防御権説に立つ場合、抽象的防御の意義は文字どおり被告人の防御権を害するか否かという観点からまさに一般的・抽象的に捉えられることになるのである[18)]。

(3) 識別説と防御権説の対立の本質

　以上のように、訴因の特定に関しては識別説と防御権説とが対立する。他方、訴因変更の要否に関しては抽象的防御説で概ね一致をみてはいるが、抽象的防御の捉え方は、訴因の特定に関する立場いかんで異なる。要するに、訴因の特定、変更の要否に関する学説の争いは、識別説と防御権説の争いに収斂されるのである。

　先述のように、識別説と防御権説の争いは、識別機能と防御機能という訴因の２つの機能の捉え方の違いに起因するものである。識別説は識別機能と防御機能を表裏の関係にあるものと解し、防御権説は識別機能と防御機能を同心円的な関係にあるものと解するものであった。そうすると、識別説は防御権説が観念する識別機能よりも広い要請であるところの防御権保障を軽視しているかのようだが、必ずしもそうではない。たとえば、松尾浩也はこう述べる。「審判の対象としての訴因は、ある程度簡潔なものでも、特定の要請を満たすことは可能である。したがって、起訴状の記載は『罪となるべき事実』の特定に必要かつ十分な程度にとどめ、被告人の防禦の利益は、起訴状提出以後の手続過程……を含めてその保障に遺憾なきを期する方が、全体

---

15) 大谷直人「判批」刑事訴訟法判例百選〔第７版〕（1998年）100頁、大澤・前掲注14) 29頁等参照。
16) なお、抽象的防御説を基本としつつ、「第二次的には個別事案に即応した具体的な防禦上の不利益の有無を考慮しなければならない」とする「二段階防御説」も有力に主張されている（三井・前掲注４) 199頁。これを支持するものとして、白取・前掲注４) 289頁）。
17) 岩瀬徹「判批」刑事訴訟法判例百選〔第６版〕（1992年）88頁等参照。
18) 白取・前掲注４) 287頁等参照。

的にみて適切だと思われる」[19]。この叙述からは、防御権説の観念する識別機能よりも広い要請であるところの防御権保障については、訴因の記載にはこだわらず公判手続を通して争点を顕在化し不意打ちを防止することで実現すればよいとの思考、すなわち、「識別機能は訴因の特定の問題、防御機能は争点の顕在化の問題、という役割分担への指向」[20]が見て取れる[21]。これに対し、防御権説は、小田中聰樹の「訴因の特定の有無は起訴状の記載自体で判断されるべき」[22]との指摘から明らかなように、防御権保障を訴因の記載を通して実現すべきと解するのである。

訴因の記載にはこだわらずに公判手続を通して争点を顕在化させることで被告人の防御権を実質的に保障すればよいと解するのか、それとも、訴因の記載を通して争点を顕在化させることで被告人の防御権を保障すべきと解するのか、この点が識別説と防御権説の対立の本質なのである。

3　判例にみる訴因の機能

(1)　訴因の特定に関する判例

訴因の特定に関し、判例はどのような立場に立ってきたのであろうか[23]。リーディング・ケースである【1】最大判昭37・11・28刑集16巻11号1633頁は、「被告人は、昭和27年4月頃より同33年6月下旬までの間に、有効な旅券に出国の証印を受けないで、本邦より本邦外の地域たる中国に出国した」との訴因につき、「犯罪の日時、場所及び方法は、これらの事項が、犯罪を構成する要素になつている場合を除き、本来は、罪となるべき事実そのものではなく、ただ訴因を特定する一手段として、できる限り具体的に表示すべきことを要請されているのであるから、犯罪の種類、性質等の如何により、これを詳らかにすることができない特殊事情がある場合には、前記法の目的

---

19)　松尾・前掲注3）175頁。
20)　緑大輔『刑事訴訟法入門』（日本評論社、2012年）181頁。
21)　こうした考えを明確に打ち出すものとして、田口・前掲注3）323頁。
22)　小田中・前掲注4）144頁。
23)　判例の推移につき、さしあたり、河上和雄ほか編『大コンメンタール刑事訴訟法〔第2版〕第5巻』（青林書院、2013年）174頁〔河村博〕参照。

［訴因の識別機能及び防御機能］を害さないかぎりの幅のある表示をしても、その一事のみを以て、罪となるべき事実を特定しない違法があるということはできない」と判示している。また、【2】最一小決昭56・4・25刑集35巻3号116頁は、「被告人は、法定の除外事由がないのに、昭和54年9月26日ころから同年10月3日までの間、広島県高田郡吉田町内及びその周辺において、覚せい剤であるフェニルメチルアミノプロパン塩類を含有するもの若干量を自己の身体に注射又は服用して施用し、もつて覚せい剤を使用した」との訴因につき、「検察官において起訴当時の証拠に基づきできる限り特定したものである以上、覚せい剤使用罪の訴因の特定に欠けるところはない」と判示している。「日時、場所及び方法」を「訴因を特定する一手段」と解し、その概括的記載を許容する点で、【1】および【2】は識別説に親和的といえる。もっとも、【1】は概括的記載の許容要件として「特殊事情」を挙げており[24]、【2】についても覚せい剤自己使用罪という「特殊事情」の考慮があるとの指摘もあり[25]、【1】および【2】がどこまで識別説を徹底する考えに立つものなのかについては不分明であった[26]。

　しかしその後、判例は識別説を徹底する方向に進んでいったように見受けられる。たとえば、【3】最一小決平14・7・18刑集56巻6号307頁は、暴行態様、傷害内容、死因等の記載が概括的な傷害致死の訴因につき、「検察官において、当時の証拠に基づき、できる限り日時、場所、方法等をもって傷害致死の罪となるべき事実を特定して訴因を明示したものと認められるから、訴因の特定に欠けるところはない」と判示している。また、【4】最一小決平17・10・12刑集59巻8号1425頁は、麻薬特例法5条の罪質等に照らせば、4回の覚せい剤譲渡につき、日時、場所、方法の記載が概括的であっても「本罪の訴因の特定として欠けるところはない」と判示している。【3】は、概括的記載を一般刑法犯の事案でも許容したものであり[27]、その意味で識別

---

[24] この点につき、とくに、宇藤崇「演習」法学教室295号（2005年）186頁参照。
[25] 酒巻匡「判批」『刑事判例評釈集　第42=43巻』（有斐閣、1993年）309頁等。
[26] 田宮・前掲注7）179頁参照。なお、後藤昭「判批」刑事訴訟法判例百選〔第8版〕（2005年）101頁等も参照。
[27] 三井・前掲注4）163頁等参照。

説の立場を推し進めたものとも解しうる。また【4】は、犯行の年月日、場所等が詳らかな場合において、それを記載しなくても訴因の特定に欠けないとしたものであり、識別説をより徹底したものとも解しうる[28]。

(2) 訴因変更の要否に関する判例

訴因変更の要否に関する判例の立場については、学説での議論を踏まえ、具体的防御説と抽象的防御説のどちらに立っているのかという観点からの検討がなされてきた。学説においては、昭和30年代中頃を境に抽象的防御説に親和的と解しうる判例が相次いで現れた[29]ことをうけ、判例は具体的防御説から抽象的防御説へと移行したとの見方が有力であった[30]。しかしその後、具体的防御説に親和的とも解しうる判例[31]が現れたことなどもあり、判例の立場にはなお不分明な点が残されていた[32]。

こうした中、「訴因の果たすべき機能から理論的反省を迫った」[33]とも評される【5】最三小決平13・4・11刑集55巻3号127頁が現れた。【5】は、「被告人は、Aと共謀の上、……殺意をもって、被告人が、Bの頸部を絞め

---

28) もっとも、【3】および【4】においては、被告人の防御権も考慮されていることには注意を要する。すなわち、【3】では、検察官が原審で傷害内容、死因につき釈明していること（亀井源太郎『ロースクール演習刑事訴訟法〔第2版〕』（法学書院、2014年）178頁。なお、平木正洋「判解」最高裁判所判例解説刑事篇 平成14年度（法曹会、2005年）142頁も参照）や、被告人側に公判手続における実質的な防御上の不利益が生じていないこと（佐藤隆之「判批」平成14年度重要判例解説（2003年）183頁）などが、【4】では、起訴状に添付された別表には譲渡年月日、譲渡相手、譲渡場所、譲渡量、譲渡代金が記載されていたこと（大澤裕「判批」ジュリスト1358号（2008年）184頁、白取・前掲注4）247頁）などが、それぞれ考慮されているのである。
29) 最三小判昭36・6・13刑集15巻6号961頁、最大判昭40・4・28刑集19巻3号270頁等。
30) 小泉祐康「訴因の変更」熊谷弘ほか編『公判法大系Ⅱ』（日本評論社、1975年）258頁、田宮・前掲注7）199頁、毛利晴光「訴因変更の要否」平野龍一＝松尾浩也編『新実例刑事訴訟法Ⅱ』（青林書院、1998年）54頁等参照。
31) 最三小決昭55・3・4刑集34巻3号89頁。
32) 鈴木茂嗣「判批」平成13年度重要判例解説（2002年）197頁、中山・前掲注11）213頁等参照。なお、判例の推移につき、加藤克佳「訴因変更の要否と判例法理」『鈴木茂嗣先生古稀祝賀論文集（下）』（成文堂、2007年）338頁、佐々木正輝『刑事訴訟法判例総合解説 訴因変更〔Ⅰ〕』（信山社、2009年）51頁、高田昭正「訴因変更の要否」『三井誠先生古稀祝賀論文集』（有斐閣、2012年）564頁、松本・前掲注2）17頁等参照。
33) 大澤・前掲注14）29頁。

つけるなどし、同所付近で窒息死させて殺害した」との訴因に対し、1審判決が訴因変更手続を経ずに「Aと共謀の上、……A又は被告人あるいはその両名において、扼殺、絞殺又はこれに類する方法でBを殺害した」との事実を認定した事案につき、次のように判示した。「そもそも、殺人罪の共同正犯の訴因としては、その実行行為者がだれであるかが明示されていないからといって、それだけで直ちに訴因の記載として罪となるべき事実の特定に欠けるものとはいえないと考えられるから、訴因において実行行為者が明示された場合にそれと異なる認定をするとしても、審判対象の画定という見地からは、訴因変更」を要しない（判示①）。「とはいえ、実行行為者がだれであるかは、一般的に、被告人の防御にとって重要な事項であるから、当該訴因の成否について争いがある場合等においては、争点の明確化などのため、検察官において実行行為者を明示するのが望ましいということができ、検察官が訴因においてその実行行為者の明示をした以上、判決においてそれと実質的に異なる認定をするには、原則として、訴因変更手続を要する」（判示②）。「しかしながら、実行行為者の明示は、前記のとおり訴因の記載として不可欠な事項ではないから、少なくとも、被告人の防御の具体的な状況等の審理の経過に照らし、被告人に不意打ちを与えるものではないと認められ、かつ、判決で認定される事実が訴因に記載された事実と比べて被告人にとってより不利益であるとはいえない場合には、例外的に、訴因変更手続を経ることなく訴因と異なる実行行為者を認定することも違法ではない」（判示③）[34]。

【5】は、訴因変更の要否の基準につき、訴因の機能を踏まえ、識別説に平仄を合わせる形で[35]再構成したものである[36]。そのことを示すのが、判示①である[37]。もっとも、注目すべきは判示①に続けてなされた判示②および

---

[34] なお、【5】を踏襲した注目すべき近時の判例として、最二小判平24・2・29刑集66巻4号589頁。

[35] 池田修「判解」最高裁判所判例解説刑事篇　平成13年度（2004年）69頁、井上弘通「判批」刑事訴訟法判例百選〔第8版〕（2005年）103頁、酒巻匡「公訴の提起・追行と訴因(3)」法学教室300号（2005年）127頁、三井誠「判批」刑事訴訟法判例百選〔第9版〕（2011年）99頁、家令和典「訴因の特定と訴因変更の要否」松尾浩也＝岩瀬徹編『実例刑事訴訟法Ⅱ』（青林書院、2012年）20頁、岩瀬徹「訴因変更の要否」刑事訴訟法の争点〔新・法律学の争点シリーズ6〕（2013年）120頁、石井一正『刑事訴訟の諸問題』（判例タイムズ社、2014年）232頁等参照。

判示③である。そこでは、防御権説が観念する識別機能よりも広い要請であるところの防御権をどう保障すべきかが主題となり、それに対し明確な判断が示されているからである。すなわち、識別説の見地から訴因変更を要しない場合でも、一般的に被告人の防御にとって重要な事項について実質的に訴因と異なる認定をするには訴因変更を要するが（判示②）、被告人の防御の具体的状況等、審理経過が被告人に不意打ちを与えるものでなく、かつ、訴因と比べ被告人により不利益な事実を認定するものでない場合には訴因変更を要しない（判示③）。この判断からは、被告人の防御にとって重要な事項であっても、それが審判対象の画定にとって不可欠な事項でなければ、訴因に記載すること（訴因として特定すること）にこだわる必要はなく公判手続を通してその事項に関する被告人の防御権が実質的に保障されればよいとの思考が見て取れる[38]。すなわち【5】は、識別機能よりも広い要請であるところの防御権については、公判手続を通して争点を顕在化することで保障すべきとの判断を示したものであり[39]、この判断を通して被告人の防御権保障の中核が争点顕在化と不意打ち防止にあることを示したものなのである[40]。

---

36) なお、【5】に近い考え方は、つとに、香城敏麿『刑事訴訟法の構造』（信山社、2005年）304頁（初出、1987年）、岩瀬・前掲注17）88頁、伊藤栄樹ほか『注釈刑事訴訟法〔新版〕第4巻』（立花書房、1997年）376頁〔小林充〕、松尾・前掲注3）262頁等において示されていた。

37) このように解すると、【5】と有力説が判例の立場であると理解してきた抽象的防御説との関係が問題となる。この点については、【5】の判示①と抽象的防御説とは同一内容であるとの見方もあるが（大澤・前掲注14）20頁、酒巻・前掲注35）127頁、古江・前掲注5）206頁、福井厚『刑事訴訟法講義〔第5版〕』（法律文化社、2012年）229頁、岩崎邦生「判解」法曹時報65巻9号（2013年）272頁等）、その一方で、【5】の判示①は抽象的防御説よりも訴因変更を必要とする範囲を狭めたとの見方もある（小林充「訴因変更の要否の基準」法曹時報63巻4号（2011年）10頁、高田・前掲注32）580頁等）。この点につき、川出・前掲注11）20頁も参照。

38)【5】の考え方を徹底すれば、たとえば殺人罪において訴因記載の犯行日時等と裁判所の心証における犯行日時等とがいかに大きく食い違っても、他の犯罪との区別には支障がない以上、絶対的に訴因変更を要求されることにはおよそならないことになりかねない、との批判が向けられている（高田・前掲注32）580頁、堀江慎司「訴因変更の要否について」『三井誠先生古稀祝賀論文集』（有斐閣、2012年）597頁）。

39) すなわち、訴因の識別機能と防御機能とは表裏の関係にあるが、訴因の識別機能と被告人の防御権保障の範囲とは必ずしも表裏の関係にはないということを示したものなのである。この点につき、田口・前掲注13）213頁も参照。

4 訴因の防御機能の位置づけと被告人の防御権保障のあり方

(1) 識別説の問題点

　識別説は、訴因の記載につき、「罪となるべき事実」が他の犯罪事実と区別可能な程度に記載されていれば訴因が特定されているものと解し、防御権説のように被告人が防御権を十分に行使しうる程度の詳細な記載を要求するものではない。もっとも、先の検討からも明らかなように、識別説は、防御権説が観念する識別機能よりも広い要請であるところの防御権保障を軽視しているわけではない。争点顕在化と不意打ち防止を被告人の防御権保障の中核と捉え、識別機能よりも広い要請であるところの防御権については、訴因の記載にはこだわらず公判手続を通して実質的に保障すればよいと解するのである。識別説に立てば、「日時、場所及び方法」の記載が概括的であっても他の犯罪と区別可能ならば訴因は特定されたことになるが、その一方で、それらの事項が被告人の防御にとって重要な事項であれば、公判手続において争点として顕在化させ被告人に防御の機会を保障することを要する。識別説に立ったとしても、訴因の識別機能の見地からは特定が不可欠でない「日時、場所及び方法」といった被告人の防御にとって重要な事項を争う機会は保障されるのである。そうだとすれば、方法や時機は異なるものの、識別機能よりも広い要請であるところの防御権も保障される点で識別説と防御権説に差異はないことになるため、両説の対立には実践的意義は見出せないとの見方も存在しているところである[41]。

---

40) こうした思考は、過去の判例からも見て取ることができる。たとえば、最三小判昭58・12・13刑集37巻10号1581頁は、1審が3月13日夜の謀議に関与したこと等を認定したのに対し、控訴審が、13日の謀議につきアリバイ成立を理由に否定しながら、卒然として謀議の日を12日夜であると認めて被告人の関与を肯定した訴訟手続につき、「本件事案の性質、審理の経過等にかんがみると、被告人に対し不意打ちを与え、その防禦権を不当に侵害するものであつて違法である」と判示している。この判示については、「正しく防禦権問題の本質を、訴因の記載を超える事実認定の問題としてではなく、攻撃防禦をつくさせた正確な事実認定であるか否かという問題として把えたもの」(香城・前掲注36) 350頁) と評されている。

41) たとえば、中山・前掲注11) 189頁。

しかし、訴因の記載を通して防御権を保障することと公判手続を通して防御権を保障することとは、一口に防御権保障といっても本質的な差異がありはしないだろうか。訴因の特定の問題は、訴因をどう記載すれば訴因は特定されたといえるのか、すなわち、訴因の特定を通して審判対象を限定し防御範囲を示しえているか否かという問題のはずである。要するに、訴因の記載において、訴因の２つの機能が作用しているか否かが問われているのである[42]。だとすれば、訴因の機能は、識別機能は訴因の特定、防御機能は争点の顕在化といった形での役割分担が可能な性質のものではないのではなかろうか。

　このようにみてくると、訴因の記載を通して被告人の防御権を保障することには、公判手続を通して争点を顕在化させることには代え難い固有の重要な意義があるように思われる。識別説は、この点を見落としているといわざるをえず、多大の疑問が残るところである[43]。

(2) 訴因の記載を通して被告人の防御権を保障することの意義

　この点、防御権説は、「日時、場所及び方法」を訴因の特定に不可欠な事項と解し、それらを訴因に記載することで被告人の防御権を保障しようとするものであり正鵠を射たものと解される。では、訴因の記載を通して被告人の防御権を保障することには、具体的にどのような意義があるのであろうか。

　まず、国家が国民に不利益（刑罰）を科すには、その国民に対し告知、弁解、防御の機会を与えなければならない（告知と聴聞）。これは適正手続（憲31条）の要請であり[44]、起訴状謄本を被告人に送達しなければならないのも（刑訴271条）、まさにこの要請を受けてのものである[45]。被告人は、起訴状

---

42) 光藤・前掲注４）285頁、白取・前掲注４）246頁等参照。なお、鈴木茂嗣『刑事訴訟法〔改訂版〕』（青林書院、1991年）108頁も参照。
43) そもそも、訴因の記載よりも公判手続における争点の顕在化という「訴訟の具体的状況」に重点を置く考え方は、公訴事実を審判対象としていた旧刑訴法時代の考え方に通じるものであり（なお、平野龍一『刑事訴訟法の基礎理論』（日本評論社、1964年）88頁も参照）、それ自体、訴因の特定を要求し訴因を審判対象とする現行刑訴法の立場には必ずしも調和しないように思われる（この点につき、とくに、高田・前掲注32）560頁、581頁参照）。
44) 最大判昭37・11・28刑集16巻11号1593頁参照。

謄本に記載された訴因を通して自分がどのような罪で起訴されたのかについての告知を受けることになるのである[46]。訴因がこうした役割を十分に果たすには、他の犯罪と区別可能であるだけでなく、被告人が自分がどのような罪で起訴されたのかを熟知し、効果的な防御活動を開始できる程度の詳細な記載を要するのではなかろうか[47]。

また、被告人の防御活動は、むろん公判手続開始前にも行われる。そして、公判手続開始前の防御活動は、「その後の裁判のゆくえを左右する」[48]といわれるほどの重要性を有する[49]。だとすれば、公判手続開始後に争点が顕在化されたのでは、遅きに失するのではなかろうか。訴因の記載を通して、公判手続開始前の防御活動に支障を生じない程度に争点を顕在化することが必要というべきであろう。

さらに、訴因は、訴因について防御しさえすれば訴因の拘束力により不意打ちの認定を受けないことを被告人に保障するものである[50]。この点、識別説に立てば、訴因の拘束力の及ぶ範囲は審判対象限定にとって不可欠な事項に限定される[51]。すなわち、たとえ公判手続においてその範囲を超えて被告人の防御にとって重要な争点が顕在化されたとしても、そこに拘束力は及ばないのである。しかし、それでは防御活動を行う上での被告人の法的安定性が大きく損なわれることになりかねない。被告人の防御にとって重要な事項は訴因に記載することを要すると解し、その事項について拘束力をもたせることには重要な意義が認められよう。

その上、訴因の記載が詳細でなければ、被告人が種々の手続的不利益に晒

---

45) 松尾浩也監修『条解刑事訴訟法〔第4版〕』（弘文堂、2009年）545頁等参照。
46) 田宮・前掲7) 198頁等参照。
47) この点につき、久岡康成「訴因の機能と訴因の特定の再検討」立命館法学339＝340号（2011年）393頁も参照。
48) 倉科直文「訴因の特定——弁護の立場から」三井誠ほか編『新刑事手続Ⅱ』（悠々社、2002年）199頁。
49) 公判手続開始前の防御活動は、公判前整理手続の導入や裁判員制度開始により飛躍的にその重要度を増しているといえる。
50) 三井・前掲注4) 179頁等参照。
51) 最一小決昭63・10・24刑集42巻8号1079頁、【5】参照。また、大澤裕＝植村立郎「共同正犯の訴因と訴因変更の要否」法学教室324号（2007年）88頁以下、三井・前掲注35) 99頁も参照。

されることにもなりかねない。まず、訴因において犯行の日時が特定されていなければ、公訴時効（刑訴250条）の成否の判断にも重大な支障が生じえよう[52]。また、一事不再理効の客観的範囲は公訴事実の単一性の範囲に及ぶところ、公訴事実の単一性の判断は「前訴及び後訴の各訴因のみを基準としてこれらを比較対照することにより行うのが相当」とする判例[53]の立場を前提にすれば、訴因の記載が詳らかでなければ、事案によっては公訴事実の単一性が肯定されるべきであるにもかかわらずそれが否定され、被告人が二重処罰の危険（憲39条）に晒される事態も生じうる。訴因の記載を通して被告人の防御権を保障することは、こうした問題を回避することにも繋がるように思われる。

5　結びに代えて

　識別説は、訴因の識別機能と防御機能を表裏の関係にあるものと捉え、防御権説が観念する識別機能よりも広い要請であるところの防御権については、訴因の記載にこだわらず公判手続を通して実質的に保障すればよいと解する。そこには、訴因の２つの機能につき、識別機能は訴因の特定、防御機能は争点の顕在化という形での役割分担の指向が存在する。しかし、訴因の２つの機能は、訴因の記載においてそれらが作用しているか否かが問われるものであり、識別説が考えるような役割分担が可能な性質のものではない。被告人の防御権は、訴因を通した争点顕在化によって保障すべきなのである。こうした見地からみて、訴因の記載を通した被告人の防御権保障を指向する防御権説には重要な意義がある。そもそも、刑訴256条3項を素直に読む限り、「日時、場所及び方法」を特定しうるのに、それを訴因に記載することを要しないとの解釈は到底導きえないように思われる[54]。

　もっとも、本稿における検討からも明らかなように実務上は識別説が定着しているのであるから、そのことを前提に、訴因の記載を通して被告人の防

---

52) 後藤・前掲注10) 458頁参照。
53) 最三小判平15・10・7刑集57巻9号1002頁。

訴因の機能と特定・変更   153

御権をよりよく保障する方法を考える必要もあろう。

　この点で注目されるのは、川出敏裕および堀江慎司を中心に展開されている、刑訴256条3項の条文を手掛かりに、防御権説とは異なる見地から、訴因の詳細な記載を通して被告人の防御権を保障することを理論化する試みである。すなわち、刑訴256条3項が「罪となるべき事実」を「日時、場所及び方法を以て」特定すべきとしていることに立ち戻り、「罪となるべき事実」および「日時、場所及び方法を以て」それぞれの意義を解明することで、訴因の2つの機能の内容・関係を捉え直し、識別説よりも詳細な訴因の記載の可能性を探ろうというのである[55]。識別説と防御権説を軸にした議論が平行線を辿ってきたことに照らしても、こうした試みには重要な意義があろう。

　他方、こうした理論面で試みとは別に、実務面での工夫も重要となってこよう。かりに識別説に立ったとしても、そこで求められる範囲をこえて、訴因の記載を通して被告人の防御権をよりよく保障することは何ら妨げられるものではない。そこで、まず、訴因の特定については、犯行の「日時、場所及び方法」が被告人の防御にとって重要であることは確かなのだから、これらが証拠上判明している場合には訴因に記載すべきと解される[56]。こうした運用は、刑訴256条3項の文理にも、また、【5】の判示②の趣旨にも合致するように思われる。次に、訴因変更の要否については、裁判実務家の中からもつとに指摘されてきたように[57]、たとえ訴因変更を要しない場合であっても訴因変更手続を経ることで、訴因の記載を通して争点を顕在化させ、被告

---

54) この点、【1】の調査官解説において、「［本件のような］特定方法は元来満足なものではなく、他の一般犯罪について濫用されてはならず、『犯罪の種類、性質等の如何により、これを詳らかにすることができない特殊事情がある場合』に限り許される」（川添万夫「判解」最高裁判所判例解説刑事篇　昭和37年度（法曹会、1973年）235頁）とされていたことを改めて想起すべきであろう。
55) 川出・前掲注2) 124頁、堀江・前掲注2) 11頁（川出・前掲注11) 3頁、堀江・前掲注38) 587頁、堀江慎司「訴因の明示・特定について――再論」研修763号（2014年）3頁も参照)。なお、川出が訴因の機能とは別の観点から識別説よりも詳細な訴因の記載の可能性を探るのに対し、堀江は訴因の識別機能の観点からこうした可能性を探る点に違いがある（両者の相違点につき、堀江・前掲注2) 7頁参照)。
56) 東京高判平6・8・2高刑集47巻2号282頁。なお、大阪高判平2・9・25判タ750号250頁も参照。

人に防御を尽くさせることが望ましいといえる[58]。

　なお、本稿では、識別説の問題点と訴因の記載を通して被告人の防御権を保障することの意義については確認することができたが、訴因の特定の具体的基準、訴因の詳細な記載を求めた場合に生じうる諸問題[59]、先に見た川出および堀江の見解の内容とその意義等については立ち入って検討することが叶わなかった。これらの検討については、今後の課題としたい[60]。

---

57) 松本芳希「訴因・罰条の変更」大阪刑事実務研究会編著『刑事公判の諸問題』（判例タイムズ社、1989年）44頁。中山・前掲注11) 214頁、大澤＝植村・前掲注51) 91頁、93頁［植村］、小林・前掲注37) 27頁も参照。
58) もっとも、いずれについても、識別説を前提とした場合、同説が求める範囲をこえて記載された訴因に拘束力が及ぶか否かという問題が生じることになる。
59) たとえば、松尾・前掲注3) 175頁等参照。
60) 加えて、近時、訴因の特定をめぐっては新たな問題も生じている。二次被害防止等の見地から、訴因において被害者氏名の匿名記載が許されるか否かが重要な論点となっているのである（この点を論じたものとして、酒巻匡「被害者氏名の秘匿と罪となるべき事実の特定」町野朔先生古稀記念『刑事法・医事法の新たな展開（下）』（信山社、2014年）449頁、峰ひろみ「刑事手続における犯罪被害者情報の保護についての一考察」同485頁、辻本典央「起訴状における被害者の匿名記載について考える」季刊刑事弁護78号（2014年）79頁、堀江・前掲注54) 8頁等参照)。被害者氏名の匿名記載と一口にいっても、その方法としては、①氏名だけでなく被害者に関する事項を一切記載せずおよそ被害者の特定を不可能にする方法と、②氏名は記載しないがそれに代わる事項を記載することで被害者の特定をはかる方法とがありうる。まず、①については、このような方法では他の犯罪との区別ができないため、訴因の機能につきどのような立場に立ったとしても訴因の特定に欠けることになり許されないであろう。これに対し、②については、他の記載事項との関係で特定の事件を審判対象としていることが判別できるのであれば、特定性を認めうるとの見方もある（酒巻・前掲本注452頁、峰・同501頁、辻本・同83頁)。しかし、そのような方法で他の犯罪との区別が可能なのか。また、刑訴256条3項が訴因を「できる限り」特定すべきとしている趣旨に反しないか。なお慎重な検討を要しよう（堀江・前掲注55) 8頁)。

証拠

[10] 科学的証拠と誤判

笹倉香奈

1　本稿の目的

　本稿の目的は、科学的証拠について論じる際の大局的な視点を確認することにある。このことを通して本稿は、科学的証拠が他の証拠とは異なる性質を持つものであり、その証拠能力を厳格に判断すべきであるという、学説における有力な考え方が基本とされる必要があると主張する。議論の素材としては、最近公表された司法研修所編『科学的証拠とこれを用いた裁判の在り方』（法曹会、2013年。以下「司法研究」と記す）[1]を用いるとともに、アメリカにおける科学的証拠に関する最新の議論状況をも参照する。

2　最近の問題状況

　新しい憲法・刑事訴訟法の下での刑事司法運営が始まった当初より、客観的な科学的捜査・証拠の尊重が叫ばれてきた。すでに、1950年の犯罪捜査規範改正の際には、客観的な科学捜査の尊重こそが証拠中心の捜査にとって必

---

1) 司法研究に関する検討として、季刊刑事弁護76号（2013年）所収の「特別企画・科学的証拠と刑事裁判」の各論文がある。

要であるとの認識が示されていた[2]。近年では、「地域社会における連帯感の希薄化、大量生産・大量消費の現状等から、従来の『人からの捜査』、『物からの捜査』はますます困難化」しているといわれ[3]、従来の捜査手法では犯人検挙が困難となってきており、科学捜査の重要性が高まったといわれる[4]。また、裁判員制度が開始された後には、裁判員にわかりやすい立証が必要であり、客観的証拠を獲得するためにも科学捜査の重要性が増大しているとされる[5]。科学捜査体制の充実強化、捜査支援システムの整備・高度化、鑑定機器・施設の整備充実等、科学捜査力の強化、捜査と鑑識の一体化がさらに推し進められ[6]、「物（証拠物）に、ものを言わせる捜査」が捜査の中心である[7]というのである。

しかし、現実を見ると、日本の捜査・公判は、依然として供述証拠に依存しているし、学説も、科学的捜査・証拠についての議論をさほど活発に行ってきたとはいえない[8]。証拠法に関する議論は、供述証拠中心である。2011年に立ち上げられ、2014年7月にその調査審議の結果が公表された法制審議会・新時代の刑事司法制度特別部会の「新たな刑事司法制度の構築についての調査審議の結果」[9]や、同部会での議論内容からも[10]、日本における理論の現状をうかがい知ることができる。たとえば、同部会が2013年1月に公表した「時代に即した新たな刑事司法制度の基本構想」[11]では、供述証拠収集

2）相浦勇二「第一線捜査指揮官に知っておいてほしい科学捜査の心」季刊現代警察129号（2010年）4-5頁。
3）たとえば、「刑事警察（下）」警察時報54巻3号（1999年）45頁。
4）家令和典「科学的証拠による事実認定」木谷明編著『刑事事実認定の基本問題』（成文堂、2010年）265頁。
5）田辺泰弘「科学捜査の更なる推進」警察公論63巻12号（2008年）6頁。
6）前掲注3）45-46頁。
7）捜査指揮実務研究会「刑事課長の捜査運営（34）鑑識科学捜査」捜査研究580号（2000年）9頁。
8）成瀬剛「科学的証拠の許容性（1）」法学協会雑誌130巻1号（2013年）4頁。刑事訴訟法の教科書における科学的捜査・証拠の取り上げられ方を、供述証拠に関する記述と比べれば、このことは一目瞭然であろう。
9）http://www.moj.go.jp/content/000125177.pdf
10）同部会における議論については、同部会の議事録および川崎英明＝三島聡編著『刑事司法改革とは何か』（現代人文社、2014年）を参照。
11）http://www.moj.go.jp/content/000106628.pdf

のための取調べに日本の刑事司法が過度に依存してきたことを反省する一方で、供述証拠の収集が困難化しているという懸念を示し、「適正な手続の下で供述証拠及び客観的証拠をより広範囲に収集することができるようにするため、証拠収集手段を適正化・多様化する」（同3-4頁）ための具体的方策（取調べの録音・録画制度、刑の減免・刑事免責制度、協議・合意制度、通信傍受の拡大等）が挙げられ、このような議論はその後の特別部会での審議にも引き継がれたのであった。しかし、同部会は、結局のところ、供述の新たな獲得手段を中心に据えた議論に終始した。

取調べへの過度な依存からの脱却をいうのであれば、供述証拠中心であったこれまでのあり方から決別し、客観的証拠とりわけ物的証拠、なかんずく科学的証拠の適正な収集・公判での使用をより重視し、そのためにはどのような方策を取らなければならないのか、現在の科学的捜査・証拠のあり方を見直す必要はあるのか、という視点を打ち立てることもあり得たのではなかろうか。

3　誤判原因としての科学的証拠

ただし、科学的証拠が供述証拠に比べて、より危険性が低いと一概に言うこともできない。「誤判原因としての科学的証拠」という認識をわすれてはならないのは当然である[12]。

科学的証拠が誤判原因となりうるという認識は、日本では相対的に低い。その原因は、大きく分けて2つあるように思われる。第1は、科学的証拠が多く用いられるようになったのが1980年代後半以降であり、理論的蓄積が多いとはいえないということである。第2に、これまで日本の再審事件や冤罪事件における誤判・冤罪の原因が、主として捜査段階においてとられた自白・供述にあったことである[13]。従来の多くの再審事件では、科学的証拠に

---

[12] この点について、成瀬・前掲注8）5頁以下。
[13] たとえば、日本弁護士連合会・人権擁護委員会『誤判原因に迫る―刑事弁護の視点と技術』（現代人文社、2009年）も、その内容を見てみれば、誤判原因としての供述証拠に焦点を当てているのは明白である。

ついて、その基礎的な科学的根拠は問題とならず、むしろ鑑定人の適格性や鑑定資料の同一性が主として問題となってきたことにも原因があろう[14]。

このような状況の下では、科学的証拠が誤判原因となり得るという認識が十分に共有できていないおそれがある。とくに、従来から科学的根拠があり、信頼できるとされてきた類型の科学的証拠（たとえば指紋の同一性識別や、火災原因調査）については、一層このことが当てはまろう。法曹は、必ずしも自然科学に関する知識を十分に持っているとはいえない。そうであるとすれば、科学的証拠に関する議論は、科学的証拠自体に内在する危険性を前提におかねばならない。また、科学的証拠に事実認定者に対する不当な影響がないか、ということについても慎重な検討が必要となろう。

以下、このような問題意識の下、日本における議論を検討する。

4　検討①——科学的証拠の証拠能力に関する判断枠組み

(1) 証拠能力判断の枠組み

従来の日本での科学的証拠をめぐる議論の対象は、2つに分かれていた。ひとつは、個別の科学的証拠やその許容性をめぐる判例・裁判例に関するものであり、もうひとつは、科学的証拠の証拠能力をどのような場合に認めて良いのかということに関する議論である。とくに後者の議論の背景には、科学的証拠が真に確立されたものであるか、職業裁判官（近年では裁判員も）が科学的証拠から何らかの不当な影響を受けるのか、その点に鑑みて科学的証拠については一般的に証拠能力のハードルを高く設定すべきか否かということについての考え方の違いが存在した[15]。そこで、以下、従来の科学的証拠の証拠能力判断をめぐる議論を振り返る。そこには、大きく分けて2つの立場がある。証拠能力判断を緩やかに行う立場と、より厳格に行う立場である[16]。

---

[14]　成瀬・前掲注8）37頁。
[15]　家令和典「裁判員裁判における科学的証拠の取調べ」原田國男判事退官記念論文集（判例タイムズ社、2010年）207頁。

(2) 証拠能力判断を緩やかに行う立場

　周知のとおり、判例は緩やかに証拠能力を判断するという立場を採用している。簡単にまとめるとすれば、①ある検査方法の基礎にある科学的根拠の信頼性について積極的に確認せず、②個別事案に関する検査過程の適切さを、検査者の適格性と、用いられた機械・器具の性能、検査手順や検査資料の採取・保管過程の観点から見て、検査結果に信頼があるといえるかという観点からのみ規律する[17]。

　このような流れを受け継ぎ、科学的証拠の証拠能力について他の証拠とさして区別せず扱うという立場を明らかにしたのが、司法研究である[18]。

　司法研究は、科学的証拠の証拠能力を、自然的関連性の問題であるとして検討する。つまり、当該証拠自体が、要証事実の存否に影響を持つわずかな証明力すらないといえる場合にのみ、証拠能力が否定されるとするのである。最小限の証明力もないようないわゆるジャンクサイエンス（ごみ科学・くず科学）を排除するためである（司法研究・36-37頁）。

　このような意味の自然的関連性があれば、あとは、主として証拠採用の必要性と証明力の問題となる。必要性判断については、無駄な審理を避け、審理の合理化を図るために価値の高低に着目するという視点、さらに裁判員裁判において判断者の混乱や誤解を防ぐという証拠調べの相当性の視点から判断され、公判前整理手続で裁判官が行うことになる（司法研究・37-40頁）。証明力評価については、他の証拠との総合評価になる。

　司法研究が、以上のような立場に立つのは、日本の科学的捜査・証拠に対して絶大な信頼を置いているからである。すなわち、司法研究は、自然科学

---

16) 成瀬・前掲注8) 論文も、同様の視点に立った分類をしていると思われる。なお、同論文36頁が指摘するとおり、科学的証拠全体を視野に入れた許容性に関する総論的検討は、日本において十分に行われてきたとはいえない（同旨、井上正仁「科学的証拠の証拠能力 (2)」研修562号（1995年）8頁）。

17) ポリグラフ、筆跡鑑定、犬の臭気選別等に関する判例を参照。個別の科学的証拠に関するこれまでの議論については、三井誠『刑事手続法Ⅲ』（有斐閣、2004年）を参照。

18) 同様の立場に立つと考えられるものとして、たとえば河上和雄ほか編『大コンメンタール刑事訴訟法〔第2版〕第7巻』（青林書院、2012年）432頁〔安廣文夫担当部分〕。同書は、自然的関連性を欠く証拠も、理論的には証拠能力を欠くものではないので、証拠排除をする必要性はないとする（同434頁）。

には限界があるという認識を示しつつも、「個々具体的な科学的分析方法は、……専門家が、このような科学一般の限界を意識しつつ、定説となっている原理、原則を応用し、その分析のための技術を研究、開発したものであって、通常は、実用化されるまでに種々の審査や検証に耐え抜いたものである。したがって、科学には本来的に限界があるという視点は、大局的な視点であって、科学的証拠に対応する際の心構え」であると言い（同7頁）、また、日本では「科学捜査を担う側も、刑事裁判における証拠の適性を意識し、慎重な態度で臨んできた伝統もあり、少なくとも公的な鑑定機関が行う鑑定に限れば、アメリカと比べてジャンクサイエンスが刑事裁判に登場する蓋然性はかなり低いといった現状認識」（同33頁）を前提とする。このような科学的捜査・証拠に対する一般的認識のもと、職業裁判官は、「科学的証拠の持つ特殊性、危険性について認識があり、個々の裁判において、科学的証拠の意義と限界の双方を審理で明らかにすることが重要であることを知って」いたから（同34頁）、従来の裁判では、「科学的証拠について、他の証拠と区別して、「科学的」であることに基づく証拠能力の要件を考える必然性が乏しかった」（同22頁）し、「証拠能力と信用性あるいは証明力とをしゅん別する実益に乏し」かった（同27頁）。また、裁判員裁判でも、裁判官が評議に加わるから、科学的証拠の持つ危険性が現実化しない防波堤があるということになる（同35頁）。したがって、従来の科学的証拠に関する証拠能力判断の枠組みを大きく変える必要はない[19]。

　司法研究の立場では、公判前段階で排除されるのは、ごく一部の「ジャンクサイエンス」のみであり、その他の科学的証拠については、「必要性」という概念のもとで、採否が裁判所の裁量的判断により決せられることになる。このような立場を採用すれば、ある証拠の許容性を判断する基準やその過程が明らかにされないまま、適正な事実認定を脅かすような証拠が法廷に持ち込まれることを許すことになり、危険である[20]。司法研究は、現在の日本における科学的捜査・証拠をめぐる運用をほぼ全面的に肯定し、そこでは不適

---

[19] これに対して、家令・前掲注15）論文は、裁判員裁判では、証拠能力の要件をより厳しく設定するべきであるとする。
[20] 以上、成瀬・前掲注8）61頁。

正な証拠が法廷に入ってくることはまずない、という考えを前提に置く[21]。しかし、現在の科学に対するこのような妄信的態度こそが批判されるべきなのであり、したがって科学的証拠の採否を、裁判所の自由な裁量的判断にゆだねることには慎重であるべきではなかろうか。

(3) 証拠能力判断を厳格に行う立場

これに対して近時の学説にあっては、科学的証拠を他の証拠とは区別し、その証拠能力判断を厳格に行うべきであるとの立場が有力である[22]。以下、学説を概観する。

第1に挙げられるのは、科学的証拠の証拠能力について、自然的関連性あるいはその前提問題（いわゆる「条件付関連性」の問題）として扱い、関連性があるか否かについて、他の証拠の場合と比べて厳しく判断する立場である。

たとえば、光藤景皎は、科学的証拠の場合には、自然的関連性の前提として「条件付関連性」が必要であるとし、条件付関連性が認められるためには一般の場合よりも高い証明力が要求されるとした上で、その判断においては、基礎にある科学的原理の確かさと、技法がその原理の正しい適用といえるかという点が重要であるという[23]。

これに対して、浅田和茂は、基礎にある科学的原理の確かさおよびその原理の正しい運用は自然的関連性、証拠の同一性・真正性（資料の収集・保管の問題）は条件的関連性の問題であるとする[24]。

また、徳永光は、①当該事件で適用された原理・方法それ自体の科学的有効性、②当該事件の争点に対するその原理・方法の科学的有効性、③その原理・方法から得られた結果と争点の関連性の判断を行うべきであるとし、こ

---

21) 司法研究のこのような姿勢を批判するものとして、徳永光「司法研究の意義と限界」季刊刑事弁護76号（2014年）84頁以下がある。
22) これらの立場の多くは、アメリカ合衆国における、いわゆるフライ基準（一般的承認の基準）やドーバート基準（信頼性の基準）と同様のものを日本でも採用するべきであるとする。アメリカの議論については、井上・前掲注16）および、同・「科学的証拠の証拠能力（1）」研修560号（1995年）3頁などを参照。
23) 光藤景皎「証拠の関連性について」『刑事証拠法の新展開』（成文堂、2001年）1頁。
24) 浅田和茂「科学的証拠」『刑事司法改革と刑訴法・下巻』（日本評論社、2007年）785頁。

れらは枠組みとしては自然的関連性の問題であるという[25]。

　以上のような立場に対して、田口守一は、科学的証拠について、証明力を担保する条件設定が困難な場合には偏見・誤導の危険性があり、法律的関連性が認められないと構成した上で、その技術が信頼できるものであり、その結果を事後に検証することが可能かどうかの判断を行うべきであるとする[26]。

　これらの主張に対して、最近、成瀬剛は、関連性概念を「当該証拠から、その事案にとって適切な要証事実を推論していくことができるか」を問うものであると主張し、自然的関連性・法律的関連性という区別を放棄する一元説を採用した上で、専門証拠（科学的知見のみならず、経験則に基づいた専門的知見を用いた証拠）の許容性を厳格に判断する立場が妥当であるとの一般論を示す[27]。成瀬は、専門証拠の証拠能力を判断するときには、その基礎にある原理・方法の信頼性を確認することが必要であるし（その原理を応用する際の方法についても同様）、専門家が検査資料に対して検査機器を用いて人為的・機械的操作を加える過程で検査資料の真正性・同一性が失われていないかを確認しなければならない、とする。その上で、科学理論に基づく専門証拠については、科学理論・方法の信頼性（テスト結果、エラー率、プロトコルの策定・整備状況、他の専門家による吟味・承認）および、当該事案における検査過程の適切さ（専門家の知識・経験、検査機器の正確性、検査方法の適切性、検査資料の真正性・同一性）を、また経験則に基づく専門証拠については、専門的経験則・手法の信頼性（経験の集積の程度、判断実績、判断基準、専門家の資格・経験・地位、他の専門家による吟味・承認）および、検査過程の適

---

[25] 徳永光「DNA証拠の許容性」一橋法学1巻3号（2002年）858頁。徳永は、証拠の真正・同一性を示すための最低限度の保管関連情報が捜査機関から開示されない限り、当該証拠は、証明力評価を誤らせる危険を類型的に有するものとして、法律的関連性を否定される、という。同「証拠の保存と適正管理」季刊刑事弁護75号（2013年）57頁。このほか、自然的関連性の問題として位置づけると思われるものとして、田中輝和「科学的証拠の証拠能力に関する覚書」東北学院大学論集55・56号（2000年）39頁。

[26] 田口守一『刑事訴訟法』（成文堂、2006年）368頁、家令・前掲注15) 213頁も同様の立場に立つ。

[27] 成瀬剛「科学的証拠の許容性（1）～（5）」法学協会雑誌130巻1-5号（2013年）。同論文について、斎藤司「刑事法学の動き 成瀬剛「科学的証拠の許容性（1）～（5・完）」」法律時報86巻3号111頁（2014年）。

切さという各考慮要素を見極めた上で、その許容性は、厳格に判断されなければならないとする[28]。

(4) 小括

　一見すると学説における科学的証拠の証拠能力（許容性）の位置づけに関する理論的な違いは大きいように見える。しかし、これらの学説を大局的に見れば、ある証拠に証拠能力を認めるか否かについての結論には、それぞれの理論的な違いは本質的な差を生むものではない。また、証拠能力判断の際に考慮されるべきとされる要素についても、大枠では一致する。

　科学的証拠の証拠能力をいかなる場合に認めるかについての議論を大きな視点から見るとすれば、その枠組みの大きな違いは、証拠能力を緩やかに判断しようとする判例や司法研究の立場と、より厳格な判断を求める学説との間に存在するといえよう。

(5) アメリカの近時の動向

　以上のような２つの立場のうち、いずれが妥当なのであろうか。このことを考える際に参考になるのは、アメリカ法の近時の動向である。

　従来、アメリカの議論が日本に紹介される場合に注目されたのは、連邦証拠法規則702条に規定される専門家証言をめぐる議論であった。そして、証拠能力を認めるための基準（フライ基準・ドーバート基準）を紹介する論稿や、同様の基準を日本にも導入するべきではないかとの論稿が主流であった。

　しかしながら、アメリカでは、近時、科学的証拠をめぐって、これとは別の観点からの議論が行われている。この背景には、多数の誤判・冤罪の発見を受けて、ここ10年ほど、誤った科学的証拠に対する問題意識が高まっているという事情がある[29]。

　その一例が、全米科学アカデミーが2009年に公表し、法科学とそれを用い

---

28) 以上、成瀬・前注論文8)、とくに33頁以下。
29) 誤判・冤罪を救済する活動として、イノセンス・プロジェクトの活動が著名である。同プロジェクトの活動については、笹倉香奈「イノセンス・プロジェクトの活動とそのインパクト」季刊刑事弁護71号（2012年）188頁。

た科学的証拠の抜本的改革を行うための提言を行った報告書『合衆国における法科学の強化に向けて』である[30]。報告書は、法科学の検査・分析は、必ずしも科学的根拠にもとづいて行われているとはいえないにも拘わらず、科学的証拠は刑事裁判において重視され、検察側から提出される証拠が証拠能力を否定されるような事例はほとんど存在しないと指摘する。つまり、フライ基準によるかドーバート基準によるかは問題ではない。裁判所による科学的証拠の証拠能力の審査だけでは科学的証拠による誤判の危険性を克服することができないという点が問題であり、したがって法科学の手法の限界を明らかにし、法科学を強化するための新体制を連邦政府が主導して作らなければならないと主張したのであった。

そのために、報告書は、捜査機関から独立した新しい機関が法科学領域の監視・援助を行い、①法科学鑑定の方法・検査過程・結果報告方法の改善やパフォーマンス向上、②監視監督の強化、③教育とトレーニングの強化をしなければならないと主張した。

同報告書の公表後、アメリカの法科学・刑事司法の領域では、徐々に科学的捜査・証拠に関する改革が行われ始めている。たとえば、2013年には法科学とその法廷でのあり方の見直しを行う全国委員会（National Commission on Forensic Science）が創設され、専門家責任に関する統一的規定、法科学実務を担う者のトレーニングや認定に関する基準の策定等に関する議論が始められている。裁判所における科学的証拠の取り扱いの変化も見られ、未だ限定的ではあるものの、個別の事件における科学的証拠の証拠能力の判定基準が厳格化される傾向にある。

個々の科学的証拠の問題点も、明らかになりつつある。

たとえば、これまでその信頼性が疑われてこなかった指紋の同一性識別である[31]。指紋による照合は、検査者による主観的な判定に委ねられており、その正確性には疑問がある場合が少なくないということが近年指摘されてい

---

30) National Research Council, *Strengthening Forensic Science in the United States -A Path Forward*, 2009. 同報告書について、笹倉香奈「科学的証拠の『科学化』に向けて」福井厚先生古稀記念祝賀論文集（法律文化社、2013年）321頁。
31) NRC Report, supra note（30）at 136. 笹倉・前掲注30）326頁以下。

る。指紋は、付着したときの諸条件（皮膚の状態、付着方法等）に左右されてその形態が変化しうるため、理想的な形での指紋の採取が困難であること、照合を行う検査者の育成・訓練の方法、資格要件は一定ではなく、認定等も行われていないことなどが問題点として挙げられている。自動指紋識別システム（AFIS）にあっても、指紋照合についての最終判断は検査者の主観にゆだねられるため、問題は変わらない。指紋の識別には本来的に誤りがつきものである[32]。

　毛髪鑑定についても問題が指摘されている[33]。ある研究結果によれば、FBIの毛髪鑑定の結果と当該毛髪のミトコンドリアDNA型鑑定の結果とを比較した場合、検査者が2本の毛髪が「類似している」と結論付けたケースの12.5％で、実際には2本の毛髪のDNA型が一致しないことが明らかになった[34]。このような研究結果を受けて、FBIは現在、1980年代以降の毛髪鑑定のすべてを見直し中である[35]。

　これら照合型の識別鑑定以外にも、科学的知見を用いた証拠の信頼性に疑義が出されている。その代表例が、火災原因調査である[36]。最近になって、1990年代までの火災原因調査が「非科学的」であり、当時は放火の徴候と考えられていた焼け跡の状況が、捜査官の経験・勘に基づく思い込みであることが判明し、科学的な火災原因調査の基準が作られてきた[37]。その結果、火災事件のうち「放火」とされたものは、1999年から2008年の間に全体の15％から6％に激減し、全米各地で放火であると結論づけられた多くの確定判決が誤りであるという可能性が指摘されている。

---

32) 2004年のメイフィールド事件では、スペインのマドリッドで起こった列車の爆破テロ事件の遺留指紋が、FBIによってアメリカのオレゴン州ポートランドの弁護士と一致したと判断され、誤認逮捕が行われた。
33) NRC Report, supra note（30）at 155.
34) M. M. Houck and B. Budowle, Correlation of microscopic and mitochondrial DNA hair comparisons, *Journal of Forensic Sciences* 47（5）（2002）at 964
35) See, "U.S. reviewing 27 death penalty convictions for FBI forensic testimony errors" *Washington Post,* July 17, 2013.
36) See e. g., NRC Report, supra note（30）at 170; John J. Lentini, The Evolution of Fire Investigation and Its Impact on Arson Cases, 27- *SPG Crim. Just.* 12（2012）.
37) National Fire Protection Association 921, *Guide for Fire and Explosion Investigations*（2014）.

(6) 検討

　このように、科学的証拠の許容性を厳格に判断する制度を採用していると紹介されてきたアメリカでは、科学的証拠による誤判・冤罪が大量に発生していることが明らかになっている。最近では、法律家のみによって科学的証拠の信頼性判断をすることの限界さえ主張されているのである。さらに衝撃的なのは、従来、信頼性が疑われてさえこなかった類型の科学的証拠（指紋、毛髪・繊維鑑定、火災原因調査など）の危険性が指摘されていることである。

　このような状況をみれば、科学的証拠には、その性質上、本来的に誤りがつきものであるということが明らかである。アメリカでは、科学的証拠が作られるプロセスに、根本的な問題が存在する可能性があることが再確認され、鑑定の担い手の中立性確保・厳格な資格要件の必要性、証拠能力判定のための条件設定の必要、前提となる検査のマニュアルや担い手の側の教育・訓練および検査機関・検査者の認定・認証などの必要性が主張されている。

　このようなアメリカの状況を見るならば、日本の科学的捜査・証拠についても、再度、真正性・同一性、基礎にある科学的原理の有効性、その応用方法等について、見直す必要性があるのではないかという疑問が生じる。司法研究のような立場をとり続けることの問題性はいっそう明らかであるといえよう。科学的証拠の証拠能力判断は、科学的証拠固有の危険性を考慮しつつ、より厳密に行われる必要がある[38]。また、鑑定資料や基礎データの開示・説明義務、再鑑定資料の保存の義務づけ、再鑑定資料が残らない場合の手続、再鑑定請求権の保障など、防御権保障の観点からの手続改革が必要となろう[39]。

---

[38] 徳永・前掲注21）87頁は、「検証【引用者注：当該分野のさまざまな専門家による検証】に基づき科学的な信頼性・有効性の確率していない原理・方法は、個別の結果の信用性・証明力評価に進むことなく、証拠能力を否定すべきである」とする。
[39] 田淵浩二「『在り方』の意義と限界」季刊刑事弁護76号（2014年）99頁。元科捜研技官の立場から現在の科学捜査の問題点を指摘するものとして、平岡義博『法律家のための科学捜査ガイド』（法律文化社、2014年）がある。

5　検討②——科学的証拠による有罪認定のあり方

(1)　従来の学説と司法研究の立場

　証拠能力の問題とは別に、科学的証拠による有罪認定のあり方についても、司法研究は重大な問題提起をしている。DNA 型鑑定に関する文脈の中で、司法研究は、DNA 型鑑定がある事件の唯一の証拠である場合、それのみによって有罪認定をすることができる、としているのである（136頁以下）。たとえば、強姦事件において、膣内液に含まれた精子の DNA 型が被告人の DNA 型と一致したという間接事実のみによって、被告人が当該強姦の犯行の犯人であることが、合理的疑いをいれない程度に推認されるといえる、とするのである。

　この点に関する議論は、従来必ずしも活発であったとはいえない[40]。ただ、学説では、「DNA 鑑定は……他の証拠との総合認定が必要であって、これのみで、ないしはこれを決定的な証拠として犯行と被告人とを結びつけることには、なお慎重であるべきである」[41]としたり、「DNA 鑑定を決定的な証拠とするのではなく、他の証拠との整合性の吟味が必要不可欠といわなくてはならないが……、万にひとつの過誤を防止するためには、DNA 鑑定を補助的に用いることに徹するべきであ」る[42]という議論が存在した。DNA 型鑑定は決定的な証拠とはならず、補助的な証拠としての利用にとどめるべきであるとされたのである。また、近時では、「DNA 型鑑定が唯一の証拠である場合、少なくとも現時点においては、犯人性の認定はできないと解しておきたい」[43]との立場に立つものもみられた。

　これに対して、司法研究は、科学的証拠は、客観性・中立性・安定性が高く、適正な事実認定のための基礎を提供するという特徴があり、自白とは異

---

[40] 補強証拠を不要とする見解としては、池田修＝前田雅英『刑事訴訟法講義〔第3版〕』（東大出版会、2009年）433頁があった。

[41] 三井・前掲注17）257頁。

[42] 佐藤博史「DNA 鑑定のための血液採取、DNA 鑑定の証拠能力・証明力」『新実例刑事訴訟法Ⅲ』（青林書院、1998年）188頁。

[43] 和田俊憲「遺伝情報、DNA 鑑定と刑事法」慶應法学18号（2011年）135頁。

なって補強証拠を要請するような政策的根拠もないとした上で、現在のSTR15座位によるDNA型鑑定の識別力を前提とすれば、他に補強する証拠がないだけで有罪の心証形成を許さないのは不合理であり、健全な社会常識にもそぐわないし、他の証拠による認定の場合とそぐわない（137-138頁）として、DNA型鑑定のみから被告人の犯人性を認定することも許される、との立場を表明した[44]。

(2) 検討

しかし、足利事件のような過去の誤ったDNA型鑑定による冤罪事件や、上述したアメリカの近時の動向に鑑みると、統計的に見てDNA型鑑定の結果に疑問を差し挟む余地が現時点ではないように思われたとしても、今後の科学の発展によっては、結論が変わる可能性がある。また、かねてから日本におけるDNA型鑑定のシステムに対しては、様々な問題点の指摘もなされている[45]。司法研究の立場には、にわかに賛同しかねるし、DNA型鑑定の結果のみから被告人の犯人性を認定することには、なお、慎重になるべきであろう[46]。

---

44) 横浜地判平24・7・20判タ1386号379頁は、公刊されている裁判例では初めて、DNA型鑑定のみから犯人性を認定し有罪判決を言い渡した。笹倉香奈「DNA型鑑定のみから被告人の犯人性を認めた事例」法学セミナー704号（2013年）130頁。
45) 徳永光「科学的証拠の証拠能力」村井敏邦先生古稀記念祝賀論文集（日本評論社、2011年）596頁、同・前掲注25)「証拠の保存と適正管理」とそれらに引用されている諸文献を参照。
46) 法医学的観点から司法研究に対して批判的検討を加えるものとして、本田克也「DNA鑑定の有用性と課題」季刊刑事弁護76号（2014年）109頁。

[証拠]
[11] 違法収集証拠排除法則の現状と展望

中島洋樹

1　はじめに

　捜査手続において違法に収集された証拠は、公判において証拠能力が否定され裁判の資料から排除されることがある。これを違法収集証拠排除法則（以下、排除法則）という。憲法および刑事訴訟法には、少なくとも物的証拠に関して、捜査手続の違法を要件とする証拠排除を定める明文規定は存在しない[1]。それゆえ当初判例は、排除法則の採用に消極的であったが[2]、アメリカ法における排除法則の形成・発展の影響を受けて多くの学説がこれを支持し、また下級審においても排除法則を適用して証拠能力を否定する裁判例が蓄積され始めた。その後、最高裁が違法収集証拠の証拠能力に関して態度を明確にすることはなかったが、少数意見において排除法則が肯定的に言及されるなどその萌芽が見られ始めた。そして最一小判昭53・9・7刑集32巻6号1672頁において、最高裁は初めて排除法則を理論上採用し[3]、違法収集

1）　供述証拠の証拠排除に関して憲法38条2項や刑訴法319条1項の自白法則があるが、その排除根拠によって排除法則との関係を一元的あるいは二元的に捉えるか異なる。この自白法則と排除法則の関係については本稿では扱わない。
2）　最三小判昭24・12・13裁判集15号349頁等。
3）　なお本判決は、排除法則の採用に消極的であった前掲昭和24年判決に関して、同判決は極めて重大な違法がある場合にまで証拠能力を認める趣旨ではないと言明した。

証拠の排除基準を示したうえで、当該事案における結論としては証拠能力を肯定した。この排除法則の採用によって、司法による憲法保障の確証や違法捜査に対する抑制が期待されたが、本判決以降、最高裁レベルにおいても違法収集証拠の証拠能力が争われて捜査手続の違法を認定する事案が散見され、排除の範囲についても理論的に展開が見られたものの、いずれも「重大な違法」とまではいえないとして証拠排除の結論には至ることはなかった。このような最高裁の態度から、排除法則は高田事件判決やチッソ川本事件決定のように、異常・例外的な場合の特別の司法的救済として位置づけられるのではないかとの懸念[4]も示されていたところ、排除法則採用からおよそ25年を経た最二小判平15・2・14刑集57巻2号121頁において、ようやく最高裁は証拠排除という決断を示した。同判決は、最高裁初の排除事例というだけでなく、違法の重大性の評価方法や証拠排除の範囲に関する新しい展開などが見られ、今後の排除法則の運用において極めて重要な意義を持つものである。他面において、本判決の具体的事情として、捜査官による逮捕状、報告書への虚偽記載や偽証が窺われ、排除法則は極限的な事案の救済手段として矮小化されるのではないかとの懸念を本判決が裏付けたとの評価もありうるだろう。本稿は、判例における排除法則の展開と最高裁初の排除事例である平成15年判決からさらに10年以上を経た排除法則の現状および学説の動向を踏まえて、排除法則の閉塞状況を打開するための方策について若干の考察を試みる。

2 違法収集証拠排除法則の理論的根拠

　ある刑事事件において違法な捜査が行われた場合、たとえ当該捜査が国家による個人の権利や利益を不当に侵害するものであっても、その権利侵害の存否は当該事件とは別個の実体法上の問題（国家賠償請求の根拠や刑事制裁の対象となりうるか）であり、当該事件を扱う刑事裁判において訴訟上当然に

---

4) 田宮裕・刑事判例評釈集40巻211頁。また、高田卓爾「証拠の違法収集とその証拠能力」ジュリスト935号［昭和63年度重要判例解説］187頁は、警察官が犯罪にあたる違法を敢えて行った場合に限るのではないかという懸念を表している。

影響が生じるわけではない。また、違法収集証拠を訴訟上排除しなかったとしても、違法な捜査によって生じた具体的な権利侵害がそれ以上拡大するわけでもない。したがって、憲法38条2項や刑訴法319条1項に見られるような証拠法上の効果について明文規定がない以上、違法収集証拠であっても、論理必然に証拠能力が否定されることにはならない。さらに、初期の最高裁判例が傍論で言及したように、供述採取過程の違法がその内容に影響を及ぼすおそれがある供述証拠とは異なり、押収物は押収手続が違法であっても押収物自体の性質、形状等に関する証拠価値に変化はない[5]。このように、証拠の価値を問わずその使用を制限する排除法則は、合理的経験則と信用性に裏打ちされた自由心証主義が機能する契機をその前段階で失わせ、刑事訴訟法の目的の1つとされる真実発見を阻害するおそれがあることは否めない。

　しかし、現行法上、真実発見も人権保障を全うしつつ追求されなければならず、適正手続の要請に対して後退すべきと考えられている以上、真実発見を阻害しても証拠排除すべき場合を法原則として構築することは可能である。この証拠排除法則の論拠として、アメリカの議論[6]を踏まえ、大別して（1）司法の廉潔性（無瑕性）、（2）将来の違法捜査に対する抑止効、（3）憲法保障ないし適正手続保障を内容とする法規範の確証の3つが挙げられている。（1）は、捜査機関が違法に収集した資料を裁判所が証拠として許容することは、捜査機関の違法行為を裁判所が是認することに等しく、国民の司法に対する信頼を失わせてしまうため、かような証拠の排除を要すると考える。（2）も政策的な観点から排除法則を認めるものであり、現に行われた違法捜査に対して証拠使用禁止の制裁を科すことにより、将来の違法捜査を抑止し得ると考える。証拠排除という手段について一般的にその有効性が一応了解されており、他に有効な抑止手段のないことが前提となる。

　これら（1）、（2）の政策的根拠と異なり、（3）は憲法規範や適正手続の保障に内在する要請を証拠排除の理論的根拠と考える。排除効を生ぜしめる論

5）前掲注2）参照。
6）アメリカの判例および学説の動向の詳細について、光藤景皎「違法収集の証拠」日本刑法学会編『刑事訴訟法講座第2巻』（有斐閣、1964年）233頁以下、井上正仁『刑事訴訟における証拠排除』（弘文堂、1985年）61頁以下、425頁以下を参照。

理は多様であり、公正な手続の範囲内で真実の追求が許されるなら、公権力の発動として憲法上許されない手続によって得られた物については、理論的帰結として真実発見の手段としての資格を剥奪すべきとする見解[7]、憲法に則ることにより初めて適法に証拠を採取できる枠組みになっているので、採証のルールを保障した憲法は同時にルール違反により得られる証拠の排除も予定しているとする見解[8]、憲法上保護された領域への不合理な侵入がある場合、証拠排除の明文規定がなくても、自由の原理に基づき、侵入にともなう萎縮効を喪失させるため排除法則の採用が本来要求されているとする見解[9]、憲法35条は権利保障規定であると同時に、最大判昭47・11・22刑集26巻9号554頁が判示したように捜査機関が遵守すべき証拠収集手続の根本規範でもあり、憲法が刑罰権行使の手段として具体的な手続規範をとくに定めている場合、適正手続を定める憲法31条の見地からも手続規範に違反する捜査の成果を刑罰権行使のために利用することを憲法自体が許容しているとは考えられず、捜査機関が憲法35条に違反して違法に収集した証拠を刑事責任追及のために使用することを許さないのが憲法35条の趣旨であるとする見解[10]等がある。これらの見解によると実定法上の法的根拠も基本的にはこれらの規定に求められることになる[11]。

さらに、各根拠は相互に矛盾・排斥する関係にあるわけではなく、「排除法則の根拠は背後に廉潔性を据えた上で、一方で真実発見も絶対的な原理でないことを示す適正手続の要請、他方で機能的・実践的な概念である違法捜査の抑止といういわば三位一体で構成されたもの[12]」と捉える見解もあり、

---

7) 平野龍一『刑事訴訟法』（有斐閣、1958年）239頁以下、高田卓爾『刑事訴訟法〔2訂版〕』（青林書院、1984年）214頁。平野は、とくに憲法35条の押収捜索規定はその反面として証拠能力を否定する趣旨と解する。
8) 田宮裕『刑事訴訟法〔新版〕』（有斐閣、1996年）399頁。
9) 渥美東洋「排除法則の理論的根拠」高田卓爾博士古稀祝賀『刑事訴訟の現代的動向』（三省堂、1991年）216頁。
10) 上口裕『刑事訴訟法〔第3版〕』（成文堂、2012年）498頁以下参照。
11) なお、平場安治他『注解刑事訴訟法中巻〔全訂新版〕』（青林書院、1982年）[鈴木茂嗣] 669頁、675頁は、刑訴法317条の実質的意義を「事実認定における適正手続」の要請と捉え、本条の証拠とは「適正証拠」を意味するから、違法収集の物的証拠のように明文の規定がなくても、憲法規範等に対する違反があった場合は本条を実定法上の根拠として証拠排除されると解する。

上述の諸見解も含め、これらを総合的に根拠としうると考える学説は多い。ただし、見解によって総合的考慮の内部における位置づけや重点の置き方に差異がある点は注意を要する。排除法則の理論的展開に大きな影響を与えたアメリカ合衆国における議論では、抑止効論が排除法則の主たる根拠とされ、その後唯一の根拠として集約されていくとともに、証拠排除のコストに見合う十分な抑止効が期待できるかというコスト・ベネフィットの観点から検討が進められてきた。その延長線上に、捜査官の行動が客観的に違法と認められても、主観的には善意で適法と信じて行動したことを要件に証拠能力を肯定する「善意の例外」法理の採用があったことを想起すれば、抑止効論を排除根拠とすることに慎重ないし否定的な見解[13]も説得力を有する。

3　証拠排除の判断基準

証拠排除の判断基準については、排除法則の根拠に関する解釈如何によって大別して2つの考え方がある。ひとつは証拠収集過程における一定程度の違法を基準として証拠排除を判断するアプローチである（違法基準説、絶対的排除説）。ただし、手続の違法を判断要素として証拠排除を導くこの見解も、些細な手続違反に対して常に証拠排除を導くものではない。憲法31条、33条ないし35条違反、基本的人権の侵害、実体的な違法行為、刑訴法の強行規定違反等諸説あるが、いずれも憲法規範違反を中心として、一定程度の重大な手続違反ないし権利侵害を要求する。憲法違反等の重大な違反や権利侵害を判断対象に限定し、その際、これらと並列して政策的見地から導びかれる他の判断要素を容れない点において、（3）の憲法保障説ないし法規範説と親和的といえる。

---

12) 三井誠「違法収集証拠の排除［4］」法学教室266号（2002年）132頁。
13) 岡部泰昌「違法収集証拠の排除法則の根拠に関する考察——将来における違法な捜査の抑制は正当な根拠および基準なのか（上）（下）」判時1221号（1987年）159頁、同1224号（1987年）171頁。また、髙田・前掲注4）187頁は、抑止効の検証の困難さから、このような漠然とした希望的観測によって証拠能力の有無を決することは不適切と指摘する。渥美・前掲注9）217頁は、法規範説を前提として、それでは排除されない程度の違法捜査も抑止効の観点から政策上の方策としての排除の必要性を認めるが、そのためには法律上の明文規定が不可欠だとする。

これに対して手続の違法や権利侵害の程度のみならず、それ以外の諸事情もあわせて総合的に証拠排除を判断するアプローチがある（相対的排除説）。たとえば、ⅰ）証拠収集手続に後続の訴訟手続全体を一体として不当なものとするほどの実質を有する違法（明白かつ著しい違法）が存在し、したがって、その結果たる証拠を利用して被告人を処罰することが、基本的な「正義の観点」に反すると認められる場合には、被告人に対する適正手続保障を確保するために、法律上当然に証拠が排除されなければならないとし、これとは別に、ⅱ）a）司法の無瑕性を維持し、司法に対する国民の信頼を維持するため証拠排除が必要な場合、またはb）同種の違法な手続の再発を防止するために証拠排除が必要な場合には、個々の事案ごとに証拠排除により生じるであろう不利益との対比の下に証拠排除の必要性の程度を秤量し、適正な権衡が保たれるよう証拠の採否を判定すべきであり、その際、次の要因—①手続違反の程度、②違反がなされた状況、③手続違反についての有意性の認識、④手続違反の頻発性、⑤違反と証拠獲得の因果性の程度、⑥証拠の重要性、⑦事件の重大性—、が考慮されるべきとする見解[14]が代表的である。

　先に述べた絶対的排除説においても、政策的な見地に基づく証拠排除の考え方自体は必ずしも根本から否定されるものではなく、ただ憲法規範等の重要な法規範に対する違反行為に対しては政策的な判断を容れずに重大な手続違反ないし権利侵害に基づき絶対的に証拠排除する領域を確保することにその存在意義があると考えられる。その意味において、上に相対的排除説として挙げた見解も、排除類型ⅰ）において適正手続保障のために絶対的な排除領域を確保することを念頭に置いている。しかしながら、その決定的な相違は、論者の述べる排除の基準である「後続の訴訟手続全体を一体として不当なものとするほどの実質を有する違法」にある。この基準は、《違法収集証拠の公判における使用が、違法な捜索・押収を受けない権利の侵害が生じた場面で保障される適正手続に必ずしも反するものではないこと》を前提としながら、しかし、「当の被告人の権利・利益を侵害して獲得された証拠を利用して、その被告人を処罰することが、一体として、そのような『正義の観

---

[14] 井上・前掲注6）404頁参照。

念』に反すると認められるような場合」に適正手続保障が奪われると解することから導かれる。具体的には、「明白でしかも著しい違法」がある場合がそれに該るとされ、捜査機関が当然違法であることを知っていた、あるいは知り得るべきであったのに、敢えてそのような違法な手続に訴えて被告人の処罰を獲得しようとしたものといえるほど手続の違法が明白であり、かつ、当の被告人の憲法上の権利等重要な利益の甚だしい侵害をともなうほど著しいものが求められている[15]。このような基準は絶対的排除説が想定するものより遥かに厳格といえよう。また、基準を導く論理についても、上のような適正手続保障に対する前提的理解は、絶対的排除説の背後にある、証拠排除を捜索・押収に関する憲法規範の直接の要請と考える憲法保障説とは一線を画するものである。他方で、論者が「漸進的・段階的性格」と特徴付けたように、「違法の明白性」や排除類型 ii ）における「手続違反の頻発性」に関連して、社会状況や排除法則に関する裁判例の蓄積によって緩やかな排除法則を具体的事案に応じて柔軟に展開する余地がある。反面、利益衡量の手法が抱える基準の不明確さや、それにより具体的事案における排除判断の差異がもたらされるおそれと司法に対する信頼の維持との関係が問題となろう。

4　下級審における排除法則の採用と展開

　当初、多くの学説が憲法保障ないし適正手続論を根拠として、憲法違反等の重大な違法があれば証拠排除すべきと主張する一方で、昭和30年代に入ると、当初排除法則の採用に消極的だった裁判所にもこれを採用する裁判例が現れ始めた。その嚆矢である大阪高判昭31年6月19日裁判特報3巻12号631頁は、「本件捜索差押は刑事訴訟法第220条の規定に適合せず且つ令状によらない違法の捜索差押であるから憲法35条に反する」ことから、「かかる違法の手続によって押収された本件麻薬、捜索差押調書等は証拠としてこれを利用することは禁止せられるものと解する。もし、違法に押収された物件も適法な証拠調を経たときは証拠として利用できるとするならば憲法の保障は有

---

[15]　井上・前掲注6）372頁以下、403頁参照。

名無実となってしまう」として憲法保障説に立脚し排除を認めるものであった。本件の上告審では捜索差押えが適法と判断されたため、最高裁による排除法則の採否に関して明確な言及はなかったが、6人の裁判官が「重大顕著に違法な手段」、「違憲違法な手続」、「令状主義に違反し、被告人の住居及び財産の安全を侵害する重大な瑕疵を包蔵する手続」により獲得された証拠であり、これを排除すべきという意見を付したことも注目に値する[16]。

その後、昭和53年に最高裁において排除法則が採用されるまでの間、収集手続に重大な違法があった場合に証拠を排除する下級審裁判例が多数現れた[17]。これらの裁判例では、排除根拠について主に適正手続保障の観点から、基本的に憲法違反等の重大な違法の存在が認められれば証拠排除されている。このことから、当時の下級審は、排除法則の適用に際して「いわゆる絶対的ないし画一的排除論の立場に立っていた[18]」と評価できるだろう。

5　最高裁における排除法則の採用と展開

最高裁が初めて排除法則を採用した昭和53年判決は、承諾なく上着内ポケットから本件証拠物を取り出した捜査官の行為の適法性について、当該行為が職務質問に附随する所持品検査の許容限度を逸脱し違法であり、引き続き行われた現行犯逮捕と差押手続を違法と判断した上で、改めて証拠排除の検討を行うという2段階の判断構造を採った。判断方法について、「証拠物の押収等の手続に憲法35条及びこれを受けた刑訴法218条1項等の所期する令状主義の精神を没却するような重大な違法があり、これを証拠として許容することが、将来における違法な捜査の抑制の見地からして相当でないと認められる場合においては、その証拠能力は否定されるものと解すべき」と判示し、職務質問の要件が存在し、所持品検査の必要性と緊急性が認められる状

---

16) 最大判昭36・6・7刑集15巻6号915頁。
17) 最高裁判所事務総局編『違法収集証拠に関する刑事裁判例集（非供述証拠関係）』（法曹会、1981年）、井上・前掲注6）39頁以下を参照。
18) 多田辰也「排除法則の再構築」『刑事司法改革と刑事訴訟法（下）』（日本評論社、2007年）879頁、886頁以下。

況、被告人の態度から、手続違背の程度について許容限度をわずかに超えたにすぎないこと、捜査官の主観における令状主義に関する諸規定を潜脱しようとする意図の不存在、他に強制等がないことから、「本件証拠物の押収手続の違法は必ずしも重大であるとはいえない」とし、「これを被告人の罪証に供することが、違法な捜査の抑制の見地に立つてみても相当でないと認めがたい」として証拠能力を認めた。

　排除法則の根拠および実定法上の位置付けの問題に関して、本判決は、主に適正手続や憲法規範の保障を根拠に証拠排除を論じてきた下級審裁判例と異なり、「憲法及び刑訴法になんらの規定もおかれていないので、この問題は、刑訴法の解釈に委ねられているものと解するのが相当」と論じている。明文規定の不存在ゆえに刑訴法の解釈に委ねられるというのであるが、なぜ憲法解釈の問題と考えられなかったのか。この点について調査官解説によると、憲法38条2項とは異なり、「捜索、押収に関する35条は、適法性の要件を宣言するだけで違法の効果にはふれていない。そこで違法な押収物に関する証拠排除の法則は、憲法上の権利の内容ではなくて、政策的な証拠法則と考えるのが相当である[19]」と解説されている。また、本判決は、排除根拠に関して憲法規範や適正手続の保障に内在する要請と捉える憲法保障説を排斥し、政策的な見地から違法捜査の抑止と司法の廉潔性にその根拠を求めているとの分析も見られる。しかしながら、憲法35条は実体的権利の保護のみならず、刑事手続に関する憲法上の規範として「手続的利益」も保障するとの見解[20]も主張されるところ、本判決が憲法解釈による解決を頭ごなしに否定する合理的な理由は見当たらない。また、本判決は令状主義の精神を実質的な基準として取り込んでおり、憲法保障説を排斥したとまではいえないだろう。

　次に、本判決が示した排除基準たる2つの要件、「重大な違法」と「排除の相当性」の関係についても、本決定の素直な読み方であり、その両方を満たさなければならないと解する重畳説[21]と、いずれかを満たせば良いと解す

---

[19] 『最高裁判所判例解説刑事篇昭和53年度』400頁［岡次郎］。
[20] 光藤・前掲注6）239頁、渡辺修「違法収集証拠排除法則の問題状況」同編『刑事手続の最前線』（三省堂、1996年）121頁以下。

る競合説[22]があり、本判決の理解としてはその文言から一般的に重畳説が有力といえよう。いずれにせよ本判決は、捜査手続における（一定程度の）違法・違憲の認定から直截に排除を導く構造を取らないこと、違法捜査抑制の見地から排除の相当性を判断することを明記していること、「重大な違法」の検討に際して、手続違反ないし権利侵害の要素以外も考慮に入れていることから、相対的排除論に立って排除法則を構築したと考えられる。

　しかし、これらの要件のうち「重大な違法」については、手続違背の程度が大きくないこと、手続違反の有意性が認められないことなどが消極的な事由として具体的に言及されているのに対して、「排除の相当性」については、具体的な事実関係を挙げずに消極的な判断が示されている。このように「違法の重大性」の検討に重きを置く最高裁の姿勢は、その後の最高裁判例においても引き継がれる。昭和53年判決より、平成15年に最高裁が初めて排除の判断を示すまで、捜査手続が違法と認められながら証拠能力を肯定した最高裁判例は、最二小判昭61・4・25刑集40巻3号215頁、最二小決昭63・9・16刑集42巻7号1051頁、最三小決平6・9・16刑集48巻6号420頁、最三小決平7・5・30刑集49巻5号703頁、最三小決平8・10・29刑集50巻9号683頁がある[23]。これらはいずれも捜査手続の違法を認めながら、「違法の重大性」については消極的な判断をしているが、「排除の相当性」について具体的な事実関係を検討したものはない。それゆえ、この「排除の相当性」について、形骸化しており内実がないとの指摘も多い。さらに、最高裁において初めて証拠排除を認めた最二小判平15・2・14刑集57巻2号121頁においても、「違法の重大性」および「密接関連性」を認めたのち、「排除相当性」に関しては具体的な検討を行うことなく、このような証拠を許容することは将

---

21) 三井誠「違法収集証拠の排除［5］」法学教室267号（2002年）119頁、鈴木茂嗣『刑事訴訟法〔改訂版〕』（青林書院、1990年）228頁、石井一正「違法収集証拠排除の基準」判例タイムズ577号（1986年）9頁等。なお、前者を排除の基準、後者を排除の根拠と解する見解として田宮・前掲注4）209頁。

22) 井上・前掲注6）557頁。

23) なお、昭和53年判決以後の証拠排除に関する下級審裁判例は、多田・前掲注18）905頁以下の注（71）、河上和雄編『大コンメンタール刑事訴訟法第7巻〔第2版〕』（青林書院、2012年）498頁以下［安廣文夫］を参照。

来における違法捜査抑制の見地から相当でないと結論づけている。判例は、少なくとも「重大な違法」があれば、違法捜査抑止の必要があると考えていることが窺われる。その反面、違法が重大とまでは言えない場合には、とり立てて抑止を論じる必要がないと考えているのではないかとの疑念が生じる。

しかし、排除法則の根拠を抑止効の政策的根拠に求める見解、あるいはこれらを重視する見解に立てば、「違法の重大性」が認められたならば、次の「排除相当性」の判断において、証拠排除にともなうコスト・ベネフィットが必然的に検討されなければならないだろう。このような利益衡量を行うことなく重大な違法の存否に従属させて排除相当性を判断していると見られる最高裁判例は、抑止効に関して「違法」の程度に比例して排除の必要性も高まるという程度の関連を認めるに止まっていると考えられる[24]。抑止の観点からの排除相当性がこのように従属的な要素に止まる以上、相対的排除説に立つ論者が抑止の観点から重視すべき要素とした「手続違反の頻発性」は基本的に顧みられることはなく、同じく「手続違反がなされた状況」についても、「違法の重大性」判断において多くの場合に重大性を消極方向に基礎付ける要因として考慮されている。重大な違法とは認められない場合でも、総合的な考察により違法捜査抑制という政策的見地から証拠排除の余地を認めることが期待された相対的排除説の重要な一面は、その限りにおいて、最高裁判例上は実質的に否定されていると思われる[25]。

他方で、上記の昭和61年判決以降の最高裁判例は、平成8年決定を除いて、証拠排除の範囲に関して違法な手続に後行する手続に「違法の承継」を認め、違法な手続により直接に収集された物でない証拠についても排除法則の適用対象を拡張する展開を見せてきた。いかなる排除根拠に立とうとも、違法捜

---

[24] 渡辺修『捜査と防御』（三省堂、1995年）193頁は、排除法則の適用基準として違法捜査の抑止効果の有無を考慮に入れるのには、実証的な観点および裁判所の法政策判断能力の見地から問題があると指摘する。

[25] ただし、下級審では違法の重大性を否定する方向で「事件の重大性」に言及する事案が見られる。詳細は、多田・前掲注18) 892頁注 (83) 参照。「事件の重大性」は、判例上、手続の適法性判断の場面（とりわけ任意処分等の適法性に関する必要性・相当性判断）において考慮されていることを前提とすると、適法な手続からの逸脱の程度を検討するという目的の限りにおいて評価し得ると考えることもできよう。

査が問題となる局面は捜索・差押え等に限られず、人身の自由にかかわる任意同行や逮捕の局面においても重要な問題となる以上、違法な逮捕に後続するそれ自体は違法な手続とはいえない証拠収集手続において獲得された証拠についても排除を検討すべきであること、第1次証拠を排除しても第2次証拠を排除しなければ排除法則の存在意義が失われる場合がありうることから、排除範囲に関するこのような動向は必然的な展開といえよう。従来、派生的証拠の排除に関してもアメリカの「毒樹の果実」論を参照し、違法な手続と因果関係を有する証拠を「毒樹の果実」として原則排除すべきと論じられてきた[26]。しかし、最高裁が示した違法承継の判断枠組みは、違法な先行手続と「同一目的」であり、そこからもたらされた状況を「直接利用」するかたちで後行手続が行われた場合、後行手続は先行手続の違法を承継することになり、後行手続により得られた証拠について排除法則を適用するものである。このとき、排除を検討すべき証拠を直接収集した後行手続について適法・違法の判断、すなわち先行手続から後行手続に違法が承継されるか否か判断が行われる。つまり、証拠を排除するためには、その証拠を直接的に収集した手続が「違法であること（承継により実質的に違法と評価できること）」を理論的前提として堅持してきたのである。これに対して、「派生証拠が排除される実質的根拠は、それが、排除されるべき第一次証拠に基づいて獲得されたということ自体にあるのではなく、派生証拠まで排除しなければ、排除法則の意味が大きく失われてしまうという点にある」として、「最終的に獲得された証拠の証拠能力の有無を判断するためには、直接の証拠獲得手続が先行手続の違法性を承継するか否かを論じる必要はない。端的に当該違法行為と因果関係を有する証拠が、どのような場合に、その証拠能力を否定されるのかを検討すればよい」との指摘がある[27]。また、本来「毒樹の果実」論は、違法な先行行為を「毒樹」として、「違法に収集した第1次証拠にもとづき

---

[26] 本稿はとりわけ光藤景皎『刑事訴訟行為論』（有斐閣、1974年）291頁以下、川出敏裕「いわゆる『毒樹の果実論』の意義と妥当範囲」芝原邦爾ほか編『松尾浩也先生古稀祝賀論文集下巻』（有斐閣、1998年）513頁、小早川義則『毒樹の果実論』（成文堂、2010年）、高田昭正「先行手続の違法と証拠排除—『毒樹の果実』論と『違法の承継』論」立命館法学345＝346号（2012年）400頁を参照した。

[27] 川出・前掲注26）517頁。

収集された第 2 次証拠」および「違法な先行行為が証拠収集行為でなくとも、その先行行為から派生する間接的結果として収集された証拠」の 2 つの類型も「毒樹の果実」として排除法則の本来的な対象となることを確認し、これらの類型について証拠能力の原則否定と、「希釈の例外則」、「独立入手源の例外則」、「不可避的発見の例外則」による例外的肯定という理論的枠組みで論じられてきたのに対して、「違法の承継」論は、違法を承継させるに足りる実質的関係の存在（「同一目的」、「直接利用」）が積極的に認められる場合に限定して、例外的に上記類型の証拠を排除することになる。このため、本来的に排除されるべき「毒樹の果実」について「排除の要件や考慮要素の内容を厳格化させるための理論枠組みであり、その意味で、証拠排除の範囲を狭める機能をもつといわねばならない」と批判される[28]。

　これらの批判を受けるまでもなく最高裁判例は、すでに昭和63年決定、平成 7 年決定において「同一目的」基準について言及を欠くに至り（ただし、両事案とも覚せい剤事犯捜査の目的という意味での同一性は認められる）、「同一目的」とは「抽象的に犯罪捜査のためあるいは証拠収集のためといった程度で足りるのではないだろうか」との見解も早くから見られた[29]。そして、平成15年判決においては、後行手続である採尿行為への「違法の承継」について論じることなく、端的に先行する違法逮捕と「密接に関連」する証拠である尿および鑑定書の証拠能力を否定したのである。また、その後の最三小決平21・9・28刑集63巻 7 号868頁では、従来の「違法承継」論が適用できる事案であるにもかかわらず、差し押えられた覚せい剤等は先行する違法なエックス線検査と「関連する証拠」として直截に排除検討の対象とされ、先行手続の違法の程度が勘案された。これらの近年の最高裁判例の動向は、違法承継の判断構造を実質的には維持しているとの見方もあるが、むしろ「毒樹の果実」論への歩み寄りが見られると評価することは可能であろう。しかしながら、違法捜査との因果関係を意味すると考えられる「関連性」ないし「密接な関連性」に関して考慮すべき事情が必ずしも明らかではなく、違法

28）高田・前掲注26）414頁以下。なお、違法な証拠収集手続から直接得られた証拠については上記の例外則は適用されない。
29）『最高裁判所判例解説刑事篇昭和61年度』［松浦繁］74頁。

の重大性に関する要素として判断すべき事情と不分明であり、また、「毒樹の果実」の例外則として考慮すべき事実関係についての検討も不十分である。排除範囲に関して「違法承継」論から「毒樹の果実」論への判断構造の過渡期として今後の判例の蓄積が期待される。

6 おわりに

最高裁が理論上排除法則の採用を認めてからおよそ35年を経た。最高裁が構築した排除法則の枠組みは、当初、およそ憲法保障説に立脚していた下級審にも完全に浸透し、証拠排除された裁判例および違法宣言がなされたものの証拠排除に至らなかった裁判例の蓄積も相当数に及ぶ。それにもかかわらず、上述のように証拠排除の論理は未だ不明確な点が解消されず残っており[30]、また、相対的排除論が提唱したような違法宣言が繰り返されることによる政策的配慮に基づく緩やかな排除法則の展開は未だ見られない。それどころか、排除のともなわない、捜査が違法であることの宣言が有する抑止効の存否については、多くの判例が違法が重大なものではないことの論証に終始するため、「捜査機関に対し二度とこのような違法を犯すことがないようにと戒める趣旨がぼやけてしまっている[31]」との指摘もあり、却って捜査機関を安堵させ、あるいは手続遵守の意識を鈍磨させ、結果として違法捜査を助長させてはいないか懸念される。最高裁レベルでは平成15年判決のように悪質なレア・ケースでしか排除されない現状は、排除件数の増減が問題の本質ではないものの、排除法則の運用が閉塞状況にあるのではないかと懸念せざるを得ない[32]。かかる閉塞状況を打開するためには、もう一度排除法則の理論的根拠から検討し直すことによるしかない。すなわち、憲法規範に対する違反行為に対して、政策的な利益較量によることのない排除領域を確保す

---

30) 多田・前掲注18) 896頁は、判例の論理構造について、個々の事案ごとに全事情を総合判断して、最終的に証拠排除の結論に達した場合を「違法は重大」という言葉で締めくくっているにすぎないのではと懸念する。
31) 安廣・前掲注23) 503頁。
32) 山本正樹「違法収集証拠の排除に関する一考察」三井誠他編『鈴木茂嗣先生古稀祝賀論文集下巻』（成文堂、2007年）511頁以下等。

るような排除法則を再構築することである。そのためには、憲法保障説ないし法規範説等の諸説を整理し、憲法規範等の重要な法規範の具体的な内容と保護範囲の再検討を行い、理論的に明らかにする必要があるだろう。

　他方、現状の排除法則の運用に対しては、「違法の重大性」判断における「手続違反の状況」に関して多様な要素が考慮されているが、手続違反の程度ないし権利侵害の程度に関連し集約され得る要素以外のものを重大性判断において周辺化させる必要があろう。捜査官の主観に関しては、少なくとも「令状主義を潜脱する意図」のないことが重大性判断において消極的に方向付ける要素として重視される運用を是正していく必要がある。「証拠の重要性」、「事件の重大性」についても同様である。なぜなら、これらの要素を導く「司法の廉潔性」論における国民の司法に対する信頼も、まず、裁判所が捜査機関の違法捜査を許容しない、結果として加担しないということに対する信頼が重要である[33]。違法捜査の結果、真実発見に悖る状況に陥ることに対する国民の不信は、裁判所ではなく第1に捜査機関に向けられるべきだろう。

---

33) 山本・前掲注32) 494頁、512頁のいう「適正手続論とこれを基底におく司法の無瑕性論」も同様の趣旨だと思われる。

証拠
[12] 黙秘権保障と自白法則

渕野貴生

1　黙秘権と供述の強要

　黙秘権（憲法38条1項）が守ろうとしている権利の内容に、取調べにおいて、事実上、供述を強要されない権利が含まれることに、現在においては異論を見ない[1]。取調官が被疑者に対して行き過ぎた精神的圧力をかけ、ときに直接的な有形力を行使してまで自白を追及し、虚偽の自白を生み出したり、被疑者の身体の自由や安全を侵害したりするような事例が後を絶たない現状に鑑みると[2]、黙秘権が保護すべき最も重要な場面は、被疑者取調べにおける事実上の供述強要の防止であるといえよう。

　ところで、黙秘権侵害が供述の強要によって生じるとすれば、取調官のどのような行為、あるいは被疑者のどのような状態をもって供述が強要されたと判断すべきかということ、すなわち、黙秘権侵害の基準が決定的に重要となる。そして、判例・実務においては、以下に確認するように、この点についてかなり一貫した基準が確立しているといえる。しかし、判例が考える基

---

1) 松尾浩也『刑事訴訟法上〔新版〕』（弘文堂、1999年）118頁。
2) 裁判所によって認定された最近の事案だけに限っても、大阪地決平22・5・26LEX/DB25442490（郵便不正事件）、大阪地判平23・1・20判時2111号55頁（大阪地裁所長襲撃事件損害賠償請求訴訟）など、多くの例を挙げることができる。

準を受け入れるべきかについては、黙秘権の意義に照らして、一考の余地があるように思われる。本稿は、黙秘権侵害の基準について再考することを通じて、黙秘権の本質と意義、ならびに黙秘権と自白法則との関係について、判例・実務とは異なる統一的な理解を提示し、被疑者取調べならびに取調べに関連する捜査活動に対して、ささやかな問題提起を試みるものである[3]。

2　判例・実務における黙秘権保障

(1)　供述強要の基準

判例・実務においては、供述強要の意味について、かなりの程度一貫した理解がされている。

第1に、判例は、逮捕・勾留されている被疑者について取調べ受忍義務を認めることが、直ちに黙秘権の侵害に当たるわけではないと判示している[4]。つまり、被疑者が供述を拒否して、勾留場所に帰房したいという意思を表明しても、取調官は取調べを続行し、被疑者に対して供述するように説得を続けることができるし、そのような説得行為が、直ちに供述の強要、すなわち黙秘権の侵害に当たるものではないと理解している[5]。

第2に、それでは、逮捕・勾留されていない被疑者の場合は取調べ受忍義務はないので、被疑者が希望すれば、直ちに取調べを終了させ、退出できるかというとそうでもない。在宅被疑者の取調べの許容限界について、判例はまず、岐阜呼気検査拒否事件決定[6]において、「ここでいう強制手段とは、

---

3) なお、渕野貴生「黙秘する被疑者・被告人の黙秘権保障」季刊刑事弁護79号（2014年）11頁以下においても、黙秘権の意義・本質の総論部分について本稿と同一の問題関心・理解に立ったうえで、黙秘権に関連するいくつかの論点について論じた。各論のうち、本稿では、自白法則との関係、同意、任意同行、被告人の虚偽供述禁止規定について検討し、別稿では、不利益推認禁止、被告人質問の実施条件について検討し、被告人の虚偽供述禁止規定についてさらに敷衍して論じた。本稿とあわせて参照していただければ幸いである。
4) 最大判平11・3・24民集53巻3号514頁。
5) たとえば参照、佐山雅彦「被疑者の取調べをめぐって」研修567号（1995年）95頁。近時、学説の中にも、明確に取調べ受忍義務を肯定する論者が登場するようになっている。参照、金子章「在宅被疑者の取調べの許容性について（2・完）──その違法性の実質に関する議論を中心に」横浜国際経済法学19巻2号（2010年）42頁。

有形力の行使を伴う手段を意味するものではなく、個人の意思を制圧し、身体、住居、財産等に制約を加えて強制的に捜査目的を実現する行為」という規範を定立し、呼気検査を拒んで取調室から退去しようとした被疑者の手首を掴んで、取調室からの退去を押しとどめた行為を適法と評価している。つまり、判例は、呼気という、少なくとも任意処分として行う限りはその提出がもっぱら被疑者・被告人本人の選択に係るタイプの証拠について、その提出に応じるように物理的有形力を使って説得することも、個人の意思を制圧しない＝強要にはあたらない、という理解をしている。とすれば、口頭による説得がそれ自体として強要に当たらないと評価されることは、論理的必然であろう。判例にとって残る問題は、物理力と口頭による説得との総和がどこまで至った時点で意思制圧と評価するか、という点に尽きることになる。

　そして判例は、説得の対象が、いかなる場合にも例外なく被疑者・被告人自身の選択に係るという本質を有する「供述」の提供である場合にも、呼気検査の場合と同一の規範を用いて判断している。すなわち、任意取調べの限界が問題となった高輪グリーンマンション事件で判例[7]は、説得の度が過ぎて、強制処分に至ってしまう基準について、岐阜呼気検査拒否事件決定の上記規範をそのまま使用している。そして、ここでも判例は、取調官が被疑者に対して4泊5日の宿泊をともなう説得を続けた取調べについて、意思を制圧するには至っていないと評価している。

　翻って、再び、逮捕・勾留された被疑者の取調べに立ち戻ると、いくら取調べ受忍義務を課せるとはいえ、供述を提供するように執拗に被疑者を"説得"した結果、被疑者を完全に屈服させ、抵抗できない状態に至らせてしまえば、被疑者の意思を制圧し、供述を強要したとの誹りを受けることを免れ得ないだろう[8]。当然のことながら、暴行等の有形力を行使して被疑者を抗拒不能の状態に至らせた場合も同様である。

　そうすると、判例の規範を前提に考えると、取調べ受忍義務のある取調べであっても、取調べ受忍義務のない取調べであっても、被疑者の意思を制圧

---

6) 最三小決昭51・3・16刑集30巻2号187頁。
7) 最二小決昭59・2・29刑集38巻3号479頁。
8) 参照、伊藤鉄男「任意取調べ（その1）」捜査研究489号（1992年）68頁。

し、供述を強要したと評価される基準には質的な差は存在しないといえよう。いずれの取調べにおいても、被疑者を完全に抗拒不能な状態に至らせるまでの説得は許されないが、逆に、被疑者がいまだ供述を提供することに対して抵抗できる余力を残している間は、説得行為が直ちに違法になるわけではない、ということになる[9]。

(2) 自白の任意性の判断基準

さて、このような判例の基準の統一感は、自白法則の適用にも及んでいる。

現在、判例上主流と言える任意性説の下では、虚偽の自白を誘発するおそれのある状況下で得られた自白と並んで、黙秘権を中心とする人権保障の担保として、供述するか否かの自由を害する方法で得られた自白も排除される。つまり、黙秘権を侵害した自白が排除される。人権擁護説に対しては、従来、立証の困難性を理由に、排除の実を挙げられないという批判がなされてきた。しかし、排除の範囲が狭きに過ぎる根本的な原因は、実は、実体要件としての黙秘権侵害は満たしているにもかかわらず、取調室が密室であるがゆえに侵害を立証するのが困難という点のみにあるのではなく、むしろ、そもそも黙秘権侵害の実体要件として、被疑者を完全な屈服あるいは抵抗不可能な状態に至らせるという意味での供述の強要を要求し、供述の提供に抵抗する気力の残っているうちは黙秘権の侵害はないと考える基本的発想が、自白法則の理解にも貫かれている点に大きな原因があるように思われるのである。

実際、徹夜の取調べを適法とした平塚ウェイトレス殺し事件決定[10]は、長時間かつ徹夜での取調べは、「被疑者の心身に多大の苦痛、疲労を与えるものである」と指摘しつつ、被疑者が殺害の自白を始めた後も、取調官が描く完全なストーリー（強盗殺人）を供述するように説得し続けた取調べについて「任意性に疑いを生じさせるようなものであったとは認められない」と評価している。同決定は、明らかに任意性説的発想に立ちつつ、「被疑者の心身に多大の苦痛、疲労を与える」説得でも、黙秘権の侵害には当たらないと

---

9) この点について、なお参照、小出錞一「被疑者取調べについての覚書」専修大学法学研究所紀要32『刑事法の諸問題Ⅶ』(2007年) 8頁。
10) 最三小決平元・7・4刑集43巻7号581頁。

判断しているといえよう。加えて、同決定は、「当時被告人が風邪や眠気のために意識がもうろうとしていたなどの状態にあったものとは認め難い」という事実をも任意性を肯定して自白を排除しない個別事情として掲げており、この点への言及から、逆に、黙秘権の侵害は、心身ともに多大に疲労していても、なお供述の提供に抵抗する気力が多少なりとも残っている段階では生じず、意識がもうろうとするほどの抗拒完全不能状態に至って初めて、黙秘権が侵害されたと評価しうるという考え方に判例が立っていることをうかがわせる。

　もちろん、裁判例のなかには、黙秘権不告知等を根拠に自白の任意性を否定した事例[11]など、被疑者が抗拒完全不能状態に陥るよりもはるかに前の段階で黙秘権侵害を認めるものも存在する。

　しかし、裁判例全体の傾向としては、このような黙秘権理解に立つものは少数であると言わざるを得ない。多くの事案においては、自白排除に至るのは、首を絞める、鳩尾を殴るなどの暴行に加えて、自白すれば家族の面倒をみてやるなどの脅迫ないし利益誘導が行われた事案[12]、手刀で机を叩きながら「ぶち殺すぞ」などと脅した事案[13]、5日間にわたり連日連夜、長時間、数名の取調官が取り囲んで、被疑者の弁解を聞かず犯人と決め付ける取調べを行った事案[14]など、被疑者を相当深刻に身体的に追い込んだ事案か、あるいは起訴猶予などの大きな利益[15]や共犯者が自白した旨の偽計に加えて妻が処罰を免れる可能性という大きな利益[16]を提示されて被疑者が強度の心理的強制を受けたと評価できる事案である。そうすると、判例は、自白法則の適用にあたっても、基本的には、被疑者の完全屈服＝抗拒完全不能状態を黙秘権侵害の判断基準として要求していると分析せざるを得ない状況にあるといえよう[17]。

---

11) 浦和地判平3・3・25判例タイムズ760号261頁、東京高判平22・11・1判例タイムズ1367号251頁。
12) 大阪地決昭59・3・9判例月報16巻3＝4号344頁。
13) 佐賀地決平14・12・13判例時報1869号135頁。
14) 東京高判昭60・12・13判例月報17巻12号1208頁。
15) 最二小判昭41・7・1刑集20巻6号537頁。
16) 最大判昭45・11・25刑集24巻12号1670頁。

3　黙秘権の意義

　しかしながら、判例の黙秘権理解に対しては、黙秘権の本質や意義に照らして重大な疑義がある[18]。

　黙秘が憲法上の適正手続権として保障されなければならない理由は、第１に、それが自己防衛本能ともいうべき、人間の、というより生物の本質に根ざしたものだからである。刑事手続において自分の犯罪を語るという行為は、自らの死や監獄への拘禁という自己に対する重大な不利益への直結を意味する。自分の自由や生命に重大な不利益が及ぶような行為を自らが行うことを生物が本能的に回避するのは、ごく自然なことである。たしかに、犯罪を行った者が処罰されるのは仕方ないことだが、問題にしているのはそのことではなく、自ら進んで死ね、あるいは自ら進んで自分の自由を束縛しろ、と迫ることなのである。自己を破壊するような行動をするように迫ることは、人間の尊厳を踏みにじることになる[19]。だから、そうしなくてもすむように供述の提供を拒否できることを権利として保障する必要があるのである。

　第２に、刑事訴訟法理論から考えても黙秘権は必然的に導き出される。近代の刑事訴訟においては、被疑者・被告人には無罪が推定される。つまり、立証責任は全面的に捜査・訴追側が負っている。被疑者・被告人側には、訴追側の立証に協力したり、訴追側の証拠を積極的に弾劾したり、無罪を立証する義務はない。したがって、犯人である場合に捜査・訴追側に協力する必要がないことはもちろん、犯人でない場合も自分から積極的に疑いを晴らす

---

17) 以上のような判例の分析のエッセンスは、すでに後藤昭によって示されていた。参照、後藤昭『捜査法の論理』（岩波書店、2001年）151頁以下。
18) 詳細については、参照、渕野・前掲注３）11頁以下。
19) 高田昭正『被疑者の自己決定と弁護』（現代人文社、2003年）91頁、平野龍一「黙秘権」同『捜査と人権　刑事法研究第３巻』（有斐閣、1981年）94頁以下、石田倫識「判批（札幌高判平成14年３月19日）」九大法学88号（2004年）145頁以下、村岡啓一「黙秘権を勧めることは『不適切』弁護か？」季刊刑事弁護38号（2004年）22頁。また、歴史的な考察を踏まえてこのことを論じるものとして、中島洋樹「被疑者・被告人の供述主体性（１）――イギリスにおける黙秘権保障の歴史的展開を手掛かりに」大阪市立大学法学雑誌51巻１号（2004年）61頁以下。

必要はないのである（もちろん、晴らすべく活動することは自由である）。

　仮に、被疑者・被告人に対して何らかの形で供述を義務づけるとすれば、それは、供述証拠の提出という形で、積極的に自己に有利あるいは不利な事実を立証せよ、と要求できる制度を認めることに他ならない[20]。犯人である被告人が犯行を認める供述の提供を義務づけられれば、その分だけ、検察官は立証せずに有罪方向の事実を認定してもらえることになる。犯人でない被告人が犯行を否認する供述の提供を義務づけられる場合も、検察官は、被告人の否認供述が説得力を持たない限り、つまり、被告人が積極的に無実の立証をしない限り、労せずして、有罪方向の事実を認定してもらえることになる。

　このような論理に対しては、被告人に供述を義務づけても、被告人の供述をも踏まえて検察官が合理的疑いを越えて有罪を証明する責任をそのまま維持するならば、無罪推定原則や「疑わしきは被告人の利益に」原則に反することにはならないのではないか、との反論がありえよう。しかし、被告人の供述が、一部であっても検察官の立証に組み込まれれば、その分だけ、検察官自身が証明すべき領域は減少し、減少した分の立証は被告人に転嫁されることになるのを否定できない。また、逆に、被告人の供述が検察官の立証上、まったく意味を持たないのだとすれば、にもかかわらず被告人に供述を義務づける必要性は失われるはずである。被告人に供述を義務づけるということは、その分だけ検察官の立証責任が被告人に転嫁されるという帰結と必然的に結びつくと考えざるをえない。歴史的に見て、被告人の供述義務からの解放が、挙証責任からの解放に裏づけられてはじめて実効性を持つに至ったことを改めて想起すべきであろう[21]。

---

20) 緑大輔「被疑者・被告人の『黙秘権』——その意味と射程」同『刑事手続法入門』（日本評論社、2012年）156頁。
21) この点については、参照、石田倫識「被告人の主張明示義務に関する批判的考察——被告人の黙秘権に関する一試論」九大法学91号（2005年）16頁以下。黙秘権確立の歴史的分析については、中島洋樹「被疑者・被告人の供述主体性（1）（2・完）——イギリスにおける黙秘権保障の歴史的展開を手掛かりに」大阪市立大学法学雑誌51巻1号（2004年）54頁以下、同2号（2004年）165頁以下、小川佳樹「自己負罪拒否特権の形成過程」早稲田法学77巻1号（2001年）121頁以下など参照。

第3に、黙秘権を保障しないと、取調べが糾問的で過酷なものになり、被疑者の身体の安全や自由に危険が生じたり、虚偽の自白がなされたりするという、歴史的な経験を踏まえた現実の必要性に基づく切実な要求という側面もある。日本においても、自白の強要による冤罪の発生が繰り返されてきたことを考えれば、そして、現在においても数々の事件で糾問的な取調べのあり方が明らかになり、被疑者取調べのあり方が刑事司法における重要な改革課題として取り上げられていることに思いを致せば、この点からの黙秘権の重要性もいくら強調しても強調しすぎることはないというべきである。

　以上のような黙秘権の本質に照らすと、いずれの点からも、黙秘権保障の内容として、精神的、身体的にとことんまで追い詰められ、疲労困憊したのちの取調べのみが黙秘権侵害に当たり[22]、その範囲での自白の排除のみを保障すればよいという結論が出てくるはずがない。むしろ、逆に、被疑者がいったん供述を提供しないと決断した以上、その決断は完全に尊重されなければならない。被疑者がいったん供述拒否の決断をしたにもかかわらず、さらに供述するように説得を続けることは、説得の強弱にかかわらず、また、説得時間の長短にかかわらず、被疑者の供述拒否という権利行使を無視することにほかならず[23]、まぎれもなく事実上の供述の強制であって[24]、人間の尊厳領域に踏み込む行為[25]、疑わしきは被告人の利益に原則を侵害する行為にほかならない。取調べ受忍義務を課し、供述拒否の宣言後も取調べを続行することは、それ自体、まぎれもなく黙秘権の侵害である[26]。

---

22) いくらかでも意思の制約があれば真の「承諾」のある取調べとはいえず、人の心身に多大の苦痛と疲労を与える取調べがなぜ憲法38条1項の禁じる供述の「強要」にならないのか、にわかに理解しがたいとして、高輪グリーンマンション事件および平塚ウェイトレス殺し事件についての最高裁の判断を批判する酒巻匡「任意取調べの限界について―二つの最高裁判例を素材として」神戸法学年報7号（1991年）291頁以下、298頁は、本稿と黙秘権の理解について基本的方向性を同じくするものであろうか。
23) 詳しくは、参照、渕野貴生「被疑者取調べの課題」法律時報79巻12号（2007年）44頁。
24) 後藤・前掲注17）154頁以下、小坂井久「第38条第1項」憲法的刑事手続研究会『憲法的刑事手続』（日本評論社、1997年）439頁、上口裕「自己負罪拒否特権の意義と射程」村井敏邦＝川崎英明＝白取祐司編『刑事司法改革と刑事訴訟法　上巻』（日本評論社、2007年）519頁以下。
25) 小坂井久『取調べ可視化論の現在』（現代人文社、2009年）267頁。
26) 高田・前掲注19）95頁、97頁。

そもそも、私は、被疑者が取調官からの追及に耐え忍びながら供述を拒否し続けている状態を黙秘権を行使していると評価してよいのか、常々疑問に思ってきた。供述を拒否（黙秘）しているのに、その決断は無視されて、精根尽き果てるまで取調官から供述するように説得を受け続け、その結果、自白した場合にのみ、ようやく黙秘権侵害になるなら、途中の我慢している間は、自らのむき出しの実力で耐え忍んでいるのにすぎない。そして、法的な供述義務が課されていない以上、黙秘権があろうとなかろうと、むき出しの実力で事実上供述拒否を続けることはできるのだから、この我慢比べの間について、黙秘権は何の役にも立っていないことになる。このような状態は、黙秘権の行使とは言えないし、黙秘が権利として保障されているとも言えない。力の強い者だけがむき出しの実力行使によって勝ち取れるものを通常、権利とは言わない。そのような実力によって奪い取ることをせずに済むように保障するのが権利であり、単に実力でもぎ取ってくることを追認するだけなら黙秘権に権利としての実質は無きに等しいといわざるを得ないように思われる。憲法がそのような無意味な権利を憲法上の基本権として規定したとは、到底思われない。

4　自白法則の捉えなおし

以上のような黙秘権の本質と意義に照らして考えるならば、黙秘権は取調べ遮断効を有すると解するしかない。取調べ受忍義務も、在宅取調べにおける説得も黙秘権から論理的に否定されるのである。したがってまた、少なくとも被疑者からの供述証拠の収集の局面では、岐阜呼気検査拒否事件決定の規範は正当化しえない。さらに、刑訴法198条1項をどのように解釈するかは、テクニカルな問題にすぎない。仮に、条文解釈として、逮捕勾留中の取調べ受忍義務を否定できないという結論に拘泥するなら、あるいは同条が捜査機関に取調べ権限を与えている点から供述を拒否する被疑者に対して捜査機関がその翻意を促すために働きかけをすることを許さざるを得ないと解釈するしかないというのであれば[27]、端的に同条は違憲だというだけの話である[28]。

そして、以上の黙秘権理解を前提とすれば、自白法則の理解も根本的に考え直す必要が出てくる。

まず、判例の主流が採用する任意性説においては、黙秘権を侵害して得られた自白は排除されることにはなっていた。ところが、上述したように、従来、排除の基準は、被疑者が屈服しない程度の取調べにおける圧力は黙秘権を侵害するものではないという黙秘権理解を前提に定められていたため、被疑者が疲労困憊したのちの自白や強度の心理的圧迫をもたらすような約束・偽計による自白でなければ排除されないという帰結をもたらしていた[29]。しかし、被疑者が供述しないと決断した以降の取調べの続行は黙秘権の侵害に当たるとすれば、任意性説のもとでも、供述拒否権使後の取調べで得られた自白は、すべて排除されなければならないことになる[30]。

一方、黙秘権理解の捉えなおしは、違法排除説にとっても排除の基準について変革を迫るものである。実は、明言されていたわけではないが、違法排除説に立つ学説も、取調べにおいて多少の説得は許されることを前提に違法の成否を判断していたところがある。というのは、違法排除説は、少なくとも当初、約束自白や偽計自白を排除可能な説として登場したからである[31]。しかし、よく考えてみれば、通常、供述を拒否した被疑者に対して、取調官が、いきなり約束を持ちかけたり、偽計に陥れたりするとは考えがたい。取調官が約束を持ち出したり、偽計したりするのは、通常の説得では被疑者を"落とす"ことができず、被疑者を攻めあぐねたがゆえであることが普通である[32]。つまり、約束や偽計が持ち出される前段階として、ほとんど例外なく、被疑者の供述拒否の決断を翻意させるための直接的な説得行為が行われているはずである。しかし、違法排除説も、必ずしもその説得過程を直截に

---

27) 佐藤隆之「被疑者の取調べ」法学教室263号（2002年）140頁。
28) 髙田・前掲注19）98頁。
29) 学説からも、人権擁護説の視点に立った場合に、約束による自白が全て黙秘権侵害になるわけではないと説明されている。参照、大澤裕＝朝山芳史「約束による自白の証拠能力」法学教室340号（2009年）93頁。
30) 後藤・前掲注17）155頁。
31) 学説の経緯については、参照、中島宏「自白法則における違法排除説再論」法律時報83巻2号（2011年）35頁以下。

問題とはしてこなかったように思われる。

しかしながら、被疑者が供述しないと決断した以降の取調べの続行は黙秘権の侵害に当たり、おしなべて違法であるとすれば、違法排除説は本来、約束・偽計が持ちかけられるよりもはるかに前の段階で、多くの自白を供述拒否権行使後の取調べで得られた自白として排除することになるはずである[33]。

5 派生問題

(1) 同意

黙秘権についての本稿の理解を一層明確にするために、最後にいくつかの派生問題を検討しよう。

第1に、被疑者の同意をどのように考えるべきか。まず、「同意」の意味だが、本稿の黙秘権理解を前提とすると、ここで言う「同意」は常に、取調官とのコミュニケーションに応じることについての暫定的な同意を意味する。黙秘権に取調べ遮断効があるということの意味は、被疑者は、いったん取調べを受けることを承諾した場合にも、いつでも供述を拒否して、それ以上の取調べを受けることを拒絶できるということにほかならない。したがって、被疑者が取調べに応じている間は、常に暫定的に黙秘権が行使されていない状態が続いているにすぎない。取調べに応じた瞬間に被疑者は黙秘権を放棄したと解することはできないのである。

そのうえで、被疑者が供述拒否の態度を明確にしなかった場合について、供述を拒否していないのだからそのような被疑者を取り調べても黙秘権の侵

---

32) 実際、約束自白が問題となった最二小判昭41・7・1刑集20巻6号537頁では、被疑者は、約束を持ちかけられる以前に、逮捕以来10日間にわたって、警察官の取調べに対して犯意を否認し続けていた。参照、広島高岡山支判昭40・7・8刑集20巻6号545頁。偽計自白が問題となった最大判昭45・11・25刑集24巻12号1670頁でも、偽計取調べが行われるまでの間、約1週間、詳細な自白は得られていない状態が続いていた。参照、大阪高判昭42・5・19判例時報503号81頁。

33) ただし、別件逮捕中の自白など、取調べの態様とは無関係に排除されるべき自白は残るので、本稿の考え方は、違法排除説に完全にとってかわるものではない。この点からの違法排除説の意義を強調するものとして、中島・前掲注31) 40頁。

害は発生しないと自動的に結論付けてよいわけではない。なぜなら、警察・検察という権力機関に対峙する市民にとって、断る勇気を持つことさえ難しいことはまれではないからである。取調べのどこかの時点で（あるいは、実際には当初から、だったのかもしれない）、本当は嫌だと思いつつ、ずるずると取調べに応じ[34]、結果的に看過しえない権利制約を生じさせた典型的な例が、宿泊をともなう、あるいは徹夜の取調べに至った高輪グリーンマンション事件であり、平塚ウェイトレス殺し事件である。供述するかしないかの自由は、このような気の弱い被疑者の場合にこそ、容易に侵害される。気弱な被疑者の供述拒否の自由を保障しなければ、黙秘権は最も守るべき対象を守ることができず、所期の目的を果たせない[35]。

　そうすると、真意の同意ではない承諾に基づく取調べもまた、黙秘権を侵害する取調べとして禁止されなければならない。その場合、当然のことながら、真意の同意があるか否かを判断する基準を個別の被疑者の表面上の同意の有無の点に求めることはできない。真意の同意を客観的に担保する制度的保障が必要であり、そのような制度的保障が与えられなかった場合には真意の同意があるとは認められないとの規範的評価を行うことで、黙秘権の行使を実効的に保障することが初めて可能になる。

　真意の同意を担保するための制度的保障に関して、すでに学説では２つの方向で議論の蓄積がある。ひとつは、通常人であれば、もうこれ以上取調べにつきあうのは嫌だと思うであろう時間的限界を客観的に定めるという考え方である[36]。承諾留置違法説はもともとそのような発想に基づいているとも言える[37]。もちろん、承諾留置違法説の主たる狙いは、戦前のような脱法的

---

34) このような渋々ながらの応諾をも真意の承諾があると評価する論者もいるが、このような考え方は、結局のところ、完全な抗拒不能に至った場合に限り黙秘権侵害に当たるという黙秘権理解と通底するといえよう。たとえば参照、伊藤鉄男「任意取調べ〔その４〕」捜査研究492号（1992年）57頁、61頁、佐藤隆之「在宅被疑者の取調べとその限界（3）」法学71巻２号（2007年）47頁。
35) 現実には、相当の猛者でなければ、取調室から"任意に"脱出することは困難であることを指摘するものとして、小川秀世「任意の取調べと可視化の必要性―公務執行妨害罪等の無罪判決を契機として」季刊刑事弁護51号（2007年）115頁。
36) 同旨、後藤・前掲注17）154頁以下。

身体拘束それ自体を抑止するところにあった。しかし、現行法下の任意取調べの文脈において承諾留置を違法とする説はさらに、一応は被疑者の自発的な協力で開始された取調べが延々と続けられることをも問題視している。そして、承諾留置違法説が狙いとしたところのひとつが取調べに客観的な時間的制限を設けることにあるとしたら、この論理は、任意取調べの場合だけでなく、逮捕・勾留された被疑者にも当てはまる[38]。

ただし、おそらく一般の人が「これ以上取調べを受け続けたくない」と感じる時点は、一泊するよりもはるかに早く到来すると考えるのが常識的理解であろう。したがって、取調べの限界を執務時間内に限るなど[39]、より厳格な基準を設ける必要がある。

もうひとつは、取調べへの弁護人の立会いである。黙秘権を行使したいと考えた被疑者が、一人では取調べの雰囲気や取調官の説得に逆らえずに、黙秘権の行使を宣言できない場合も、取調べに立ち会っている弁護人から適切な助言をその場で得られるならば、取調べにどこまで応じ、どの時点で取調べを終了させるかについて、自らの自由な決定を貫くことが可能になる[40]。つまり、弁護人は、「捜査機関による取調べを即時かつ確実に終了させるために立ち会う」[41]のである[42]。そして、弁護人立会いが被疑者の黙秘権行使を実効的に担保する制度足りうるためには、必要的弁護人立会い制度でなけ

---

37) 島伸一「徹夜を含む長時間にわたる任意取調べの適法性」警察研究62巻2号（1991年）43頁。これに対して、井上正仁『強制捜査と任意捜査』（有斐閣、2006年）9頁は、承諾留置であっても真に有効な承諾がありうるとするが、そのような想定自体がフィクションでしかないように思われるし、さらに、個別の被疑者ごとの事情に依拠する判断方法は、制度的保障が必要であると考える本稿の立場からは疑問である。ケースバイケースの判断を認めることは、結局、多くの被疑者の不本意同意を見過ごすことにならないだろうか。井上も、同意の有効性の認定は実際問題としては容易ではないので、なるべく強制処分として、法定の手続に従って行うのが良策としている。

38) この点を指摘するものとして、参照、中園江里人「逮捕・勾留中の被疑者取調べの在り方——いわゆる『出頭・滞留義務』を中心に」近畿大学法科大学院論集7号（2011年）122頁以下。

39) 裁判例のなかにも、富山地決昭54・7・26判タ410号154頁、青森地決昭52・8・17判時871号113頁など、客観的な時間経過を根拠に被疑者の取調べ続行に対する拒絶の意思を推定する手法を取ったものがある。

40) 村井敏邦『刑事訴訟法』（日本評論社、1996年）116頁。

41) 高田・前掲注19）115頁。小坂井久「第38条第2項」憲法的刑事手続研究会・前掲注24）474頁以下。

ればならない。自ら取調べ拒否を発動できない被疑者自身の請求によって弁護人の立会い権を発動させるのは、制度として背理だからである[43]。ミランダ判決に関して、弁護人立会いを孤立無援状態にある被疑者の請求にかからせた結果、結局、非自発的な権利放棄を招いてしまう限界が指摘されていること[44]を想起すべきであろう。

(2) 任意同行

次に、任意同行という形態での取調べへの協力依頼が、被疑者に対して供述拒否の自由を保障しうる捜査手法と言えるのか、今一度検討してみる必要があるように思う。

たしかに、任意同行自体は取調べではない。しかし、任意同行の目的はほとんどもっぱら被疑者から事情を聴くことを目的としており、捜査活動として、取調べと連続的・一体的に捉えられるべきものである。そして、被疑者が、取調室に入室した時点で（より正確に言えば、取調室に到着する以前の時点で）すでに、本心は取調べに応じたくないにもかかわらず、捜査官に気後れして、取調べの拒否を言い出せない状態に陥っている場合には、取調べ開始後の供述拒否の自由の完全な保障だけでは、黙秘権の実効的な行使を担保できないおそれが強い。したがって、取調室に入室する以前のプロセスにおいて、類型的に、事実上、取調べへの協力を拒否するのが難しい状態に被疑者を陥らせるような捜査活動があれば、そのような捜査活動を規制し、被疑者に供述するかしないかについての完全に自由な意思決定を保障する必要が

---

42) したがって、黙秘権行使の実効的担保としての弁護人の立会いは、取調べ受忍義務（ないし出頭滞留義務）が課されることを前提に取調べの具体的手段の行き過ぎを抑制することを目的とした弁護人立会い論とは趣旨が異なる。受忍義務を前提とした弁護人立会い論については、参照、渡辺修『被疑者取調べの法的規制』（三省堂、1992年）216頁以下。
43) 斎藤司「強制処分概念と『任意処分の限界』問題の再検討―強制処分と同意との関係を中心に」法律時報84巻6号（2012年）104頁は、一定時間経過後の退去についての意向確認、外部と連絡を取る機会の保障、一定時間ごとの十分な休憩時間の確保などの様々な措置をミックスすることで、強制性を除去しようとしている。真の意味での任意性の確保と違法判断の客観化を目指すアプローチとしてひとつのありうる選択肢であろう。
44) 小早川義則「取調べ受忍義務再論―アメリカ法との比較」法律時報83巻2号（2011年）13頁以下。

ある。

 そのように考えたとき、任意同行に対しては、任意出頭に比べて心理的圧迫の程度が大きいとして、明文の規定のない任意同行を認めることを疑問視する見解が出されていたことに注目すべきである[45]。

 たしかに、任意出頭であれば、捜査官と対面せずに出頭に応じるか否かを応答をすればよいので、被疑者は、捜査官との対面による圧力から解放される。また、たとえその場では、捜査官の言葉の勢いに押されて出頭する旨の返答をしても、実際に出頭するまでの間に家族や弁護人と相談して、約束を取り消すこともできる。このように一呼吸置ける時間的余裕があることは、自発性を保障するうえで案外重要な要素であるように思われる。このように、任意出頭は、取調べに応じるか否かの決断の自由が一応完全に保障されうる方法と言える。

 これに対して任意同行は、捜査官と対面した状態で即座に対応を決めなければならない。そして、警察官がやってきて同行を要求されたときに、その申し出を断るのは容易でないと感じる人は少なくないと思われる。しかも、同行を承諾すると直ちに移動が開始されてしまうので、任意出頭と異なり、一呼吸おいて考え直す時間的余裕もないのである。このように、任意同行が、明らかに被疑者に与える精神的・心理的負担が大きく、供述拒否の自由を類型的に危うくする行為であるとすれば、一定時間以上の取調べの継続などと同様に、黙秘権侵害が発生する捜査活動とみなして、禁止されるべきである。

 なお、任意同行は、警職法2条2項では明文で認められている。しかし、職務質問と捜査との境界は極めてあいまいであり、実際には、警察署への同行を要請する時点で、通例、警察官は特定の犯罪の嫌疑を念頭に置いて、その立件を目指した質問を取調室という自らの完全な支配下に置くことのできる空間において行うことを目的として、対象者に対し被疑者としての同行を要請しているというのが、警察官の行為に対する客観的な評価であろう。実体的には捜査の段階に至っているにも関わらず、警職法上の任意同行と仮装

---

45) 安倍晴彦「捜査の手段としての任意同行―警職法2条2項の場合以外」青年法律家協会裁判官部会編『刑事実務の研究』(日本評論社、1971年) 129頁。

することによる黙秘権保障の潜脱を生じさせないために、職務質問との法的評価が認められる範囲は、純粋な行政警察活動に厳格にとどめられる必要がある。多くの場合、警察署への任意同行まで踏み込んで要請しているという事実自体が、捜査官が対象者を明確な攻撃対象とみなしている証左であり、対象者の側からすれば、被疑者として本格的に防御すべき段階に至っていると言えるから、職務質問に端を発する任意同行も、その多くは禁止されるべき任意同行に該当することになろう。

(3) 被告人の虚偽供述禁止

法制審議会・新時代の刑事司法制度特別部会では、審議の途中まで、被告人の証人適格制度や、それに代わるものとして、被告人質問の際に、被告人が虚偽供述をすることを禁止する旨の規定を新設するという案が提案されていた。これらの案は、審議の最終盤になって撤回され、法制審で了承された「要綱」には盛り込まれなかったが、今後の課題として、「引き続き検討を行うことが考えられる項目」には残されており[46]、将来再び、立法化が企図される可能性は否定できない。しかし、このような虚偽供述禁止の規定化には、刑事訴訟法の原則に照らして、看過しえない問題点が含まれている。問題点はいくつかあるが[47]、ここでは、黙秘権との関係に限って虚偽供述禁止の規定化が持つ問題点を指摘し、将来の安易な立法化の検討に予め警鐘を鳴らしておくこととしたい。

誰しも思い当たるだろうが、人は多かれ少なかれ、他人に知られたくない秘密を抱えて人生を生きている。それゆえ、人が刑事手続において黙秘する事情もさまざまであって、真犯人だからという理由ではない様々な理由から黙秘をしたい人がいる。たとえば、殺人にはかかわっていないが、犯行と同時

---

[46] 法制審議会・新時代の刑事司法制度特別部会「新たな刑事司法制度の構築についての調査審議の結果【案】」http://www.moj.go.jp/content/000125178.pdf。
[47] 被告人の虚偽供述禁止規定が孕む問題点について、歴史的展開も踏まえて論じるものとして、光藤景皎「『被告人の虚偽供述に対する制裁』案（及び変遷）について」川崎英明＝三島聡編『刑事司法改革とは何か——法制審議会特別部会「要綱」の批判的検討』（現代人文社、2014年）233頁以下。なお、参照、渕野貴生「新時代の刑事司法制度特別部会の基本思想」犯罪と刑罰23号（2014年）98頁以下。

刻に浮気をしていたことがばれたくないとか、被害者を殺してはいないが、被害者から借金の返済を迫られている事実はあり、この事実が殺人の動機と評価されるおそれがあるから、そもそも被告人質問に立ちたくないなど、犯人でなくても黙秘したい事情は、現実にいくらでもありうる。

ところが、虚偽供述禁止規定が存在すると、被告人が、被告人質問に応じない（あるいは個々の質問に黙秘する）という対応をすると、裁判員や裁判官は、「黙秘するのは、供述すると虚偽供述禁止規定に違反するからだ」→「犯行を否認する供述が虚偽だからだ」→「被告人が犯人だ」という事実上の推認を強く働かせてしまう[48]。

そうすると、被告人としては、この推認を阻止するためには、いやおうなしに、被告人質問に応ぜざるを得ない、ということになり、結局、被告人は黙秘権行使について自由な選択を行うことが不可能になる。要するに、虚偽供述禁止規定の実態は、形を変えた不利益推認規定に他ならないばかりか、同時に、被告人に対して供述することを強要する巧妙な装置にもなるのである。

この点、不利益推認禁止規定を同時に設ければ、問題点は解消するのではないかという意見があり得よう。しかし、私は、それでは問題は解消しないと考える。なぜなら、裁判官・裁判員が不利益推認をしてしまうのは、事実レベルの現象であって、規範レベルの問題ではないので、いったんそのような事実上の不利益推認の心証を裁判員・裁判官が抱いてしまった以上、いくら規範レベルで不利益推認の禁止をルール化しても、すでに抱いてしまった感情あるいは認知を記憶から消し去ることは不可能だからである。

被告人に対する虚偽供述禁止規定は、被告人に供述を強要し、裁判員・裁判官の不利益推認的心証形成に対して直接的な効果を狙ったものとみるべきであり、それゆえ、黙秘権の観点からも許容できない規定といわなければならない。

---

48) 門野博「公判廷に顕出される証拠が真正なものであることを担保するための方策等（司法の機能を妨害する行為への対処）――『被告人の虚偽供述に対する制裁』（案）を考える」刑事法ジャーナル37号（2013年）46頁。門野は、被告人の虚偽供述に対する制裁導入案に対する検討として、事実上の不利益推認の問題点を指摘しているが、この指摘は、基本的に「虚偽供述禁止規定」にもあてはまるだろう。

証拠

[13]
伝聞概念と要証事実
犯行計画メモを検討素材として

豊崎七絵

1　本稿の課題

　刑事訴訟法320条1項は、英米法に由来する伝聞証拠排斥の法理すなわち伝聞法則を採用したものと一般的に解されている。この伝聞法則は、公判廷外の供述的性質をもつ証拠について、その供述内容の真実性を立証する場合に適用される。すなわち、この場合、人が一定の事実を知覚し、それを記憶し、これを表現し叙述したものを、その事実の存在の証明のために用いようとしているところ、この知覚・記憶・表現（発言）・叙述（言語使用）の各過程には誤りが生じやすいので、本来、反対尋問を中心とするチェックを公判廷で行う必要がある。しかし公判廷外の供述は、このようなチェックを行い得ないため、伝聞証拠として排斥されなければならない。

　これに対し、言葉の存在自体を立証する場合には、伝聞法則の適用はない。この場合、供述の内容の真偽は無関係である。したがって（自然的）関連性がある限り、証拠とすることができる。

　伝聞か非伝聞かは、当該証拠によって証明しようとする要証事実との関係で、供述内容の真実性が問題になるか否かで決まる。その際には、「要証事実をどのように捉えるべきか」、「当該証拠から要証事実、ひいては主要事実に至る推認過程をどのように捉えるべきか」が問題になる。本稿は、この要

証事実に関する問題について、犯行計画メモを素材として、理論的な考察を行う。また伝聞か非伝聞かは証拠能力の問題であって、それ自体は事実認定（証明力）の問題ではないということの意義についても、併せて検討する。

2　心理状態の供述をめぐる議論状況

(1)　犯行計画メモは、メモ作成者のメモ作成時の意図・計画が要証事実であるとされるとき、心理状態の供述に該当する。そこで心理状態の供述をめぐる議論状況について、前提的に確認しておきたい。

被告人の当該発言時における心理状態が要証事実であること、すなわち心理状態の供述であるとしても、これを伝聞ではなく非伝聞と位置付ける見解がむしろ多い[1]。すなわち心理状態の供述については、知覚・記憶の過程がないので、この過程での誤りは発生せず、他方で表現の真摯性や叙述の正確性については、関連性の問題として処理すればよいという。もっとも非伝聞説が唱えられる実際的理由は、心理状態の供述を伝聞とすると、とくに被告人以外の者が原供述者であるとき、324条2項により準用される321条1項3号が問題となり、その厳しい伝聞例外要件、とりわけ供述不能を満たさない限り、証拠能力が認められないことになってしまう、しかし心理状態の供述を証拠とする必要性は高い、というところにある。

しかし非伝聞説は、伝聞か非伝聞かを決する規準、つまりこの場合には、供述内容たる心理状態が要証事実であり、その真実性が問題なので伝聞だという規準を、心理状態の供述に限って適用しないということになり、そのような不適用の合理性について内在的に説明できない点で、理論的一貫性に欠ける[2]。その根底には、供述にかかる表現・叙述の誤りの危険性や反対尋問

---

1) たとえば、平野龍一「伝聞排斥の法理」同『訴因と証拠』（有斐閣、1981年）224-225頁〔初出は1964年〕、鈴木茂嗣「伝聞概念について」同『続・刑事訴訟の基本構造　下巻』（成文堂、1997年）546頁以下〔初出は1971年〕、田宮裕『刑事訴訟法〔新版〕』（有斐閣、1992年）372-373頁。また最近の見解として、松田岳士『刑事手続の基本問題』（成文堂、2010年）28頁以下。なお寺﨑嘉博「『精神状態の供述』について」『曽根威彦先生・田口守一先生古稀祝賀論文集［下巻］』（2014年、成文堂）725頁以下は、原供述者概念から非伝聞という結論を導こうとする。

の意義に対する軽視がある。

(2)　このような非伝聞説に対しては、伝聞説からの批判がある。ただし従来の伝聞説は、供述不能要件の緩和ないし除去を意図した伝聞例外説が有力であった。たとえば「再現不能」供述たる心理状態の供述については伝聞例外要件としての必要性（供述不能）を満たすとの見解[3]や、心理状態の供述などについては「供述不能の要件までは準用されず、信用性の情況的保障が肯定される場合には、証拠能力を肯定してもよい」との見解[4]が、それである。しかしこれらの伝聞例外説については、321条1項3号が供述不能要件を明示していることに照らし、解釈論として難点がある。

　これに対し、「心理状態の供述についても、やはり憲法37条2項の意義（機能・目的）との関係を明らかにしつつその許容性の条件を考える必要がある」とした上で、その条件として、ⓐ供述不能である場合に加え、ⓑ原供述者が公判廷において事後的な証人尋問を受ける場合を挙げる見解がある（なおいずれの場合にも、原供述時の特信情況の存在が要求されるという）。ただしⓑは立法論につながるものであり、現行法の解釈としては321条1項3号の供述不能要件を満たすほかないとされる[5]。

(3)　以上の考察に照らすと、心理状態の供述については伝聞とみるほかなく、かつ、現行法上、供述不能要件を実質的に緩めることは不当である。ゆえに以下の検討においては、伝聞説について、供述不能要件を維持するものであることを前提とする。また事後的な証人尋問要件を掲げる見解は立法論になるため、以下の検討では扱わない。ただ事後的尋問がとりわけ事実認定の正確性確保にとってどれほどの実効性があるか、必ずしも定かでないため、

---

2) 大谷直人「伝聞法則について」『刑事裁判の理論と実務　中山善房判事退官記念』（成文堂、1998年）266頁は、「『心の状態を述べる供述』においては知覚、記憶のプロセスが欠如しているから『供述』ではないと説明されるのであるが、やや唐突な議論という感を免れない」と指摘する。
3) 光藤景皎「伝聞概念について」同『刑事証拠法の新展開』（成文堂、2001年）258頁以下〔初出は1991年〕（以下、光藤2001という）、同『刑事訴訟法Ⅱ』（成文堂、2013年）209頁以下（以下、光藤2013という）。
4) 大谷・前掲注2）271頁。
5) 堀江慎司「『心理状態の供述』について」『鈴木茂嗣先生古稀祝賀論文集〔下巻〕』（成文堂、2007年）451頁以下。

憲法論ないし立法論であれば供述不能要件を緩めうるか、なお論証は尽くされていないようにみえる。

また筆者自身は心理状態の供述にかかる非伝聞説を支持しないが、非伝聞説を前提に犯行計画メモの証拠能力が議論されている状況が現にあることに鑑み、以下、取り上げることとする。

3　犯行計画メモをめぐる議論状況

(1)　犯行計画メモについては、メモ作成者のメモ作成時の意図・計画が要証事実であるとされるとき、心理状態の供述にかかる伝聞説と非伝聞説との対立が生じる。すなわち、①メモをメモ作成者の意図・計画の真実性を立証するために用いるのであり、また本来反対尋問に付すべき表現・叙述の過程が残る以上、伝聞であるという見解と、②メモは、なるほどメモ作成者の意図・計画の真実性を立証するために用いるが、しかし知覚・記憶の過程がないため、非伝聞であるという見解とが対立する。この②について、以下、メモの内容を要証事実とする非伝聞説という。

前者の伝聞説の場合、犯行計画メモが伝聞例外に該当すれば証拠能力は認められるが、現行法上、その要件は厳しい。すなわち第1に、メモ作成者が被告人本人である場合には322条1項、また被告人以外の者（共犯者）である場合には321条1項3号、それぞれ要件を満たす必要があるところ、とりわけ後者は、供述不能をはじめとする要件の厳しさがある。また第2に、メモ作成者が誰か明確でない限り、いかなる伝聞例外要件が適用されるべきか、確定できない。作成者の分からぬメモは、偽造などの危険性も高い。したがってメモ作成者が不明という場合、伝聞説において証拠能力を認める余地はない[6]。

この点、犯行計画メモの証拠能力が実際に問題となり[7]、また理論的にも検討されているのは、複数人の共謀による犯行とされる事件において、被告人以外の者が当該メモを作成している場合や、メモの作成者が明らかでない場合である。つまり伝聞説の下では、現行法上、証拠能力が少なくとも容易には認められないケースである。これに対し、メモの内容を要証事実とする

非伝聞説の下では、供述不能要件を満たす必要はないし、また表現の真摯性や叙述の正確性については関連性の問題として検討されるため、メモの作成者が誰であるか、必ずしも明確でなくてもよいことになろう[8]。なおメモが謀議後に作成された場合、（メモ作成時ではなく）過去の時点での意図・計画が要証事実となり、記憶の過程が生じるため、（現在の）心理状態の供述ではない。ゆえに、この場合には伝聞説に立たざるを得ないであろう。

さらに犯行計画メモについては、上述の①伝聞説や②メモの内容を要証事実とする非伝聞説のほかに、③知覚・記憶・表現・叙述の各過程の正確性や供述内容の真実性をまったく問わないで、本来の非伝聞（非供述証拠）として証拠能力を認める見解がある。この見解における要証事実とは、メモの内容は度外視されるので、メモの存在になるはずである。そこで、この非伝聞説については、以下、メモの存在を要証事実とする非伝聞説と称して、メモの内容を要証事実とする非伝聞説と区別する。犯行計画メモの証拠能力は、この非伝聞説の下でも、関連性の問題として検討されるため、やはり供述不能やメモ作成者の特定は要求されない。

(2)　ところで上述の①ならびに②に対しては、共謀にかかる犯行計画メモは、知覚・記憶・表現・叙述のすべての過程について誤りの危険がある典型的な伝聞証拠であって、もとより心理状態の供述ではないとの批判がある。すなわち、「共謀が特定の複数人の間で成立したということ、および犯行の手順、計画としてどのようなものが共謀されたかということに関する供述は、

---

6) 柏木千秋『刑事訴訟法』（有斐閣、1970年）227頁、高田卓爾『刑事訴訟法〔二訂版〕』（青林書院、1984年）224頁、小山雅亀「伝聞証拠・誤解しないための基礎知識」季刊刑事弁護9号（1997年）51頁、入屋秀夫「犯行計画メモ」同59頁、「座談会　伝聞証拠にどう対応するか」同73頁以下。これに対し、河上和雄「伝聞法則の例外・非伝聞・不適用―襲撃計画メモの証拠能力」研修409号（1982年）45頁は、伝聞説の下で、供述者（作成者）不明の場合でも、メモが襲撃計画の立案共謀者の作成であることさえ認定できれば問題はないという。しかし321条1項3号は、「供述者が死亡、精神若しくは身体の故障、所在不明又は国外にいるため……供述することができ〔ない〕」と規定しており、供述者が誰であるか、判明している場合を前提とするものと解釈するほかない。

7) 大阪高判昭57・3・16判時1046号146頁、東京高判昭58・1・27判時1097号146頁、東京高判平20・3・27東高刑時報59巻1-12号22頁参照。

8) 河上和雄「コメント1」三井誠ほか編『刑事手続　下』（筑摩書房、1988年）869頁、倉科直文「コメント2」同872頁参照。

実質的にはその供述者が認識した歴史的事実の供述である。またその認識は他人である共謀加担者についての認識を含むものである。たんなる個人的な精神状態や身体的状態の供述にとどまるものではない。この供述者認識の正確性は反対尋問によりテストされなければならない」[9]という。

　この見解は、犯行計画メモをめぐる従来の議論の土俵に対する重要な問題提起である。そうであるのに、この見解が浸透しないのは、他人による供述を含む共謀という外界の事実をメモ作成者が知覚・記憶したものがメモに記載されているとして、この外界の事実を要証事実とするならば、たしかにメモは知覚・記憶・表現・叙述すべての過程を経た典型的な伝聞証拠といわざるを得ない一方、あくまでメモ作成者のメモ作成時の意図・計画（心理状態）を要証事実とする場合には、そのような外界の事実をメモの記載内容から推認するわけではないから、知覚・記憶の過程は無関係であるという考え方による[10]。

(3)　もっとも要証事実は、まったく随意に設定可能であるわけではない。つまりメモによって証明しようとする事実について、「共謀という、メモ作成者にとって（知覚・記憶・表現・叙述の全ての過程が問題となる）外界の事実たる主要事実ではなく、（これを推認させる）下位の間接事実である」、「供述の内容ではなく、言葉の存在である」などと言いさえすれば、伝聞証拠でなくなるわけではない。つまり、メモによって証明しようとする要証事実の不当な限定（切り下げ）を抑止することによって、伝聞法則が潜脱されないようにしなければならない[11]。そこで本稿では、ひとまず従来の議論（上述の①②③）を念頭に、要証事実の捉え方という観点から、不正な伝聞使用が

---

9) 倉科・前掲注8) 873頁。同様の見解として、入屋・前掲注6) 58頁、「座談会　伝聞証拠にどう対応するか」・前掲注6) 74-75頁〔小山雅亀発言、入屋秀夫発言〕、伊藤睦「伝聞の意義②」葛野尋之ほか編『判例学習・刑事訴訟法』（法律文化社、2010年）220頁参照。
10) 大澤裕「伝聞証拠の意義」松尾浩也ほか編『刑事訴訟法の争点〔第3版〕』（有斐閣、2002年）185頁参照。
11) 戸田弘「心の状態を述べる供述・自然発生的な供述と『伝聞証言』」河村澄夫ほか編『刑事実務ノート　第1巻』（判例タイムズ社、1968年）38頁、神田忠治・川波利明「伝聞法則の適用範囲」判例タイムズ271号（1972年）46頁、小山雅亀「伝聞法則の再構築」村井敏邦ほか編『刑事司法改革と刑事訴訟法　下巻』（日本評論社、2007年）817、826頁。

見過ごされていないか、検討することとしたい。

4　犯行計画メモと要証事実の捉え方

(1)　犯行計画メモにかかる要証事実の問題とは、メモによって証明しようとする要証事実について、メモ作成者のメモ作成時の意図・計画（上述②）、あるいはメモの存在（上述③）とされる限りで、非伝聞としてメモに証拠能力が認められるはずであるところ、実際には共謀参加者全員による共謀の意思や謀議行為といった別物である点で、伝聞法則に反していないかということである。この違反をチェックするには、メモ作成者のメモ作成時の意図・計画という間接事実（上述②）、あるいはメモの存在という間接事実（上述③）が、主要事実への推認にあたり、いかなる役割を果たしているかを検討する必要がある。すなわち、当該間接事実の推認力が過大に評価されている、換言すると、当該間接事実から主要事実に至る推認過程に不合理さがあるならば、メモによって証明しようとされているのは当該間接事実に止まらないことになる。

　したがってこの問題は、事実認定論を規準に検討することになる。もっとも伝聞か非伝聞かは証拠能力の問題で、それ自体は事実認定（証明力）の問題ではないということも、併せ考慮しなければならない。

(2)　後述するように、実際には、犯行計画メモ以外にも証拠があって、それらの証拠も合わせた総合評価によって、主要事実が合理的に推認されうるかということが問題になる。もっともこの総合評価に関する問題を検討する前に確認しておきたいのは、メモが唯一の証拠であって総合評価の問題が生じない場合、①②③いずれの説においても、犯行計画メモに基づき証明される一定の間接事実から、さらに共謀者全員による共謀の意思ないし謀議行為を推認するというのは不合理であるということである。

　すなわち、まず①ならびに②の場合、もっぱらメモだけを証拠として、メモ作成者のメモ作成時の意図・計画に止まらず、共謀参加者全員による共謀の意思をも推認するのは明らかに不合理である。その上で①の伝聞説の場合、メモ作成者が特定されていて、かつ伝聞例外要件を満たしているということ

で証拠能力が認められていたとすれば、上述の不合理な推認は事実認定上の誤りに該当する[12]が、伝聞法則違反を導くわけではない。これに対して②の非伝聞説の場合、メモによって証明しようとする事実について、メモ作成者の意図・計画という限りであれば非伝聞証拠として許容されたところ、実は共謀参加者全員による共謀の意思であった点で、要証事実の不当な限定との批判を免れない。ゆえにも事実認定上の誤りもさることながら、そもそも伝聞法則に反する[13]。ここで強調しておきたいのは、伝聞か非伝聞かは証拠能力の問題である以上、事実認定上の誤りとは別個に、伝聞法則違反が確認されなければならないということである。

また③の非伝聞説の場合も、メモの存在という間接事実から謀議行為という主要事実を推認するのは不合理であり、要証事実の不当な限定といえる。ゆえに事実認定上の誤りがあるのはもちろん、伝聞法則に反する。

(3)　このような、伝聞法則違反をチェックするための方法は、犯行計画メモ以外に何らかの証拠がある場合、すなわち総合評価の問題が生じる場合であっても、基本的に変わらないというべきである。すなわちメモ以外の証拠、その証拠から証明されうる事実、そしてその事実の推認力の限度をも併せ確認しながら、メモ作成者の意図・計画あるいはメモの存在という間接事実から主要事実への推認に不合理さがあれば、とりわけ②③の場合には要証事実の不当な限定が認められ、伝聞法則違反に該当するというものである。

もっとも、このようにして主要事実への推認を視野に入れることによって、本来の要証事実を見極め、伝聞か非伝聞かを決するという方法に対しては、メモ作成者の犯罪意図の表明は非伝聞、共犯者の意図等の推認は「他の証拠と総合してどこまで認定できるかの証明力の限界」と割り切って考えるべきだという異論がありうる[14]。これは、要証事実の限定を正面から合理化しよ

---

12) ①②③いずれの場合も、控訴理由という観点からは、事実誤認以前の、理由不備・理由齟齬に該当しよう。
13) これに対して山室惠「伝聞証拠―裁判の立場から」三井誠ほか編『刑事手続　下』(筑摩書房、1988年) 854-855頁は、メモは「メモ作成者自身の意図、計画と一体をなす共謀加担者全員の一個の意図、計画を表わしたものとみるほうが実態に即している」として、「共謀加担者全員の意図、計画を要証事実とする場合であっても」非伝聞になるという。しかしこの見解は支持を集めるに至っていない。

うとする見解である。

　たしかに要証事実によって伝聞か非伝聞かは相対的に決まる。けれども、要証事実をまったく随意に設定できるということになれば、伝聞法則は骨抜きにされてしまう。そうであるからこそ、むしろ多くの見解は、犯行計画メモを非伝聞として使用できるという場合でも、何らかの条件があると主張してきたのではなかろうか[15]。

（4）　もっとも、そこにいう条件の意義（位置付け）とは何か。近時の有力説によれば、「非伝聞使用の条件論」の「大部分」は「経験則に基づく自由心証による事実認定の問題」であるところ、ただし「作成者の意図から何らかの有意味な事実へ向けての『最低限の証明力（推認力）』もないという場合には、『（自然的ないし論理的）関連性』を欠くものとしてメモは証拠能力を否定されるべきであ〔る〕」という[16]。

　しかし、「最低限の証明力（推認力）」のない場合に関連性を欠くのみというのでは、証拠能力否定の範囲において狭きに失しないか。「条件論」が「経験則に基づく自由心証による事実認定の問題」というならば、「経験則」に反するという事実認定上の誤りがある場合――つまり、メモ作成者の意図・計画あるいはメモの存在という間接事実から主要事実への不合理な推認が認められる場合――にも、当該メモの要証事実が不当に限定されていた点で、伝聞法則違反が確認されなければならないはずである。もちろん、関連

---

14) 井上弘通「伝聞の意義」井上正仁ほか編『刑事訴訟法判例百選〔第9版〕』（有斐閣、2011年）175頁。

15) 金築誠志「伝聞の意義」平野龍一ほか編『刑事訴訟法判例百選〔第5版〕』（有斐閣、1986年）180頁、三好幹夫「伝聞法則の適用」大阪刑事実務研究会『刑事証拠法の諸問題（上）』（判例タイムズ社、2001年）70頁以下〔初出は1993年〕、村瀬均「伝聞の意義」松尾浩也ほか編『刑事訴訟法判例百選〔第7版〕』（有斐閣、1998年）181頁、戸倉三郎「供述又は書面の非供述証拠的使用と伝聞法則」自由と正義51巻1号（2000年）96-97頁、小西秀宣「伝聞証拠についての覚書」『河上和雄先生古稀祝賀論文集』（青林書院、2003年）339頁、大澤・前掲注10）185頁、川出敏裕「伝聞の意義」井上正仁編『刑事訴訟法判例百選〔第8版〕』（有斐閣、2005年）181頁、酒巻匡「伝聞証拠をめぐる諸問題（3）」法学教室306号（2006年）65-67頁、堀江慎司「伝聞証拠の意義―犯行計画メモの証拠能力」刑事法ジャーナル31号（2012年）37頁以下（以下、堀江2012という）、同「伝聞証拠の意義」井上正仁ほか編『刑事訴訟法の争点』（有斐閣、2013年）169頁、光藤2013・前掲注3）213頁参照。

16) 堀江2012・前掲注15）43-44頁。

性が欠ける場合においても、同時に伝聞法則違反に該当するはずである。

(5) そもそも、要証事実の限定が正面から合理化されたり、「非伝聞使用の条件論」の「大部分」が「事実認定の問題」であると位置付けられたりする背景には、間接事実の推認力、ひいては複数の間接事実の推認力が問題となる総合評価について、これを分析して客観化した上で、メモ作成者の意図・計画あるいはメモの存在という間接事実から主要事実への推認が不合理か否かを判別するのは容易でない（そこは自由心証に委ねられた領域である）との見方が潜在しているようにみえる。

すなわち、前述した通り、証拠が犯行計画メモだけである場合、そのような証拠的基礎だけで主要事実が推認されてしまうというのは、さすがに不合理である。ところが、メモ以外にも何らかの証拠があり、その証拠によって間接事実も複数証明されるような場合には、メモが唯一の証拠である場合と異なって、主要事実が総合評価によって合理的に推認されることがあるか、という新たな問題が生じる。

この問題を考察するにあたって、「主要事実を認定するための総合評価に参加する各間接事実の、単体としての推認力の程度は問われない。つまり（なるほど自然的関連性があることは前提とされるであろうが）如何に推認力の弱い間接事実であっても総合評価への参加は制限されない。また、その総合評価の合理性如何について、分析して客観化することはできない」という、いわばブラックボックスとしての総合評価に委ねられた事実認定の手法[17]を徹底して肯定するならば、「非伝聞使用の条件論」など一切不要だということになろう。なぜなら、「メモから証明されるのは、メモ作成者の意図・計画あるいはメモの存在という事実だ」とさえ言えれば、その後の推認は総合評価に委ねられてよいことになるからである。

これに対し、「非伝聞使用の条件論」の背景には、「総合評価に完全に委ねるというのでは、伝聞法則の潜脱を全面的に見逃すことになる」との問題意識があるようにみえる。もっともその「条件論」の内容・寛厳は論者によって異なるというだけでなく、相対的に厳しい「条件」であっても、なお総合

---

17) 豊崎七絵『刑事訴訟における事実観』（日本評論社、2006年）293頁以下参照。

評価を十分規制するものではないため、その分、伝聞法則の潜脱を許すものになっているのではないか。

そこで以下では、共謀が主要事実とされている場合を前提として、「条件論」の中でも比較的厳しいものについて、情況証拠による事実認定のあり方に照らしながら、批判的に検討する。

5　「条件論」の批判的検討

(1)　メモの内容を要証事実とする非伝聞説（上述②）の下での「条件論」のうち、最も厳しいのは、「メモの作成者は実質的に謀議参加者全員であるといってよく、それら全員のその当時の（一致する）意思が述べられたものとして、メモを非伝聞として用いる」というものであろう。具体的には、謀議参加者の一人が作成したメモの内容を謀議参加者全員で確認しあった場合である[18]。たとえばメモが連判状であるとき、全員によるメモ内容の確認が推認されることがありうるという。ただし、そもそもメモの確認は、全員のその当時の意思を推認させる間接事実に止まることに注意しなければならない[19]。

もっとも、この条件に限って証拠能力を認めるという「条件論」は、管見の限り、見当たらない。連判状のような、特殊な「犯行計画メモ」が作られること自体、実際にも稀であるからであろうか。つまり多くの見解は、メモの作成者は実質的にみても謀議参加者全員とはいえない場合であっても、メモに証拠能力を認める「条件論」を唱える。たとえば、メモから作成者の意図・計画を推認する一方、別の証拠からも一定の事実を推認し、後者の事実を「介在」ないし「媒介」させることによって、メモに記載された内容の共謀の意思を、共謀参加者全員が形成したという推認が可能であるという[20]。

---

18) 堀江2012・前掲注15) 39頁。
19) 田宮・前掲注１) 373頁参照。
20) 三好・前掲注15) 71頁、大澤・前掲注10) 185頁、井上・前掲注14) 175頁、堀江2012・前掲注15) 38頁、光藤2013・前掲注３) 213頁。東京高判昭58・１・27判時1097号146頁は、「その犯行計画を記載したメモについては、それが最終的に共犯者全員の共謀の意思の合致するところとして確認されたものであることが前提とならなければならない」と判示した。

この、別の証拠から推認される一定の事実とは、「共謀参加者全員が内容ま
では判明しなくとも共通の犯罪意思を形成した」という事実（傍点は引用者
付加）[21]、「謀議参加者の間で何らかの一つの共通意思が形成されたという事
実」（傍点はママ）[22]などと説明されている。

　しかし共通意思が実際に形成されたというなら、その内容も当然定まって
いたはずである。内容が措定できないのであれば、そもそも共通意思など形
成されていなかった疑いがある。「内容不明だが、共通意思は形成された」
という事実もどきは、事実としての資格を与えられてはならないし、まして
主要事実への推認の基礎とされる間接事実としての資格はない[23]。

　このことは、証明論的にパラフレーズすれば、間接事実について合理的疑
いを容れない程の証明が要求されるという採証法則から導き出される。かか
る採証法則は、学説のみならず裁判実務家によっても異口同音に唱えられ[24]、
仁保事件に係る最二小判昭45・7・31刑集24巻8号597頁から大阪母子殺人
放火事件に係る最三小判平22・4・27刑集64巻3号233頁に至る最高裁判例
において確認ないし前提とされてきた[25]。ここで重要なのは、かような証明
が要求される理由であるところ、これについては、「不確実な事実から確定
的な命題を導くことはできない」[26]、あるいは「あやふやな間接事実を積み
重ねることによって確実な事実に到達することはできない」[27]と指摘されて
きた。この理由を前提とするとき、「内容不明だが、共通意思は形成された」
というような、その内容自体が曖昧で一義的でないものについて、仮に「合
理的疑いを容れない程の証明がなされた」といってみても、その掛け合わせ

---

21) 井上・前掲注14) 175頁。
22) 堀江2012・前掲注15) 38頁。
23) 豊崎・前掲注17) 326-327頁参照。
24) 豊崎・前掲注17) 338-340頁（注46の引用文献）参照。近時の見解として、木谷明「有罪認定
　　に必要とされる立証の程度としての『合理的な疑いを差し挟む余地がない』の意義」ジュリス
　　ト1354号（2008年）213頁参照。
25) 木谷・前掲注24) 213頁、豊崎七絵「最高裁判例に観る情況証拠論」法政研究78巻3号（2011
　　年）709頁以下。
26) 不破武夫『刑事法上の諸問題』（弘文堂、1950年）24頁、平田元「救済の観点からみた証明論」
　　刑法雑誌39巻2号（2000年）330頁。
27) 木谷・前掲注24) 213頁。

は不確かなものにすぎず、推認の基礎になり得ないことは明らかであろう[28]。つまり、なぜ間接事実について合理的疑いを容れない程の証明が要求されるのか、その原理に遡って考えてみれば、内容が曖昧で一義的でないものも推認の基礎として許されないということが分かる。

　もっとも、仮に、メモ作成者の意図・計画という間接事実と「内容不明だが、共通意思は形成された」という間接事実とを総合したとしても、そして謀議の場で謀議参加者の一人がメモを作成していたことを要件としても、「共通意思」とは異なる内容がメモに記載されていた疑いは残り、「共謀参加者全員による、メモに記載された内容通りの共謀の意思」という事実を推認することはできないのではないか。かような疑問に対しては、「情況証拠による通常の推認の過程にほかならないから、これを許さないとする理由はない」[29]、メモ作成者の意思内容と他の謀議参加者の意思内容との「ずれの可能性は、専ら単なる証明力（の強弱）の問題として扱えば足りる」（傍点はママ）[30]との指摘がある。しかし、そのようなずれがなぜ生じるかといえば、メモ作成者の意思内容との関係で表現・叙述の過程が生じるだけでなく、メモ作成者にとっては外界の事実である、他の謀議参加者の意思内容との関係で知覚・記憶・表現・叙述の過程が生じざるを得ず、後者の一連の過程に誤りが入り込むからではないか。つまり、メモは心理状態の供述ではなく、典型的な伝聞証拠であると本来捉えられなければならないことが、むしろ直視されるべきであろう。

(2)　メモの存在を要証事実とする非伝聞説（上述③）の下での「条件論」のうち、最も厳しいのは、謀議参加者全員がメモを確認した場合、この確認は、謀議参加者間の謀議行為そのものと位置付けられ、メモは謀議行為の道具・手段としての性格を持つので、かかる謀議行為そのものを要証事実としてメモを用いうるというものである[31]。たとえばメモが連判状であるとき、全員によるメモの確認が推認されることがありうるという。なるほど共謀の

---

28)　豊崎・前掲注25) 709頁以下参照。
29)　三好・前掲注15) 72頁。
30)　堀江2012・前掲注15) 39頁。
31)　金築・前掲注15) 180頁、堀江2012・前掲注15) 41頁。

構成事実は謀議行為であるとの理解に立つならば、メモの確認＝謀議行為＝主要事実＝要証事実であるから、非伝聞説に難点は生じない。

　ところが実際に問題となるのは、連判状のような、特殊な「犯行計画メモ」でないことは既述の通りである。そこで、次善の「条件論」として、メモの「記載内容が、別の証拠によって証明された客観的な犯罪事実と一致しており、かつメモが犯罪発生前に作成されたものと判明している場合」には、「メモの記載内容と客観的な犯罪事実との一致が、偶然の一致は考えがたいような種類・程度・範囲の事項につき認められる」ことを前提に、「当該犯罪は当該メモに記載された犯行計画に則って遂行されたということが推認できる」との見解がある[32]。

　しかしこれは、メモの記載内容を要証事実として、その真実性を問題にしているというべきである[33]。なぜなら、「メモの記載内容と客観的な犯罪事実との一致」ないし「客観的な犯罪事実と一致する記載内容を持つメモの存在」と言ってみても、かかる「一致」という間接事実の認定に入る前に、そもそも「メモの記載内容として××が正しい」という間接事実が認定されなければならないからである。この、メモの記載内容として正しいものは何か（メモ作成者は何を意図していたか）という検討を抜きにして、「一致」を認定することは、推認の過程において論理の飛躍がある。たとえば、メモに「2015.3.25」と記載されていた場合、これは（車両番号ではなく）年月日であるとか、（卒業祝いの日ではなく）犯行予定日であるとか、このような判断を介在せずして「一致」を認定することはできない。たとえメモの記載が断片的でなく詳細であったとしても、（虚言とか、まったく別の事柄を意味する暗号とかではなく）記載通りの内容であるとの判断を要する。このようにしてみれば、「一致」するか否かという判断の局面だけをみて非供述証拠（情況証拠）的使用であり、非伝聞使用であると断ずるべきでないといえよう[34]。

　またメモの記載内容について「それは犯行予定日である」といった判断は、実のところ、客観的な犯罪事実（実際の犯行日が2015年3月25日であった）を

---

32) 堀江2012・前掲注15) 41頁。大澤・前掲注10) 185頁、三好・前掲注15) 73頁参照。
33) 小山・前掲注11) 826頁。
34) 光藤2001・前掲注3) 258頁参照。

根拠になされているという側面があることも併せ考えれば、メモの記載内容の真実性が問題にされていることが一層浮き彫りとなろう。

なおメモの記載内容が客観的な犯罪事実よりも詳細である場合、メモの記載内容によって犯罪事実を証明するならば、それは明らかにメモの伝聞使用である[35]。

6 分析的・客観的な事実認定論の意義と証拠能力問題としての伝聞性判断

(1) 犯行計画メモは、メモ作成者のメモ作成時の意図・計画が要証事実であるとされる時点で、本来、伝聞というべきである。他方、メモの存在が要証事実であるというならば、メモの記載内容とは無関係の、メモの存在・形状・状況をもっぱら問題としなければならない。なぜならメモの記載内容に関われば、その内容の真実性を問わざるを得ず、非供述証拠としての使用という前提が成り立たないからである。また共謀にかかるメモの場合、メモ作成者にとっては他人である共謀参加者（外界の事実）に対する認識がメモに含まれている点で、メモは典型的な伝聞証拠となりうるから、かかる認識とは無関係のところで要証事実を設定しているといっても、そのような限定が果たして成功しているか、厳しくチェックしなければならない。

以上が筆者自身の基本的な立場であるが、本稿は、犯行計画メモをめぐる議論状況に鑑み、要証事実の限定を正面から合理化する見解について、また「非伝聞使用の条件論」について、それぞれ批判的に検討してきた。とりわけ「条件論」については、比較的厳しい条件として示されているものであっても、なお不正な伝聞的使用が見逃されていないかという問題意識に基づき、事実認定論のなかでも分析的・客観的な事実認定論を規準に、考察を施した。

(2) もとよりメモ以外にどのような証拠があるかは事案毎に異なるため、その違いとは無関係に、メモによって証明しようとする要証事実は何か、あらかじめ確定することはできない。この意味において「条件論」を網羅的に示すことは難しいようにみえる。しかし、当該事案におけるメモの要証事実、

---

35) 三好・前掲注15) 73頁参照。

言い換えると、主要事実の推認に至るまでの、当該事案の証拠構造におけるメモの位置付け（証拠価値、推認力）は、自由心証の名の下に曖昧にされてはならず、むしろ明確化されなければならない。具体的には、次の通りである。

第1に、裁判所は犯罪事実について挙証責任を負う検察官が示した立証構造を被告人に不利益に組み替えないという意味で[36]、また検察官が証拠調べを請求している証拠の証拠能力を基礎付ける事実についての挙証責任は検察官が負うという意味で、検察官が示した立証構造に枠付けられた当該事案の証拠構造が明らかにされるなかで、メモの要証事実（メモの位置付け）も客観的に確定されることが求められる。

すなわち、検察官が示した立証構造のなかで、メモから推認される間接事実の、主要事実への推認過程における位置付けが不当ないし不明である場合、裁判所はこれを補正した証拠構造を独自に組み立て、メモの非伝聞性を合理化するのではなく、メモは伝聞証拠であると判断すべきである。メモ以外の証拠がある場合の、メモが伝聞法則に反するか否かの判断は、冒頭陳述で検察官が提示する立証構造を確認することで可能になる場合があろう。あるいは、当該メモの採用をいったん留保して審理を進め、他の証拠の取調べの結果、伝聞法則違反が判明した時点で証拠排除することも可能であろう[37]。

第2に、メモから推認される間接事実の、主要事実への推認過程における位置付けが不当か否かを判断するにあたっては、分析的・客観的な事実認定論を規準とすべきである。

この点、まずは、事案や証拠の違いにかかわらず、必ず遵守されなければならない採証法則の観点から、メモの位置付けがチェックされるべきである。具体的には、少なくとも以下の2点を指摘しておきたい。ひとつは、「間接事実は合理的疑いを容れない程に証明されなければならない」という採証法則に従い、あやふやな間接事実については推認の基礎にはできない、ゆえに

---

[36] 川崎英明『刑事再審と証拠構造論の展開』（日本評論社、2003年）215頁以下〔初出は1999年〕参照。

[37] 三好・前掲注15）67頁、平城文啓「伝聞供述について」判例タイムズ1322号（2010年）58頁（注13）、63-64頁、堀江2012・前掲注15）44頁参照。

総合評価には参加できないということである。その具体的な適用例については、上述5（1）で述べた。

　もうひとつは、間接事実といっても、主要事実を直接推認させる第1次間接事実、第1次間接事実を直接推認させる（言い換えると、第1次間接事実を媒介として、主要事実を間接的に推認させる）第2次間接事実というように、それぞれレベルがある。このことにともない、総合評価といっても、主要事実を証明するための総合評価、第1次間接事実を証明するための総合評価というように、それぞれレベルがある。したがって、主要事実を証明するための総合評価に参加できるのは第1次間接事実だけであり、また第1次間接事実を証明するための総合評価に参加できるのは第2次間接事実だけである。このようにして、間接事実や総合評価のレベルを明確化することによって、たとえば第1次間接事実よりも下位の間接事実が主要事実を証明するための総合評価に紛れ込むとか、下位の間接事実の立証が抜けてしまうとか、推認過程における飛躍を見逃さないようにしなければならない[38]。その具体的な適用例については、上述5（2）で述べた。

　なるほど、このような採証法則による規制によっても、証拠価値や推認力の一般化・類型化には限界がある。そこで不合理な推認の諸特徴について、類似の事例を検討し、一般化・類型化できる要素を抽出し、可能な限り適用すること、すなわち注意則の定立と活用も重要な課題となろう。

（3）　もっとも、検察官が証拠調べを請求している証拠の証拠能力を基礎付ける事実についての挙証責任は、もとより検察官にある。ゆえに、メモの要証事実について、（メモの非伝聞使用を合理化しうる）事実Aとも、（メモの伝聞使用となりうる）事実Bとも、いずれとも決しがたい場合があるというならば、裁判所はメモの伝聞使用を認定し、メモを証拠から排除しなければならない。この意味においても、自由心証や証明力の幅という言説によって、伝聞使用の潜脱が合理化される余地はないといわねばならない。

---

[38] 豊崎七絵「間接事実の認定と総合評価」法政研究76巻4号（2010年）667頁以下、同「間接事実の証明・レベルと推認の規制」『村井敏邦先生古稀記念論文集　人権の刑事法学』（日本評論社、2011年）697頁以下、同・前掲注25）709頁以下。

| 裁判と上訴
[14]
合理的疑いの役割

高平奇恵

1　はじめに

　最高裁は、いわゆるチョコレート缶事件において「刑訴法382条の事実誤認とは、第一審判決の事実認定が論理則、経験則等に照らして不合理であることをいうものと解するのが相当であ」るという判断を示した[1]。1審無罪が控訴審で破棄有罪とされた事案である。最高裁が、本事件で示した基準は、裁判員裁判導入時点でいわれた「事後審の徹底化」のひとつの現れとも考えられ、今後の控訴審のあり方に大きな影響を与える基準となりえる。しかし、具体的にいかなる場合に「論理則、経験則等に照らして不合理」であるといえるのかは、必ずしも明確ではない。この基準をどのように理解すべきかは、控訴審の役割論と深く関わることとなる。とくに、合理的疑いの概念と、この最高裁の示した基準との関係をどのように理解すべきかは、重要な問題である。
　裁判員裁判導入にあたって、控訴審の規定について、法改正がなされることはなかった[2]。しかし、控訴審における審査については、裁判員の加わっ

---

1) 最一小判平24・2・13刑集66巻4号482頁。
2) 辻裕教「「裁判員の参加する刑事裁判に関する法律」の解説（1）」法曹時報59巻11号（2007年）36頁以下。

てなされた第1審の裁判を尊重するという意味から、事後審であるという控訴審本来の趣旨を運用上より徹底させることが望ましいという考え方が[3]、司法研究報告書によって支持され、「事実問題についていえば、証拠に基づく原判決の認定に誤りはないか、すなわち、個々の証拠の評価ないしそこからの推論によって原判決の認定を導くことに論理則違反や経験則違反はないかを審査するもの」とされた[4]。その後の裁判官の論稿などでも、同様の見解が繰り返し表明された[5]。

実際に、控訴審における破棄率を、裁判員裁判対象事件のうち15罪名について比較すると、第1審が裁判官裁判（控訴審の終局が平成18年～平成20年）の場合、事実誤認（刑訴382条）が2.6％、量刑不当（刑訴381条）が5.3％、判決後の情状（393条2項）が8.4％であったのに対し、第1審が裁判員裁判の場合（控訴審の終局が制度施行～平成24年5月末）、事実誤認は0.5％、量刑不当は0.6％、判決後の情状は5.0％といずれも顕著な減少を示している[6]。

本稿では、最高裁の示した、事実誤認の判断基準との関係で、合理的疑いという概念が果たす役割について、検討していきたい。

2　日本における「事後審論」の展開

日本の控訴制度は、現行刑事訴訟法において、事後審的構造となった。明治・大正刑事訴訟法下の覆審制から事後審が採用された理由として、口頭弁論主義・公判中心主義の強化された現行法の下では、覆審構造を維持することは困難となったと説明される[7]。しかし、この制度の変化は、裁判所の負担軽減の観点からなされた政策的なものであるとの指摘もある[8]。

3）井上正仁「考えられる裁判員制度の概要について」ジュリスト1257号（2003年）137頁参照。
4）司法研修所編『裁判員裁判における第1審の判決書及び控訴審の在り方』司法研究報告書第61輯第2号（2009年）93-94頁。
5）東京高等裁判所刑事部部総括裁判官研究会「控訴審における裁判員裁判の審査の在り方」判例タイムズ1296号（2009年）8頁等。
6）最高裁判所事務総局「裁判員裁判実施状況の検証報告書」（2012年）図表79。なお、覚せい剤輸入事件は除外されている。
7）白取祐司「最近の控訴審の変化と今後の展望」季刊刑事弁護74号（2013年）19頁参照。

結局、控訴審の構造論によっては、明確な控訴審のあり方が示されることはなかったとも評価される。構造論が決定的な役割を果たしえなかった要因として、控訴審の型概念が単純にすぎる点、型概念が単純であるために概念自体が一義的でなく、共通の理解に至っていない点、控訴審の型概念は１審との相対的な関係に着目しているために、それ自体で控訴審手続の実質的内容を語ってはいない点などが指摘されている[9]。

　司法研究報告書では、事後審を徹底すべき根拠として①判断主体に裁判員が加わった点、②直接主義・口頭主義の徹底化により判断資料が変化した点、③当事者追行主義の徹底という点が挙げられた[10]。これに対して、①については、罪を犯していない者が処罰されない権利を民主主義によって否定することはできないので、強い理由とはならない、②については、合理的疑いがあるとの判断が、証人の供述態度などの情報によって左右されないものとして説明しうるのであれば、それによって原判決を破棄することは直接主義に反するとはいえず、限界がある。③については、控訴審は、もともと申立人が主張する控訴理由の有無を判断するという、当事者追行主義の構造を持っており、当事者追行主義の強化が事実誤認を理由とする破棄の可能性を減らすと単純にはいえないなどと批判されている[11]。

　裁判員裁判の導入を契機に、事後審を徹底するといっても、結局は、１審との相対的な関係に着目した主張にすぎない。控訴審手続の実質的内容がそれによって決するとは考え難く、法改正がなされていないことも併せ考えれば、仮に何らかの方向性が示されたとしても、限界があるものと思われる。

3　「合理的疑い」の役割

　事実誤認の審査対象、および、その判断基準については、従来、経験法

8）後藤昭『刑事控訴立法史の研究』（成文堂、1987年）291-292頁。
9）後藤・前掲注8）1-2頁。
10）井上・前掲注3）96-97頁。
11）後藤昭「裁判員裁判と判決書、控訴審のあり方——司法研究報告書を素材として」刑事法ジャーナル19号（2009年）28-29頁。

則・論理法則違反説と、心証比較説の対立がある[12]。もっとも、経験法則・論理法則違反説といっても、控訴審裁判官が仮の心証を形成し、経験法則・論理法則の違反を確認することまで禁じてはいないと解しうる[13]。そのため、両説の相違が現れる場面は、経験法則・論理法則違反とはいえない程度の証拠の取捨選択の判断および証拠の総合的判断の違いがある場合ということになる。そのような場合に、第1審の自由心証の優先を認めるのか、控訴審のそれを認めるのかが問題となるとされてきた[14]。

平成24・2・13判決は、「控訴審が第1審判決に事実誤認があるというためには、第1審判決の事実認定が論理則、経験則等に照らして不合理であることを具体的に示すことが必要である」とした。最高裁が、従来いわれてきた、経験法則・論理法則違反説を採用したと評価するならば、1審有罪判決についても、経験法則・論理法則の違反が指摘できなければ、破棄されることはないということになる。そのような帰結は果たして妥当だろうか。

(1) 学説の状況

本判決の示す基準について、従来の経験法則・論理法則違反説と、心証比較説との区別を前提として、最高裁がいずれの見解を採用したか、という視点で分析する立場と、最高裁が示した基準は、従来の経験法則・論理法則違反説とは異なることを前提として、その内容をどう理解すべきかを論ずる立場とがある。

まず、最高裁の示した基準は、経験法則・論理法則違反説（経験法則・論理法則の内容は、立場によって異なりうるとしても）であるとする見解から検討する。仮に、1審判決の結論にかかわらず、上記基準が妥当すると考えるならば、理解論理則・経験則に反する場合、すなわち法令違反といえる場合にしか原判決を破棄できないこととなる。かかる帰結は、日本の控訴審が法

---

[12] 河上和雄ほか編『大コンメンタール刑事訴訟法〔第2版〕第9巻』（青林書院、2011年）〔原田國男〕260-265頁参照。
[13] 原田國男「事実誤認の意義――最高裁平成24年2月13日判決を契機として」刑事法ジャーナル33号（2012年）39頁。
[14] 河上ほか・前掲注12）265頁。

令違反と区別して事実誤認を控訴理由とした（刑訴法382条）意味が失われる[15]という批判は免れまい。また、無辜の救済が控訴審でなしえなくなる危険は看過できない。そのため、最高裁の示した基準は、経験法則・論理法則違反説にたつものとする立場からも、その基準の適用に一定の修正をする見解が示されている。

　事実認定について控訴制度が設けられた趣旨を、被告人を有罪にするには、第１審でも控訴審でも有罪の心証に達していることが求められているものと理解すれば、第１審無罪判決については、論理則・経験則違反説、第１審有罪判決については、心証形成説によることを意味する[16]とする見解がある。事後審とはいえ、控訴審が審査の過程で無罪の心証を形成した場合には（仮に、論理則違反・経験則違反が指摘できないとしても）その心証に従った判断をすべきである[17]というのも、同様の見解であると思われる。

　控訴審における事実誤認の審査は、経験則・論理則違反説の立場から、第１審の事実認定の過程に経験則・論理法則に反するような不合理な点がある場合に限り事実誤認を認めるべきことを原則とするが、例外として、有罪→無罪の場合に限っては、第１審の事実認定の過程に経験則・論理法則違反が認められなくても、控訴審の心証を優先させ、控訴審の心証に従って事実誤認を認めることができる[18]という立場も、上記見解と同様の帰結となろう。

　最高裁が従来の意味での、あるいは若干の修正をした経験法則・論理法則違反説を採用したとする立場をとったとしても、「事後審」より高度の規範、たとえば「疑わしきは被告人の利益に」の原則などにより、いわゆる片面的構成が是認されるとして、無辜の救済の実効性を確保する試みがされているものと評価できよう。端的に、本判決の射程が、逆転無罪の場合に及ばないとする見解もある[19]。

---

15) 後藤・前掲注11) 29-30頁。
16) 原田・前掲注13) 41頁。
17) 門野博「刑訴法382条の事実誤認の意義」法学教室390号別冊付録（2013年）42頁。
18) 井戸俊一「刑事控訴審における事実誤認の審査方法について」判例タイムズ1359号（2012年）70頁。
19) 木谷明「強すぎる検察（検察官司法）と裁判員制度」法政法科大学院紀要8巻1号（2012年）57頁。

これに対して、本判決が、厳密な意味での経験法則・論理法則違反説を採用したものと評価しない見解もある。

たとえば、本判決が「論理則、経験則等に照らして不合理」としている点に着目し、明白な経験則違反以外の不合理性も、原判決破棄の理由となることが示唆されているとする見解がある[20]。また、審査基準として必要とされているのは論理則・経験則等違反の有無ではなく、原審の事実認定の不合理さの有無であるとする見解もある[21]。

ほかに、無罪破棄と有罪破棄の場合に要求される「事実認定の不合理性のレベル」は等しくないとする見解もある[22]。この見解は、近時の最高裁判決が、無罪判決を破棄する場合には、「経験則違反」や「著しい不合理性」といった、論理則・経験則違反に近い明確な不合理性の根拠を要求しているが、有罪判決を破棄する場合には、自らの心証に基づき合理的疑いを容れる余地が残ると判断できれば職権破棄していることを指摘する。

本判決と同じ基準、すなわち「論理則、経験則等に照らして不合理」という基準が、刑訴法411条3号の重大な事実誤認の有無を判断する基準となるとする一連の最高裁判決が、具体的に、いかなる場合に、下級審の事実認定を「不合理」としているのかを検討すれば、本判決をどのように理解すべきかの手がかりを得られると思われる。

(2) 最高裁は「論理則、経験則等に照らして不合理」であるとの基準と「合理的疑い」についてどのように言及しているか

最高裁は411条3号の判決に影響を及ぼすべき重大な事実誤認が認められる場合の基準に、最一小判平24・2・13で示されたものと同じ表現を用いている。

最三小決平21・4・14刑集63巻4号331頁（事例①）は、強制わいせつ被

---

20) 後藤昭「刑訴法382条にいう事実誤認の意義とその判示方法」ジュリスト1453号（2013年）188頁。
21) 徳永光「控訴審における事実誤認の審査方法」法律時報85巻1号（2013年）126頁、土本武司「刑訴法三八二条にいう「事実誤認」の意義等」判例時報2181号（2013年）202頁。
22) 田淵浩二「控訴審における事実誤認の審査——最一小判平24・2・13の意義」法律時報84巻9号（2012年）49頁。

告事件であり、被害者供述の信用性が争点とされた。1審は被告人を有罪とし、控訴審もこれを是認した。最高裁は、事実誤認の審査を「原判決の認定が論理則、経験則等に照らして不合理と言えるかどうかの観点から行うべき」とした。その上で、被害者の供述について、1審でも控訴審でも判決で言及されていない具体的事実を適示し、「（被害者が）受けたという痴漢被害に関する供述の信用性にはなお疑いを容れる余地がある」とし、結論として、「被告人が公訴事実記載の犯行を行ったと断定するについては、なお合理的な疑いが残る」としている。

最二小判平23・7・25集刑304号139頁（事例②）は、被告人が被害者を暴行、脅迫した上、強姦したとされる事案である。1審および控訴審は、被害者の証言の信用性を肯定し、被告人を有罪とした。上記平成21年4月14日判決と同様事実誤認の審査を「原判決の認定が論理則、経験則に照らして不合理といえるかどうかの観点から行うべき」としつつ、最高裁は、被害者の供述の信用性に疑問を生じさせる具体的事実を列挙した上で、「上記のような諸事情があるにもかかわらず、これについて適切に考察することなく、全面的に（被害者）の供述を信用できるとした第一審判決および原判決の判断は、経験則に照らして不合理であり、是認することができない。したがって、被告人が本件公訴事実記載の犯行を行ったと断定するについては、なお合理的な疑いが残るというべきであり、本件公訴事実について有罪とするには、犯罪の証明が十分でないものといわざるを得ない。」とした。

最一小決平24・2・22裁時1550号29頁、判タ1374号107頁（事例③）は、被告人が借金の返済等に窮したことから、実母の死亡保険金等を入手するために、同人を殺害した上、同人方に放火するなどし、保険金を詐取するなどしたとする事案である。控訴審は被告人を無罪とした。最高裁は、「論理則・経験則等に照らして不合理な点があるか」について検討するとし、被告人の自白の信用性、具体的には、生命保険契約に関する認識や犯行動機の形成過程について、被告人の周辺から灯油成分が検出されたことを示す証拠がないことに関する不自然性・不合理性について、原判決とは異なる説明が可能であるとしても、「原判断が論理則・経験則等に違反するとはいえないというべき」とした。

そして、「被告人の自白については、その信用性を肯定する方向に作用する複数の事情が認められ、その信用性は高いとみる余地も十分あるものの、原判決が被告人の自白について不自然、不合理であると指摘する点は、いずれも論理則、経験則に違反するものとはいえない。そして、原判決が、これらの点と、客観的状況証拠を含む、被告人の自白の信用性を高める諸事情を総合的に評価した上で、結論として被告人の自白の信用性を否定したことも、論理則、経験則等に照らして不合理であるということはできない。」と結論付けた。被告人の自白の信用性に疑いを生じさせる事実について、疑いを生じさせないという、別の説明も可能であるとしても、原判決が指摘する点について、論理則、経験則違反がないので、破棄できないという結論になっている。

　これら一連の最高裁の判断においては、「論理則、経験則等に照らして不合理かどうか」という、同一の基準が定立されているが、有罪→無罪となった、事案①および事案②では、最高裁自身が証拠を検討した結果として、具体的な事実が指摘され、「合理的な疑い」を容れる余地があり、事実認定が不合理との結論に至っている。これに対して、無罪が維持された事案③では、論理則・経験則違反が検討されている。

　少なくとも、最高裁が、「論理則、経験則等に照らして不合理」という基準と、合理的疑いとが、矛盾しないと考えているという評価は可能である。日本では、論理則・経験則は自由心証主義の内容ないし定義に積極的に包含されてきている[23]のであるから、これはある意味当然であろう。しかし、合理的疑いという概念と、事実認定の不合理性との関係は、判決を検討しても、必ずしも明確になっているとはいえない。

(3) 合理的疑いと、事実認定の合理性の基準との関係

　では、そもそも、「合理的疑い」とはどのようなものなのか。

　裁判官の間でも、その疑いが合理的なものかどうか、という判断に違いが

---

23) 光藤景皎「事実誤認と控訴審」光藤ほか編『事実誤認と救済』（成文堂、1997年）118-119頁、公文孝佳「事実誤認――裁判員裁判と控訴審」法学セミナー698号（2013年）19頁参照。

生じうることは、最三小決平21・4・14刑集63巻4号331頁を見ても明らかといえよう。

　木谷明元裁判官は、「『合理的な疑い』と『不合理な疑い』との間は（中略）きれいに二つに区別できるものではない。確かに、その両極には、『はっきりした合理』と『はっきりした不合理』が存在しており、両者の区別は比較的容易であろう（中略）。しかし、その間には、見方によっては『不合理』ともいえるが少し視点を代えれば『合理的』であるとも考えられる帯状の中間地点がどうしても残る」[24]とし、合理的な疑いとそうでない疑いの峻別の困難性について述べる。

　これまで、「合理的疑い」について、裁判官の主観的状態による定義や、証拠の優越との区別、疑いの具体性の根拠をめぐる議論（証拠に基づくものである必要があるか）がなされている[25]。これらのアプローチに対しては、判断者が迷った場合に、その判断の具体的指針となるものを提示できていないとの批判がある[26]。合理的疑いという概念がその機能を果たす場面を具体的に想定するならば、判断の具体的指針となりうる内容を備えるべきとの考え方が妥当である。このような理解をもとに、具体的な証拠に基づかなくても、説明のできる疑いであれば十分であると定義する見解[27]や、「証拠を適正に検討した結果残る個人的疑い」であると定義する見解がある。

　アメリカでは、2つの観点から、合理的疑いの定義が問題とされているといわれる[28]。ひとつは、疑いの程度に関する問題であり、もうひとつが、評議を充実させるという観点である[29]。疑いの程度については、単なる想像上の疑いではない、という消極的な定義が可能であるにとどまる[30]。そして、

---

24) 木谷明「畏友石井一正教授にあえて反論する──『合理的疑い』の範囲などをめぐって」判例タイムズ1151号（2004年）23頁。
25) 中川孝博『合理的疑いを超えた証明──刑事裁判における証明基準の機能』（現代人文社、2003年）266-270頁。
26) 中川・前掲注25）276-278頁。
27) 後藤昭「自由心証主義・直接主義と刑事控訴──平田元氏の論文を契機として」千葉大法学論集2巻2号（1988年）21頁。
28) 中川・前掲注25）214頁。
29) 中川・前掲注25）314頁。
30) 中川・前掲注25）255頁。

評議を充実させることに関しては、証拠評価過程を言語によって提示する必要はあるが、無罪と考える陪審員が有罪と考える陪審員を説得する必要はなく、このような説得の必要を課すことは、証明責任の転換と評価されうるというのである[31]。

　かかる考え方は、合理的な疑いという証明基準が果たす機能を説明してくれるように思われる。すなわち、疑いが、言語によって表現された場合に、これが合理的でないことが評議の過程で明らかにならない限り、疑いの存在に「説得」されない陪審員がいたとしても「疑いを払しょくできていない」というレベルの認識が共有される。これは、合理的な疑いがあると評価すべき状態である。

　合理的疑いの基準が確立されるプロセス、その前提とされた考え方からも、このような評価は是認できよう。イギリスの合理的疑いの概念は、18世紀末に誕生したといわれる[32]。この概念の前提となる2つの考え方とは以下のようなものである。①人間の認識には2つの領域が存在し、そのひとつが、数学的実証の絶対的確実性を獲得できるものであり、もうひとつは、経験が支配する事件の領域であり、この種類の絶対的確実性の獲得は不可能だということ、そして、②事件の領域では、絶対的確実性は不可能であるがゆえに、すべての事柄を単なる推測あるいは意見事項として扱ってはならないが、その代わりに、この領域には確実性の諸段階が存在し、利用しうる証拠の量および質が増大するにつれて、人は確実性のより高い段階に到達する。これは、絶対的確実性が不可能な、経験が支配する領域における最高段階の確実性なのであり、疑うべき理由は何ら存在しない確実性である[33]。

　では、絶対的確実性が獲得できない領域において、最高段階の確実性を獲得しているといえるためには、どのような方法で、その確実性を確認すべきか。最高段階の確実性があるとする立場の側が、提示された疑いについて、論理的あるいは経験的に合理的でないと説明するべきであり、これが検察官

---

31) 中川・前掲注25) 209-214頁。
32) バーバラ J. シャピロ（庭山英雄＝融祐子訳）『「合理的疑いを超える」証明とはないか——英米証明理論の史的展開』（日本評論社、2003年）26頁、42-43頁。
33) 同上・43頁。

に課された証明責任であり、また、事実認定において、有罪判決をするための必須の要件なのではなかろうか。

イギリスの意識調査で、陪審員に対して一般的になされる説示、すなわち、他の説明を付け加えることなく、単に有罪を「確信する（to be sure）」ときに有罪の評決をなしうるという表現が用いられた場合、約70％の対象者が、有罪にするには100％の確信が必要であると回答したにもかかわらず、ひとつの事件に要する証拠の量は、重大な犯罪ほど多くの分量が必要であると回答していることが、問題として指摘されている[34]。この結果は、結局数値で確信の程度を設定しても、その数値についても、実質的には相対的にしかとらえられないという限界があるということを示しているように思われる[35]。各人が「確実である」という認識に幅があることを前提とすれば、その中で、できるだけ高い確実性を目指すことが、合理的疑いの概念が形成された過程に照らしても適切である。いったん言語化された疑いが示されれば、その疑いが論理則、経験則から不合理であると論証し、論証できなければ疑いが残るとの判断をするという、丁寧な確実性の吟味をしていくほかない。

これまで検討したように、何をもって「合理的」な疑いとするのかは、事実認定者によって結論が異なりうる。しかし、合理的な疑いの基準は、事実認定が、最高段階の確実性を獲得していることを要請する基準である。事実認定が、最高段階の確実性を達成しているといえるためには、表明された疑いが、不合理であることが明確に説明されなければならない。すなわち、評議の場で、疑いを持つ者が他者を説得する必要がないことと同様、無罪判決をした原審は、上訴審を「説得」する必要はないと考えるべきである。判断主体によって、合理的疑いについての結論が異なる可能性があることが前提となれば、上訴審は、疑いはないという説明も可能であることを示すだけでは足りず、1審の示した疑いは、明らかに合理的な疑いではない、という論

---

34) Rosemary Pattenden, Explaining a "reasonable doubt" to juries: R v Lifchus, International Journal of Evidence & Proof, 1998, pp259-260.
35) 陪審が重大犯罪を誤って無罪とし、その一方で軽微な犯罪については誤って有罪とする可能性があるものとも評価される。See Penny Darbyshire et.al, What Can the English Legal System Learn From Jury Research Published up to 2001?, http://eprints.kingston.ac.uk/23/, accessed, 28/10/2014.

証ができなければならないことになる。言い換えると、示された疑いが、論理則・経験則に反して不合理であるといえる場合でなければ、疑いの存在を否定しえず、合理的な疑いは残るのである。このような考え方は、証明責任の所在、疑わしきは被告人の利益という刑事裁判の大原則とも合致する。

　一方、原審が有罪判決の場合はどうか。最高裁は、事実認定が適正になされたかを審査するにあたって、合理的疑いを超える証明がなされているかを審査する。最高裁が、論理則・経験則等にのっとって、記録を事後的に検討した結果、言語によって説明できる疑いが残った場合、事実認定に幅があることを認める立場からすれば、原審は、仮にその事実認定自体に、論理則・経験則違反が認められなかったとしても、ひとつのありうる説明を提示したにすぎないと評価される。そうすると、合理的な疑いを超える証明がされていないという結論に至ることは、ある意味当然である。合理的疑いの基準が要求する、最高段階の確実性を獲得していないと評価すべきであるからである。

　このような理解は、一連の最高裁判決が、記録の検討の結果、（原審のような説明が可能だとしても）合理的な疑いが残るとして、「事実認定が不合理である」という結論に達したこととも整合すると思われる。

　すなわち、最高裁は、原審の事実認定が、合理的疑いを超える証明基準に達しているかを審査していると理解でき、その意味で、最高裁は、原審が有罪判決であろうと、無罪判決であろうと、同一の基準を用いているのである。

　合理的疑いを超える証明がなされているかが審査される結果として、原審の有罪判決を破棄する場合には、その事実認定が、論理則・経験則に反する場合にとどまらず、上訴審が証拠を論理則・経験則等にのっとって事後的に審査した結果、合理的疑いが投げかけられたときにも、事実認定が不合理と判断され、破棄される。すなわち、結果としては、上訴審の心証が優先されているように見えることになる場合があるということなのである。

(4) チョコレート缶事件の基準をどのように理解すべきか

　最高裁は、チョコレート缶事件において、原審が有罪判決であるか無罪判決であるかを区別していない。そして、刑訴法382条の事実誤認の基準とし

て「事実認定が論理則・経験則等に照らし不合理」であるという基準を示している。すなわち、1審の結論が有罪であろうと無罪であろうと、1審が裁判員裁判であろうと、そうでなかろうと、同一の基準が適用されるものと考えざるを得ない。

　上述のように、一連の最高裁判決は、合理的疑いが残る場合には、事実認定が不合理であるとの結論に達している。すなわち、「事実認定が論理則・経験則等に照らし不合理」であるという基準は、すでに検討したように、事実認定に幅があることを前提とすれば、原審が有罪判決であろうが、無罪判決であろうが、合理的な疑いの証明基準に達しているのかを審査した結果として説明できる[36]。法律審である最高裁が原審判決を破棄する場合の基準と、同じ文言を使用しながら、控訴審が事実誤認を審査する場合に、より厳しく解釈されるとは考え難い。本判決の示した基準を、従来の経験法則・論理法則違反説と評価することは困難である。本判決は、事実誤認の審査の際には、当然、合理的な疑いを超える立証がされているかが審査され、立証がされていなければ事実認定は「不合理」だとする立場だと理解すべきである。

　1審有罪判決の事実認定が、論理則・経験則に反する場合に破棄されるのは当然である。そして、仮に1審の有罪判決の説明が一応の合理性をもっていたとしても、事後的に記録を検討して残る疑いがあるのであれば、合理的疑いを超える十分な立証がされていなかったこととなる。書面の持つ再現可能性という特質から、供述の変遷の有無や客観的事実との齟齬の有無の審査を行う際には利点があるとも指摘され、このような観点からも、この結論は是認されよう[37]。この場合、1審の判断は、控訴審の判断において、前提にされていると評価できるのであり、無視されているわけではない。

　では、本判決が「論理則・経験則に照らして不合理であることを具体的に示すことが必要である」とする点は、どのように解すべきなのか。

　1審が無罪判決の場合には、1審判決ですでに、評議を経た合理的疑いが示されている。これを破棄するためには、事実認定に幅があることを前提と

---

36) なお、本判決の白木裁判官の補足意見は、事実認定に幅があることを前提とすべきとの考えを明示している。
37) 井戸・前掲注18) 69頁。

すれば、単に他の説明も可能であることを提示するだけでは、疑いをそのまま残していることになり、無罪判決が維持される。無罪判決を破棄するためには、示された疑いが、論理則・経験則に反し合理的なものではない、許容しうる幅を超えているとの論証が求められるのである。この論証が、1審が無罪判決の場合の「具体的に示す」ことの内容である。

一方、1審の有罪判決に対しては、記録を検討して発見され、言語で表現しうる疑いがあるのであれば、それは事実認定の許容しうる幅におさまる疑いが提示されたことを意味する。すなわち、合理的な疑いそのものが記述されれば、それは具体的な内容をともなっていると評価されることとなろう[38]。

なお、本判決後、覚せい罪の密輸という同種事案について、1審無罪判決を破棄した控訴審に、最高裁が刑訴法382条違反はないとした事例が現れた[39]。最三小決平25・4・16の寺田補足意見は「例えば、本件とは逆に、第1審判決が関係諸事実を総合的に評価して共謀を認めている場合に、その認定が誤っているとするには、控訴審としては、合理的な疑いがあることを明らかにすることで足るはずであって、これを覆すための経験則を定式化して示すことを強いるまでのことはあるまい。」としており、事案による具体的な説明の内容に差異が生じうることを肯定している[40]。

4 結びに代えて

「不合理な疑いを合理的な疑いに取り込むことは正義に反するであろう。

---

38) 德永・前掲注21) 126頁参照。
39) 最三小決平25・4・16判タ1390号158頁、最一小決平25・10・21裁時1590号2頁。最高裁が判断の基礎としている、この種事件特有の論理則・経験則の適用には問題があると思われる。
40) 最三小決平25・9・3 LEX/DB:25501723は、1審の一部有罪判決を破棄した控訴審判決を是認し、検察官の上告を棄却した。控訴審である福岡高判平23・11・2 LEX/DB:25443956は、1審判決の間接事実の認定における論理則・経験則違反、および間接事実の総合判断につき、最三小判平22・4・27刑集64巻3号233頁の基準に照らし、間接事実中に被告人が犯人でないとしたならば合理的に説明することができない（少なくとも説明がきわめて困難である）事実関係が含まれていないことを指摘し、1審判決の有罪部分を破棄した。もっとも、最高裁は、決定において、なんら見解を示しておらず、合理的疑いを示すという手法でも具体性は充分であるのかについての最高裁の立場は明らかではない。

しかし、それは「合理的な疑い」を「不合理な疑い」として排斥した場合と比べればまだ罪が軽い。「真犯人を取り逃がす不正義」と「無辜を処罰することの不正義」とは、同列に論じることができないはずである」[41]とする考え方は、正当である[42]。

刑訴法411条3号の適用において、最高裁が繰り返し示す、記録を検討したうえで、合理的疑いを容れる余地が認められる場合には、原判決を破棄するという姿勢は、上記のような合理的疑いについての見解と合致する。

チョコレート缶事件の法廷意見は、裁判員裁判導入を契機とする事後審の徹底化論の論拠として挙げられた、判断主体の相違や、当事者追行主義の徹底という点に、言及しなかった。

最高裁は、裁判員の関与する1審判決を基本的に尊重しようとする姿勢を、本判決で示そうという意図を持っていたと思われる。しかし、最高裁が示す論拠自体からは、1審有罪判決について、控訴審が事後的に、論理則・経験則等にのっとって記録を検討した結果、合理的疑いが残ると判断したような場合にも、原判決について論理則・経験則等の違反が指摘できなければ、1審判決が維持されるとするまでの道筋は見えてこない。

日本の控訴審は、事実誤認を控訴理由とする。事実誤認が認められる範囲を、不当に狭めることは、制度の趣旨を没却し、被告人の権利を侵害する結果を招く。刑事裁判がその歴史の中で形成してきた、無辜を処罰しないための「合理的疑いを超える証明」の基準の機能が、不当に損なわれないようにしなければならない。

---

41) 木谷・前掲注23) 24頁。
42) 杉森研二「裁判員制度導入後の控訴審」三井誠ほか編『鈴木茂嗣先生古稀祝賀論文集・下巻』（成文堂、2007年）755頁参照。

裁判と上訴

[15] 刑事控訴審の構造
当事者主義とのかかわりを中心に

緑　大輔

1　はじめに

　裁判員制度が導入されてから、控訴審のあり方をめぐる議論が活発になされている[1]。従来から、刑事控訴審は「事後審」の構造を有するとされてきた。そして、裁判員制度の導入にかかわって[2]、控訴審の「事後審」性はさらに強調されている[3]。そこでは、たとえば「事後審の最も本質的な特徴は、

1）控訴審の審理にかかわる諸論点を見渡すものとして、たとえば、東京高裁刑事部陪席裁判官研究会（つばさ会）「裁判員制度の下の控訴審の在り方について」判例タイムズ1288号（2009年）5頁以下、東京高裁刑事部総括裁判官研究会「控訴審における裁判員裁判の審理の在り方」判例タイムズ1296号（2009年）5頁以下、大阪高裁陪席会「裁判員制度のもとにおける控訴審の在り方」判例タイムズ1271号（2008年）75頁以下～1278号（2008年）16頁以下、「特集・裁判員裁判と控訴審の在り方」季刊刑事弁護68号（2011年）24頁以下、「特集・新時代の控訴審と刑事弁護」季刊刑事弁護74号（2013年）16頁以下、石井一正『刑事控訴審の理論と実務』（判例タイムズ社、2010年）などがある。
2）裁判員制度の立案者は、「現行法上、控訴審は第一審の判決の当否を事後的に審査する事後審と位置付けられているから、職業裁判官のみで構成される控訴審が裁判員の加わった第一審裁判所の判決を破棄することも正当化されると考えられる」としており、事後審であることが裁判員制度下の控訴審の正当化理由のひとつになると考えていたことがうかがわれる。辻裕教『裁判員法・刑事訴訟法』（商事法務、2005年）82頁以下。
3）司法研修所編『裁判員裁判における第一審の判決書及び控訴審の在り方』（法曹会、2009年）93頁以下。

自ら事件についての心証を形成するものではなく、原判決の当否を審査するということ」だと表現されているが[4]、問題は、「原判決の当否をどのような形で審査すべきか」という点にもあるように思われる。

本稿は、控訴審の構造を「事後審」だという場合の、その実質的な意味を、近時の判例を手がかりに読み取り、その問題点を示そうとするものである。ここでの問題意識は、当事者主義と事後審の関係を最高裁がどのようにとらえていて、その理解を徹底するとどのような帰結が想定されうるかを示そうとする点にある。

2 最高裁平成21年決定と控訴審の構造

控訴審がどのような場合に第1審裁判所の審理に対して容喙できるのかを問うことは、「事後審」の内包を明らかにするために意味があるだろう。たとえば、控訴申立てにおいて当事者が争点化していない事柄（当該事件の事実についての心証形成にかかわる事項）について、控訴審が重要と考えて、第1審裁判所の判決に対して容喙することが許されるか。

この問題について示唆を与えるのが、最高裁平成21年10月16日決定（刑集63巻8号937頁）である。この事件では、主として死刑か否か（また、被告人が責任無能力・限定責任能力であったか否か）が争われた事案であり、それに付随して殺害場所が訴因の記載のとおり被告人宅内か（被告人に判断能力があり計画性も推認できる）、屋外か（判断能力が不充分であることを推認できる）が争点となった。そこで、犯行場所に関する供述を含む被告人の検察官調書の採否が争われ、第1審では採否留保とされ、被告人質問を経た上で同調書の取調べの必要性が否定された。これに対して、控訴審は、犯行場所の特定が量刑にかかわる重要な問題だとした上で、第1審が取調べ請求を却下した同調書について、犯行場所の確定に必要であり、その任意性に関する主張立証を十分にさせなかった点に審理不尽の違法があるとした。そして、訴訟手続の法令違反を理由に第1審に差し戻す判断をしたものである。なお、控訴

4）司法研修所編・前掲注3）94頁。

審では、検察官自身も犯行場所について争点とすることを否定していた。

最高裁は控訴審の判断を違法として、原判決を破棄した。まず、(a) 一般論的に、「合理的な期間内に充実した審理を行って事案の真相を解明することができるよう、具体的な事件ごとに、争点、その解決に必要な事実の認定、そのための証拠の採否を考える必要がある」として、「重複する証拠その他必要性の乏しい証拠の取調べを避けるべきことは当然であるが、当事者主義(当事者追行主義)を前提とする以上、当事者が争点とし、あるいは主張、立証しようとする内容を踏まえて、事案の真相の解明に必要な立証が的確になされるようにする必要がある」と説示し、(b) その上で「検察官が立証趣旨としていない事項について、検察官の被告人質問における発問内容にまで着目して検察官調書の内容やその証明力を推測して、先に述べたような釈明をしたり任意性立証の機会を付与したりするなどの措置を採るべき義務が第一審裁判所にあるとまでいうことはできない」、「証拠の採否は、事実審裁判所の合理的裁量に属する事柄」であると説示し、(c) 本件第1審に訴訟手続の法令違反は存しないと判断した。

本判例について、すでに多くの評釈が、第1審裁判所の釈明義務の観点から検討を加えている。具体的には、「第1審裁判所がどこまで当事者に対して釈明義務を尽くすべきか」「第1審裁判所がどこまで証拠調べをすべきか」という問題である[5]。しかし、本判例は、控訴審の構造たる「事後審」性の実質的な内容を明らかにする素材も提供しているように思われる。

控訴審の構造に関する理解は、本判例の次の説示からうかがわれる。すなわち、控訴審の「手続についてみると、検察官は、量刑不当のみを控訴理由とし、事実誤認を理由には控訴申立てをしておらず、原審〔控訴審〕における求釈明に対しても、「本件犯行場所が『被告人方室内』と認定されようと、それを含む『A荘及びその付近』であると認定されようと、その犯行の動機、態様、手口及び犯情が極めて悪質であることから、量刑に及ぼす情状に何ら

---

5) たとえば、川上拓一「判評」ジュリスト1398号 (2010年) 216頁以下、白取祐司「判評」法律時報82巻11号 (2010年) 149頁以下、高倉新喜「判評」速報判例解説6号 (2010年) 225頁以下、豊崎七絵「判評」法学セミナー661号 (2010年) 132頁、斎藤司「判評」判例時報2130号 (2012年) 173頁以下、田口守一『刑事訴訟の目的〔増補版〕』(成文堂、2010年) 397頁以下。

の軽重はない」旨釈明し、原審〔控訴審〕において、検察官はもはやその点を解明する必要があるとはしていないものと解される」と説示している（傍点は引用者による）。しかも、控訴審判決を破棄する結論を導くにあたって、「本件検察官調書の取調べに関し、第１審裁判所に釈明義務を認め、検察官に対し、任意性立証の機会を与えなかったことが審理不尽であるとして第１審判決を破棄し、①本件を第１審裁判所に差戻した原判決は、第１次的に第１審裁判所の合理的裁量にゆだねられた証拠の採否について、②当事者からの主張もないのに、前記審理不尽の違法を認めた点において、刑訴法294条、379条、刑訴規則208条の解釈適用を誤った違法があり、これが判決に影響を及ぼすことは明らかであって、原判決を破棄しなければ著しく正義に反する」（丸番号は引用者による）としている。

これらの判示は、上告審が控訴審の判断を排斥するに当たり、最終的には、①事件の事実認定を担う第１審裁判所には、その認定に関する事実取調べについて合理的裁量があるから、その範囲内であれば違法とならないのに、それを違法と判断した点に問題があるとしている（＝第１審裁判所の職権の範囲内）。それだけでなく、②控訴審において当事者によって争点化されていないのに、死刑か無期刑かがピンポイントで問題となっている量刑不当の審査に関連するとはいえ、当事者双方ともに量刑事情としては重要視していないと思われる犯行場所に関する事実について、第１審裁判所の争点整理、証拠の採否に関して審理不尽としたのは問題である（＝当事者追行主義的）、という２つの観点を併せて結論を導いていると読み取ることができる。

本判例の判断については、「当事者の主張がないことは原判決の違法を導き出す一要素であっても決定的なそれではなく、重視されているのはやはり合理的裁量であろう」という指摘もある[6]。しかし、仮に犯行場所という事情が「決定的」な要素ではないとしても、疑問が残る。なぜ最高裁は、第１審裁判所の証拠採否裁量のみならず、控訴審において検察官が事実誤認の申立をしていない点や犯行場所の解明を必要としていない点を、わざわざ認定したのか。すなわち、(i) なぜ本判例は、第１審裁判所の証拠採否の裁量

---

6) 豊崎・前掲注5) 132頁、高倉・前掲注5) 228頁、斎藤・前掲注5) 177頁。

のみならず、控訴審において検察官が事実誤認の申立てをしていない点や、犯行場所の解明を必要としていない点をわざわざ説示したのか。(ii) また、なぜ本判例は、①の説示のみでも控訴審判決を破棄できたにもかかわらず、敢えて②「当事者からの主張もないのに、前記審理不尽の違法を認めた」という点に言及したのか。この問いに対する私見は、最高裁は控訴審の構造に関する重要な判断を含ませていたというものである。

本件訴訟手続の経過からすると、検察官は量刑不当に関する控訴趣意、控訴審での求釈明において、犯行場所に関する事情を重視していないという訴訟追行の姿勢であった。そうすると、「当事者の主張もないのに」審理した点が、判示上の意味を持つのは、本件では控訴審の段階のみである。そうだとすると、殊に②の点は、控訴審の審理のあり方を判示したと解すべきである。すなわち、控訴審の審理は、原則として当事者が主張する控訴理由に沿って審理を行うというタイプの「事後審」を想定しているのではないか[7]。また、控訴審の審査対象は、事実誤認、量刑不当という控訴事由を単位としてみるのではなく、その控訴事由の中のまとまった各主張を審査対象の単位と考え、審査していくべきであると考えていることも読みとりうる。以上のことからは、現行刑訴法の条文に忠実に「原判決に申立人の主張するような欠陥があるかどうかに焦点を絞って行う」、申立人の主張を基礎とした当事者主義的な手続の構成を確認したと読むことができるように思われる。それは、現行刑訴法下の「事後審」とは、当事者主義を重視した上で、「申立人が控訴の理由を主張する責任を負い、審査の範囲が原則として申立人の主張した点に限定される上訴審を意味する」という理解と重なり合う[8]。

他方で、平成21年決定が第1審裁判所の証拠取調べに関する合理的裁量を強調し、求釈明義務を否定したのは「第1審」「事実審」裁判所について語る文脈だったことを想起すべきである。そのうち、合理的裁量を強調する部

---

[7] 同様に「当事者からの主張もないのに、前記審理不尽の違法を認めた」点を重視するものとして、植村立郎「判評」刑事訴訟法判例百選〔第9版〕(2011年) 129頁以下。
[8] 後藤昭『刑事控訴立法史の研究』(成文堂、1987年) 318頁。また、千葉裕「控訴審における当事者主義と職権主義」鴨良弼先生古稀祝賀論文集『刑事裁判の理論』(日本評論社、1979年) 349頁以下、小田中聰樹『ゼミナール刑事訴訟法 上』(有斐閣、1987年) 214頁以下、高田昭正『刑事訴訟の構造と救済』(成文堂、1994年) 187頁以下等も参照。

分では、第 1 審事実審裁判所の合理的裁量の存在を語り、当事者の主張を重視する文脈では、控訴審裁判所による（当事者が主張していない事実への）立ち入った審理を原則として抑制すべきことを語っていたことになる。本判例は、第 1 審では、証拠採否について合理的裁量を持つ裁判所が証拠調べ等の審理計画をリードする一方[9]、控訴審では裁判所は当事者が主張する申立内容に即した判断をするという理解をしているとみることができるのではないか[10]。

以上のように、本判例は、控訴審の構造の理解にも深く根ざした点を軽視すべきではない[11]。なお、このように当事者主義的「事後審」として理解することは、本件のように検察官の量刑不当の控訴がある事案において、審査対象を広げることに対しては限定する方向に働くので、被告人にとって意味があるとも考えられる。被告人にとっては、控訴審が無限定な続審の形になることを回避することにつながるだろう。

3 控訴審における当事者主義

(1) 訴訟手続違反との関係

控訴審の構造を上述の当事者主義的な事後審として理解するとしても、そ

---

9) 第 1 審裁判所が有する証拠採否についての「合理的裁量」がどこまで及ぶのかは、それ自体検討すべき問題であるが、ここでは扱わない。笹倉宏紀「当事者主義と争点整理に関する覚書」研修789号（2014年）31頁参照。また、角田雄彦「『必要性』判断から『許容性』判断への一元化へ」後藤昭ほか編『刑事弁護の現代的課題（実務体系現代の刑事弁護 2 ）』（第一法規、2013年）303頁以下参照。

10) 平成21年決定は、総論的な判示部分において、第 1 審の審理にかかわる条文を挙げて当事者追行主義を強調する表現があるが、第 1 審における当事者追行主義への言及は、本判決の結論を導くに当たりほとんど機能していない。むしろ控訴審の審理に言及する文脈において、当事者追行主義概念が機能している。このことからすれば、白取・前掲注 5 ）150頁のように、平成21年決定においては第 1 審の公判前整理手続につき「基本的には当事者（追行）主義にのっとった運用をすべきことが示唆されている」と評価するとしても、それは総論的な意味にとどまる可能性がある。

11) 平成21年決定の最高裁調査官の解説が、「第 1 審裁判所及び控訴審裁判所の審理の在り方に関わる指針を示した最高裁の判断として、重要な意義を有する」と評しているのも、このような観点からすれば理由があるといえよう。入江猛「判解」最高裁判所判例解説刑事篇平成21年度（法曹会）448頁。

れをどこまで徹底すべきかは、本判例の下でもなお問題が残る。本判例の事案は、①第１審裁判所の証拠調べが合理的裁量の範囲内であり、②控訴審において当事者からの主張がなされていない事案であった。これに対して、たとえば、①第１審裁判所の訴訟指揮の「合理的裁量」に逸脱があるにもかかわらず、②控訴審において当事者が争点化しない場合に控訴審裁判所がどうすべきかが問題になりうる[12]。仮に当事者主義的な事後審を徹底するならば、このような場合にも控訴審は第１審裁判所に容喙すべきではないという帰結を導きそうである。

　この問題について、とくに訴訟手続の法令違反を理由とする控訴（刑訴法379条）に関して、検討の素材を与えうるのが、最三小決昭43・11・26（刑集22巻12号1352頁）である。この判例は、裁判所の訴因変更勧告・命令義務を認めた例として知られている。昭和43年決定の事案は、次のようなものであった。第１審において検察官が被告人を殺人の事実で起訴したところ、第１審裁判所は殺人罪の成立は認められないとし、「訴因の追加も変更もない本件において、過失犯（刑法第210条、第211条後段）の成否を論じ得ないことは訴因制度を採る現行法のもとにおいては当然」として無罪とした[13]。検察官は、殺意の存否に関する事実誤認を理由として控訴を申し立てたが、控訴審は第１審には判決に影響を及ぼすような明らかな事実誤認はないとした。他方で、控訴審は、その審理経過において検察官に打診し、検察官は重過失致死の訴因を予備的に追加した。これにより、控訴審は第１審判決に審理不尽の違法があるとして、重過失致死の訴因について自判して有罪としたのである。

　ここで重要な点は、検察官は過失犯の主張をしていなかったところを、控訴審が立ち入って過失犯の訴因の追加を促している点である。

　最高裁昭和43年決定は、以上の経緯を踏まえて、「重過失致死の訴因に変

---

12) 論理的には、①第１審裁判所に裁量の逸脱がないにもかかわらず、②当事者が控訴審で争点化した場合も問題として設定しうる。しかし、そのような場合は訴訟手続の法令違反を欠き、控訴が棄却されるだけであろう。
13) 第１審裁判所は検察官に対し本件殺人の公訴事実について予備的に過失殺の訴因を追加することを打診したが、検察官は過失殺の予備的訴因は追加しないと明言したという経緯があった。

更すれば有罪であることが証拠上明らかであり、しかも、その罪が重過失によつて人命を奪うという相当重大なものであるような場合」には「例外的に、検察官に対し、訴因変更手続を促しまたはこれを命ずべき義務がある」とした。その上で、「原判決が、本件のような事案のもとで、裁判所が検察官の意向を単に打診したにとどまり、積極的に訴因変更手続を促しまたはこれを命ずることなく、殺人の訴因のみについて審理し、ただちに被告人を無罪とした第一審判決には審理不尽の違法があるとしてこれを破棄し、あらためて、原審で予備的に追加された重過失致死の訴因について自判し、被告人を有罪としたことは、違法とはいえない」と判断している。この判例は、①第1審裁判所に、訴因変更勧告・命令義務を果たさなかった点に裁量の逸脱があり、②これを検察官が争点化していなかったとしても、控訴審は訴訟手続の法令違反を理由として第1審裁判所の判決に容喙できる旨を示したようにも見える。

　しかし、昭和43年決定の事案では、第1審裁判所の判決中において、すでに過失犯の訴因に変更されれば有罪を認定しえたことが示されていた。そのため、検察側の控訴趣意書に含まれた事項（殺意の存在に係る事項）を控訴審が調査する際に、訴因変更勧告・命令義務にかかわる第1審裁判所の措置の適否が当然に明らかになる事案であった。このような事情を勘案すると、昭和43年決定の下においても、(a) 当事者の主張たる控訴趣意書の記載と関連する事項において第1審裁判所の訴訟手続の瑕疵が発見され、(b) その瑕疵が判決に明らかに影響を及ぼす場合には、控訴審は、職権調査の行使を含めて、第1審裁判所の判断に容喙できる、と考えることができよう[14]。

　次に、当事者主義が控訴審においても妥当するとしても、当事者が一切主張せず、控訴趣意書と関連しない事項において第1審裁判所の訴訟手続の瑕疵が存する場合に、控訴審が独自に調査して第1審裁判所の判断を覆せるの

---

14) 控訴審の職権調査について、「その範囲は当事者主義を基本としつつ、控訴審の使命に適切な限度でこれを補充するという観点から、①控訴趣意書の記載と関連する事項、②控訴申立人がとくに職権の発動を促した事項、③法令違反の是正のために必要な事項、④その他、調査をしなければ著しく正義に反すると考えられる事項の四種にまとめることができよう」と主張するものに、松尾浩也『刑事訴訟法・下〔新版補正第2版〕』（弘文堂、1999年）224頁。

か否かはさらに検討を要する。この問題については、少なくとも、刑訴法411条1号が上告理由として「判決に影響を及ぼすべき法令の違反があること」を挙げ、その違反が「原判決を破棄しなければ著しく正義に反すると認めるとき」に上告審は控訴審判決を破棄できる。そうだとすれば、著反正義にあたるような法令違反の瑕疵が第1審裁判所に存するときには、控訴審は当事者の主張の有無にかかわらず、第1審裁判所の判断を覆すことが現行法では想定されていると考えざるを得ない[15]。したがって、当事者の主張と関連がないにもかかわらず、控訴審が第1審裁判所の訴訟手続の瑕疵に容喙できるのは、その瑕疵が判決に影響を及ぼし、しかも控訴審がそれを放置すると著反正義にあたるような場合だと思われる[16]。

なお、第1審裁判所が裁判員裁判であるとしても、そのこと自体は、訴訟手続の法令違反にかかわる控訴審の判断枠組みには影響しないと解するべきである[17]。なぜならば、裁判員には法令解釈や訴訟手続に関して判断する権限がなく、それらの判断は裁判官の専権事項だからである（裁判員法66条3項・4項）。控訴審の法令解釈に関する判断が、第1審裁判所のそれに優越すると考えることは、裁判員裁判適用事件においても問題はない[18]。

(2) 事実誤認との関係

当事者の控訴趣意書の記載と無関係に、控訴審が独自に第1審裁判所の事実認定に関する判断過程・結論の瑕疵を発見し、第1審裁判所の判断を覆すことができるか否かは、さらに問題である。なぜならば、訴訟手続の法令違反の問題とは異なり、(a) 裁判員裁判適用事件においては、裁判員が事実認

---

15) 香城敏麿『刑事訴訟法の構造』（信山社、2005年）114-115頁。
16) たとえば、訴訟条件の有無は職権調査事項とされるところ、訴訟条件が欠けている場合の控訴審による介入が考えられる（窃盗罪に関して、前訴と後訴の両訴因を通じて「常習性の発露」があるときに免訴判決を宣告しうるとした、最三小判平15・10・7刑集57巻9号1002頁は、当事者の主張がなくとも上訴審が容喙しうることを示唆するようにも読める）。
17) もちろん、裁判員法に定める手続に違反した場合には控訴審に裁判員制度特有の判断を求められることになろう。その場合は、裁判員裁判が刑事訴訟法の特則としての側面も有する点に鑑みて、刑訴法379条にいう「訴訟手続」に含めて解した上で、判決への影響の有無を審査すべきであろう。
18) 石井・前掲注1) 444頁参照。

定の判断に関与しており、そのことが職業裁判官だけで構成される控訴審の審査に影響を与えるか否かが問題になりうる上、(b) 第1審裁判所において直接主義・口頭主義が徹底されている場合には、記録を中心として審理する控訴審との心証形成に関する資料の相違があるからである[19]。すなわち、当事者主義とは別の要素が控訴審の判断枠組みを規定し、あるいは控訴審のあり方を規定するかという問題である。

この問題については、(a)(b)のいずれについても、控訴審が第1審裁判所の判断に介入することを消極的にする要素になりうる反面、控訴審が当事者の主張していない事情に積極的に介入することを推し進める要素にはならないであろう。(a)は、第1審裁判所の判断が職業裁判官と裁判員によるものであるところを、職業裁判官のみで構成される控訴審が覆せるかという問題であり、裁判員の参加により第1審裁判所の判断の質が劣化するという理解に立たない限り、第1審裁判所が職業裁判官のみによって構成される場合以上に積極的に控訴審が介入できるという論理は採れないであろう（もっとも、第1審判決で示された判断過程が当事者を納得させるものではないような場合は、なお検討を要しよう）。(b)については、第1審裁判所の判断資料の方が控訴審裁判所のそれよりも良質であることを問題意識の前提としており、控訴審裁判所がより積極的に第1審裁判所に介入できる根拠にはなるまい。したがって、事実誤認の場面においても訴訟手続の法令違反の場合と同様に、刑訴法411条3号にいう「判決に影響を及ぼすべき重大な事実誤認」があり、かつ同条本文の著反正義にあたらない限りは[20]、当事者の主張と関連がないにもかかわらず控訴審が第1審裁判所の事実認定に容喙することは、許されるべきではないということになる。もっとも、直接主義・口頭主義が徹底されておらず、裁判体が十分に心証形成できているという情況的保障が欠ける場合には、このような論理はあてはまらない場合がありえよう[21]。

---

19) 最一小判平24・2・13刑集66巻4号482頁は、第1審が直接主義・口頭主義の原則が採用されていることが理由となって、控訴審は原判決の事実認定が「論理則、経験則等に照らして不合理である」か否かを判断すべきことを判示している。
20) 被告人の無罪につながる重要な事実について誤認がある場合が例としてありうるが、控訴審の事実取調べについて片面的に構成すべきか否かとかかわって、なお検討を要する。

4 攻防対象論とのかかわり

「事後審」の意味について、上述のように、申立人が控訴の理由を主張する責任を負い、審査の範囲が原則として申立人の主張した点に限定される上訴審であるという理解に立つと、その理解が鮮明に表現される場面のひとつとして、攻防対象論が挙げられる[22]。

たとえば、牽連犯ないし包括一罪となる事実の一部を有罪とし、その余の部分は理由中で無罪と判断した第1審判決に対して、被告人だけが控訴したところ、控訴審が職権調査（392条2項）をした上で、事実誤認を理由として原判決を破棄自判して公訴事実全部について有罪と判断とすることができるかという問題が典型例である。この事案について、最大決昭46・3・24（刑集25巻2号293頁、新島ミサイル事件）は、「無罪とされた部分については、被告人から不服を申立てる利益がなく、検察官からの控訴申立てもないのであるから、当事者間においては攻防の対象からはずされた」ものだとした上で、「それが理論上は控訴審に移審係属しているからといって、事後審たる控訴審が職権により調査を加え有罪の自判をすること」は、「被告人に対し不意打ちを与えることであるから」、当事者の申立てた控訴趣意を中心として、職権調査をあくまで補充的なものとして第1審判決を対象とした事後的な審査を加えるという「現行控訴審の性格にかんがみるときは、職権の発動として許される限界を超えたものであって」、違法だと判示している。

このような判示が導かれる根拠について、「事後審」の意味を当事者主義的にとらえる理解から説明できる。検察官が無罪部分について控訴しなかった点を捉えて、検察官に訴追意思がないものと推定し、訴因が黙示的に撤回

---

21) 事実誤認の場合において、当事者がどのように控訴趣意において主張を論証すべきなのかは、前掲の最判平24・2・13の下で別途問題となろう。同判決の判示が、原審の認定過程のみを審査する趣旨なのか、原審が認定した結論を審査する趣旨なのか次第で、控訴趣意書の在り方も変化しうるだろう。後藤昭「判評」平成24年度重要判例解説（2013年）187頁以下、189頁。また、関連して、中川孝博「判評」季刊刑事弁護71号129頁以下、原田國男「判評」刑事法ジャーナル33号37頁以下等参照。
22) 後藤・前掲注8）318-319頁。

されたものとして理解するものである。この見解は、当事者主義の下で採用される審判対象が訴因であり、その訴因を設定・処分する権限が刑訴法256条等によって一定程度検察官に認められていることを、上訴の場面に援用する。控訴審は、検察官が無罪部分について控訴していないにもかかわらず、職権調査によりこの部分を有罪に変更するとすれば、それは検察官に訴追意思を放棄したとみなし得る部分についてまで裁判所が自ら処罰することになり、検察官の訴因設定権限を侵すことになる[23]。このように、攻防対象論は、控訴の場面でも、当事者主義から導かれる検察官の処分権主義というべきものが認められるという理解から、説明が可能である[24]。

この説明は、「事後審」の意味を当事者主義的にとらえる理解に適合的である[25]。最一小決平25・3・5（刑集67巻3号267頁）も、このような理解を明瞭に表現したものだといえる[26]。平成25年決定は、賭博開張図利罪の共同正犯の本位的訴因を否定し、同罪の幇助犯の予備的訴因を認定した第1審判決に対し、検察官が控訴を申し立てず、被告人のみが控訴した事案である。最高裁は、「検察官は、その時点で本位的訴因である共同正犯の訴因につき訴訟追行を断念したとみるべきであって、本位的訴因は、原審当時既に当事者間においては攻防の対象から外されていたものと解するのが相当」と判示して、単純一罪の事案についても攻防対象論の適用を認めた。この判示は、控訴審における「事後審」を、「申立人が控訴の理由を主張する責任を負い、審査の範囲が原則として申立人の主張した点に限定される上訴審」として理解する立場とも整合する。

これに対して、最一小決平元・5・1（刑集43巻5号323頁）は、同一の交

---

[23] 團藤重光『新刑事訴訟法綱要〔7訂版〕』（第17刷、創文社、1975年）513頁、高田卓爾『刑事訴訟法〔2訂版〕』（青林書院、1984年）504頁、田宮裕『刑事訴訟法〔新版〕』（有斐閣、1996年）467頁など。

[24] 後藤昭「判評」昭和60年度重要判例解説（1986年）189頁以下、香城敏麿「判評」刑事訴訟法判例百選〔第5版〕（1986年）232頁、高田卓爾編『基本法コンメンタール刑事訴訟法〔第3版〕』（日本評論社、1993年）322頁〔小田中聰樹〕、川出敏裕「判批」警察研究64巻6号（1993年）66頁など。

[25] 後藤・前掲注24）190頁。

[26] 他に、最一小判昭47・3・9刑集26巻2号102頁、仙台高判昭57・5・25高刑集35巻1号66頁、最二小判平16・2・16刑集58巻2号133頁など参照。

通事故事件について、過失の態様に関して証拠関係から本位的訴因と予備的訴因が構成されたところ、第1審判決は予備的訴因に沿う事実を認定したのに対し、被告人のみが控訴した事案であるが、攻防対象論の適用を認めなかった。平成元年決定は、検察官が予備的訴因で有罪を得たことで一応満足して控訴申立をしてないからといって、「検察官が本位的訴因の有罪請求を完全にかつ確定的に放棄したものとは認められず」、本位的訴因が攻防対象から外れたものではないとし、本位的訴因について審理・判決することは違法ではないとした。この事案は、両訴因がそれぞれ訴因として独立しうる場合ではなく、「唯一不可分の事実」であり「表裏一体をなす不可分のもの」として取扱われるべきだと判示している。平成元年決定の事案は、本位的訴因と予備的訴因が非両立といいうる事案だったのに対して、平成25年決定の事案は、本位的訴因と予備的訴因とが包摂関係だったといえる。最高裁は、平成元年決定について、訴因が非両立関係にあるため、いずれの訴因も訴追意思が放棄されていないのに対し、平成25年決定では、より処断刑が重く正犯意思を要する共同正犯の本位的訴因について訴追意思が放棄された、と指摘されている[27]。

　しかし、控訴審における「事後審」を、「申立人が控訴の理由を主張する責任を負い、審査の範囲が原則として申立人の主張した点に限定される上訴審」として理解すると、平成元年決定の事案は、検察官が本位的訴因について排斥した原審判断に不服を申し立てていない以上、平成元年決定の事案においては、本位的訴因について訴訟追行を放棄したとみなすべきだという理解もありうる[28]。この理解に対しては、冒頭で示した平成21年決定が、ひとつの示唆を与えるかも知れない。平成21年決定の事案では、検察官が殺害場所について、「A荘201号室の被告人方において」から「A荘及びその付近

---

27) 豊崎七絵「判評」法学セミナー700号（2013年）134頁、京明「判評」法律時報86巻6号（2014年）126頁以下、128-129頁。なお、山田利夫「判評」最高裁判所調査官解説刑事篇平成元年度（1991年）121頁以下、128頁参照。このような理解を主張していたものとして、川出・前掲注24）、岩瀬徹「いわゆる攻防対象論について」小林充先生・佐藤文哉先生古稀祝賀『刑事裁判論集下巻』（判例タイムズ社、2006年）374頁以下、長沼範良ほか『演習刑事訴訟法』（有斐閣、2005年）340頁以下〔長沼範良〕など。
28) 後藤・前掲注24）191頁、白取祐司「判評」法学セミナー419号129頁。

において」へと訴因変更をした。これに対して、第1審裁判所は罪となるべき事実において、本件犯行場所を、変更後の訴因のとおり、「A荘及びその付近」であるという概括的な認定をした。その上で、「原審〔控訴審〕において、検察官はもはやその点〔犯行場所〕を解明する必要があるとはしていないものと解される」ことを理由に、控訴審が当事者の主張していない事実問題に容喙することを否定した。罪体ではなく、量刑にかかわる事情とはいえ、無期刑と死刑の選択にかかわる事実でありうるところ、それでも控訴審は当事者によって争点化されていない訴因事実（罪となるべき事実）について、立ち入った審理を行うべきではないと判断した。このように、平成21年決定は当事者による争点化の有無を、控訴審において攻防を尽くさせるべき事項か否かの判断において重視していたわけである。ここから、検察官は、量刑不当を控訴理由としていたところ、犯行場所の審理には立ち入らずに死刑を求めることに「賭けた」以上、犯行場所の詳細について、検察官は訴訟追行を放棄したと見做すべきであり、控訴審は犯行場所の問題に立ち入るべきではないという判断構造を読み取れよう。

このことを念頭に置くならば、平成25年決定のみならず、平成元年決定も、検察官が控訴審においてもはや本位的訴因を排斥した第1審判決に不服を申し立てていない以上は、控訴審が殊更に容喙して本位的訴因に言及すべきではないというのが、平仄の合う結論なのではないかと思われる。たしかに、量刑に関する訴因事実の問題か、罪体の関する本位的訴因・予備的訴因の問題かという違いは存在する。しかし、「控訴審が検察官の訴訟追行の放棄を観念すべき場面がどのような場面なのか」という点では、両問題は共通しているようにも思われる。その点を重視するのであれば、平成21年決定が判示した、控訴審における当事者主義への言及は、攻防対象論における平成元年決定に対して問題を提起する可能性がある[29]。

---

29) 辻本典央「『攻防対象論』について」近大法学55巻3号（2007年）33頁以下は、訴因の機能に関する識別説と防御権説と攻防対象論のかかわりを指摘する。最高裁平成元年決定の位置付けは、過失犯の訴因の構造の問題もかかわって、なお慎重な検討を要する。

5　おわりに

　本稿は、冒頭に示した平成21年決定が、当事者主義的な意味における「事後審」を重視する姿勢を有していたことを確認した。その上で、当事者主義的な「事後審」がどこまで及ぶのかを、訴訟手続の法令違反と事実誤認の場合を例に検討し、攻防対象論においても広く当事者主義的な理解が妥当すべきことを確認した。そして、そのような理解が平成21年決定の表現とも整合しうるというのが、本稿の結論である。

刑事訴訟法学の課題と展望

川﨑英明

1　刑事訴訟法学に問われているもの

(1)　「新時代の刑事司法制度」と刑事訴訟法学

　法制審議会「新時代の刑事司法制度」特別部会（以下、特別部会という）は、2014年7月9日に、「法整備」の「要綱（骨子）」を含む最終とりまとめ（以下、「要綱」という）を採択し、同年9月18日には法制審議会総会でこの「要綱」が採択された。「要綱」採択に至る今回の刑事司法改革の直接のきっかけは、厚労省郵便不正利用事件（村木事件）無罪判決（大阪地判2010・9・10）と同事件に関わる大阪地検特捜検事の証拠改ざん事件であり、その教訓から、改革の眼目は取調べの録音・録画の制度化（以下、可視化という）と証拠開示制度の抜本的改革にあると目されていた[1]。

　特別部会に有識者委員として参加した村木厚子委員や周防正行委員らは、審議の過程で、全事件全過程可視化や全面証拠開示の制度化を強く主張していたが、「要綱」では、可視化はその対象事件を絞るなどして限定され、証拠開示も（制限付きの）検察官手持ち証拠一覧表開示等による現行制度の手

---

1) 今回の刑事司法改革の経緯と内容、その問題点につき、川﨑英明＝三島聡編『刑事司法改革とは何か』（現代人文社、2014年）参照。

直し的改革に止まった。村木委員や周防委員などの有識者委員の主張が部分的にしか取り入れられず、刑事司法改革が手直し的改革に止まったのは、特別部会の警察・検察関係委員・幹事や一部の学者委員が消極的態度を取ったことが大きかったと思う。弁護士委員・幹事や後藤昭委員（学者委員）は村木委員や周防委員らの有識者委員と同一歩調を取ったが、それにもかかわらずこれら有識者委員の主張が「要綱」に部分的にしか反映されなかったのも、そのためである。証拠開示制度について、第11回特別部会では、周防委員が全面証拠開示の主張を展開したのに対して、一部の学者委員が当事者主義の訴訟構造を根拠に持ち出して反対論を展開し、第15回特別部会でも全面証拠開示の必要性を主張する周防委員に相対して、公判前整理手続の枠内での証拠開示制度の手直しに止めるよう主張したのも一部の学者委員であった。村木氏は、後に特別部会の議論を振り返って、「特別部会の議論は……、内容は難しく、……専門家の方々とわれわれ市民の感覚とのギャップに驚くことも多かった」と述べている[2]が、特別部会の審議過程からみて、「市民の感覚とのギャップ」を抱える「専門家」として、警察・検察関係委員だけではなく、一部の学者委員も念頭に置かれていたであろう。そうした「専門家」との「ギャップ」を抱える「市民の感覚」を具体化した刑事司法改革構想は、2014年3月7日の第25回特別部会に提出された、全事件全過程可視化の段階的実施を提案する有識者5委員の「とりまとめに向けての意見」に見てとれる。その刑事司法改革構想に具体化された「市民の感覚」は理論的にも実践的にも十分な正当性と説得性を備えていた。そうだとすれば、一部の学者委員を含む専門家委員に求められていたのは、そのような市民的刑事司法改革構想に対して、法律論や制度論を楯に否定的態度を取るのではなく、法律や制度の壁をクリアできるような法律論や制度論を積極的に提示する姿勢だったのではないだろうか。この意味で、他ならぬ刑事訴訟法の専門家からも、特別部会における「有識者委員に対する法律専門家委員の姿勢・態度には、大きな疑問符がつく」[3]という批判がなされていることには、理由がある。

---

2) 村木厚子「法制審新時代の刑事司法制度特別部会の議論に参加して」法律時報86巻10号（2010年）10頁。
3) 白取祐司「法制審議会特別部会は課題に答えたか」法律時報86巻10号9頁。

ここで想起されるのは、1990年代後半に、国民各層から強い批判がなされた盗聴法（犯罪捜査のための通信傍受に関する法律）の制定をめぐる法制審議会刑事法部会の審議過程において学者委員が果たした役割である。この点で、小田中聰樹は、2001年の論文「現代治安政策と盗聴法」[4]の中で、盗聴法に関する刑事法部会の審議過程で（ごく一部の学者委員を除く）学者委員が批判的姿勢を示さなかったことについて、「刑事法が本質的に持つ人権侵害、社会抑圧の危険性、とりわけその拡大適用・濫用の危険性に十分配慮し、その危険性を極力ミニマムなものにするため学問的良心と学者委員の存在意義とを賭け全力を傾注すべきであり、いやしくも法務・検察当局の示す立法構想につき無批判的態度で臨むべきではない」と指摘していた。これは刑事立法について学者委員が権力迎合的姿勢を取ることに対する厳しい批判であった。刑事司法改革をめぐる今回の特別部会における審議において、上述のような「市民の感覚とのギャップ」が指摘された専門家委員の姿勢とは、被疑者・被告人の防御権強化を求める刑事司法改革要求に対する抵抗的阻害的姿勢であり、それは、かつて法務・検察当局に同調して「盗聴立法の正当性と必要性を擁護し論証しよう」とした一部の学者委員の「無批判的態度」と通底している。

　いうまでもなく、刑事訴訟法という法領域は、市民の権利・自由（防御権）と国家刑罰権（捜査・訴追権限）とが鋭く対立し、その故に前者がたやすく侵害の危険にさらされる法領域である。それだけに、刑事訴訟法学は、常に、「刑事訴訟法はだれのためにあるのか」という刑事訴訟法の本質論に対する姿勢を厳しく問いかけられる。この問いかけに対する明確な態度決定を欠けば、刑事訴訟法学はたやすく権力追随・迎合の学と化す危険があるわけである。戦後の刑事訴訟法学はこのような問いかけに正面から向き合い、自らの学の姿勢を見つめ直してきたのではないだろうか。それがどこまで徹底していたかについては、個別の刑事訴訟法学説によって異なるが、当事者主義論（あるいはデュー・プロセス論）の展開過程として把握される戦後刑事

---

4) 奥平康弘＝小田中聰樹監修『盗聴法の総合的研究』（日本評論社、2001年）21頁以下（後に小田中聰樹『刑事訴訟法の変動と憲法的思考』（日本評論社、2006年）所収）。

訴訟法学は、基本的にはそのような姿勢を維持していたと総括することができるのではないだろうか[5]。概括的に言えば、その当事者主義論とは、無辜の不処罰の理念の下に、被疑者・被告人の防御権強化を基軸として捜査・訴追機能抑制を志向する刑事訴訟法理論（思想）である。

このような観点から捉え直してみると、特別部会において「市民の感覚」の下に提起された上述のような市民的刑事司法改革構想は刑事訴訟法学における当事者主義論と整合的である。そうだとすれば、特別部会における刑事司法改革をめぐる議論の過程で専門家委員に投げかけられた「市民の感覚とのギャップ」という問いかけは、刑事訴訟法学のあり方、その姿勢をも問いかけるものであったと捉えるべきではないだろうか。考えてみれば、盗聴立法の審議過程で小田中が問いかけたのも刑事訴訟法学のあり方であり、その姿勢だったのであり、それからおよそ20年を経て「新時代の刑事司法制度」が構築されようとしている現在の時点で、刑事司法改革を真摯に求める市民の側から、刑事訴訟法学のあり方、姿勢が問いかけられている事態は深刻である。問いかけられているのは、「新時代の刑事司法制度」の構築にあたり改革の原点[6]を見失い、捜査・訴追権限の強化を支え、防御権強化に消極的阻害的態度を取るような刑事訴訟法学のあり方であり、その姿勢なのである。

(2)　刑事訴訟法における理論と実務

同様の問題状況は、刑事訴訟法における理論と実務という視点からみても、確認することができる。

かつて1970年代に、実務家から、刑事訴訟法の理論と実務との乖離が指摘され、とりわけ検察実務家からは刑事訴訟法学説に対して偏向批判がなされたことがある[7]。そのような学説批判が正鵠を射たものであったのかは疑問であるが、それにしても、最近は、そのような批判はほとんど聞かれなくな

5）拙稿「刑事訴訟法の半世紀と展望」村井敏邦＝川﨑英明＝白取祐司編『刑事司法改革と刑事訴訟法』（2007年、日本評論社）1頁以下参照。
6）川﨑＝三島編・前掲注1）参照。
7）伊藤栄樹「これからの刑事法学に望むこと」ジュリスト655号（1978年）292頁、河上和雄「実務家からみた日本の法学教育」ジュリスト700号（1979年）28頁など参照。なお、三井誠「刑事訴訟法における実務と学説」ジュリスト756号（1982年）100頁以下参照。

った。ここには、上述したような現在の刑事訴訟法学の状況が反映しているのかもしれない。この点について、後藤昭は、「学説の側に、実務ないし判例と正面衝突するよりも、運用を少しずつ良くするための提案をしようとする傾向が強くなっているためである」とし、その評価は留保しつつ、「学説が、良く言えば、柔軟になった、悪く言えば、妥協的になったといえる」と指摘している[8]。同様の認識を前提としての指摘なのであろうが、ロースクール制度の下で多くの刑事訴訟法研究者が法曹養成教育に直接に関わることで刑事訴訟法の理論と実務との関係に変化が生じていることを感じ取り、理論と実務とのあるべき緊張関係の模索が始まっていると指摘されてもいる[9]。最近の刑事訴訟法の理論と実務の関係の変化には、実務に対する学説の追随的な融合現象が見てとれるということかもしれない。問題は、最近の刑事訴訟法の理論と実務との関係をどのように認識・評価し、そのあるべき関係をどう考えるのかにある。

　この点で、酒巻匡は、刑事訴訟法の「理論」を「国家の刑罰権力の発現過程について、基本的人権確保と社会統制の両者を目標として」、「公権的最終判定を行う裁判所を統制・制御する言語技術」と規定し、そのような「実用法学」としての刑事訴訟法学は、刑事訴訟法の「基本的設計図」を構築する「構成原理や制度趣旨・政策目的に係る議論」としての刑事訴訟法の「理論」の「洗練」をめざすべきであり、訴訟制度の本質や法的性格を「無目的に追求する『理論』は、無意味」であると指摘している[10]。

　刑事訴訟法学が裁判実務に対する「統制・制御」をその守備領域とすべきことに異論はあるまい。問題はその「統制・制御」のあり方、すなわち、「統制・制御」の方向性にある。上述のように、刑事訴訟法は国家の刑罰権力（捜査・訴追機能）と市民の人権（被疑者・被告人の防御権）とが鋭く対峙する法領域であり、この刑事訴訟法の本質論を踏まえた人権論（憲法論）抜きには刑事訴訟法の「理論」は成り立ちえないはずである。それは、刑事訴

---

8) 後藤昭「刑事訴訟における学説と実務」法学教室280号（2004年）22頁。
9) 守屋克彦「刑事訴訟法における学説と実務」法学セミナー711号（2014年）70頁以下参照。なお、白取祐司『刑事訴訟法の理論と実務』（日本評論社、2012年）4頁以下参照。
10) 酒巻匡「刑事訴訟法理論の現代的意義」刑事訴訟法の争点（2013年）4頁以下参照。

訟法において人権論の視点を欠けば、刑事訴訟法の「理論」の学としての刑事訴訟法学は、刑事手続上の人権としての防御権を犠牲にして刑罰権力（捜査・訴追機能）の効率的行使を一面的に追求する権力の学に堕しかねないということである。その意味で、刑事訴訟法の「理論」とは「基本的人権確保と社会統制の両者を目標」とする「裁判所を統制・制御する言語技術」であり、「理論」の「洗練」こそが課題だといっても、「基本的人権確保」と「社会統制」の「両者」の要請が矛盾・衝突する場面が刑事訴訟法なのだから、そのような場面での「統制・制御」の方向が明らかにならない限り、「理論」の正当性やその「洗練」度を吟味する基準・根拠を欠いていることになる。ことはかつての法解釈論争の論点であった法解釈の正当性の問題にも関わる[11]が、ここでは、法解釈論争に学びつつ、刑事訴訟法学における解釈方法論の検討が必要である。というのも、「新時代の刑事司法制度」をめぐる審議過程で問いかけられた「市民の感覚とのギャップ」は、「基本的人権確保と社会統制の両者を目標」として「理論」の「洗練」を説く刑事訴訟法学の「改革」姿勢に対しても向けられていたからである。

　刑事訴訟法の分野ではないが、学説と裁判実務との関係に関する元最高裁判事の藤田宙靖の最近の論稿[12]にも、上述の酒巻の主張と通底するものが見てとれるように思われる。

　藤田は、「法解釈学説は、最高裁の判断形成にどのような意味を持ち得るのか」と問題設定し、「裁判官にとって最も重要なのは、『目の前に存在している具体的な紛争について最も適切な解決』を行う」ことであるから、「裁判官の判断形成に決定的な意味を持つのは、……法解釈学説でもなければ『判例』でもなく、……各裁判官の『良識』なのである」とする。そして、そうであるから、「法解釈学説」は「裁判実務に対して基本的に無力である」ところ、「最高裁の判断形成過程は、……15人の裁判官による『究極の良識』の形成を図る過程」であり、この「良識」は「法の言葉」で語られなければならないから、裁判官は「『究極の良識』を表現するために必要な共通言語

---

11) 渡辺洋三『法解釈学と法社会学』（1971年、岩波書店）、長谷川正安編『法学文献選集1法学の方法』（1972年、学陽書房）121頁以下など参照。
12) 藤田宙靖「法解釈学説と最高裁の判断形成」東北ローレビュー第1巻（2014年）1頁以下。

を弁える」こと、「この共通言語を使える」ことが必要である、とする。そうすると、「『法の言葉』において……・より優れた表現を、学者の言説の中に見出すことも可能であろうし、そこに自らの判断の支えを見出すこともまた可能な筈である」から、「学者は、……裁判実務における自らの立ち位置を十分弁えた上で、その言語表現能力を磨くべきであろう」と結論するのである。

「法解釈学説」は「裁判実務に対して基本的に無力である」というのが藤田の主張であるが、酒巻は、刑事訴訟法「理論」が裁判実務に対する「統制・制御」の役割を担うべきことを主張しており、「法解釈学説」が裁判実務に対して「無力」ではないことを前提としていると捉えられる点で、藤田の主張とは差異がある。しかし、法の本質論を踏まえた人権論（憲法論）に論及することなしに、「学者」は「共通言語」としての「法の言葉」の「表現能力を磨く」ことに専ら努力すべきだとする点において、藤田の主張には、刑事訴訟法学の課題を「言語技術」としての法の「理論」の「洗練」を説く酒巻の主張と通底するものがみてとれる。

しかし、少なくとも戦後の刑事訴訟法学は、弾劾的捜査観やデュー・プロセス論の提唱など憲法論の明確な視点から、捜査・訴追・裁判の実務を、その方向で「統制・制御」する役割を自覚的に担おうとしてきたのではないだろうか。1970年代の検察実務家の刑事訴訟法学に対する批判や反感はそうした刑事訴訟法学の姿勢に対する反発から生じたものだったのである。そうした刑事訴訟法学の明確な姿勢が理論（学説）と実務との関係の理解においても希薄化しているのが、現在の刑事訴訟法学の問題状況であるとすれば、そのような学の姿勢を問うことから出発しなければならない。

(3) 刑事訴訟法学のあり方

このように見てくると、刑事訴訟法学は、いま、その役割と存在意義をどう考え、実務との関係をどう認識・評価し、どう構築していくべきなのかが厳しく問いかけられているといえよう。この問いかけへの回答は、「刑事訴訟法はだれのためにあるのか」という、刑事訴訟法の存在意義に関する根本的問題に対する明確な態度決定の上で初めて可能となるであろう。「刑事訴

訟法理論の探求」という課題設定の下に刑事訴訟法の現代的論点に取り組もうとした編者らの本書企画の原点には、刑事訴訟法学のあり方に対する、このような問題意識があった。

翻って考えてみれば、刑事訴訟法はだれのためにあるのか、という問いかけは、日本国憲法の下で、戦後刑事訴訟法学が繰り返し直面した問いかけであった。実際、松尾浩也は、1975年の講演のテーマを端的に「刑事訴訟法はだれのためにあるのか」と設定し、現行刑事訴訟法を「不処罰主義」志向をも包含する「精密弾劾」型の刑事訴訟法と性格規定した上で、今後の刑事訴訟法のあり方として、「必罰主義」に親和的な「過度の『精密』さ」を警戒し、被疑者・被告人の権利保障と主体性を促進する「『弾劾』の要素の助長」に努めるべきことを主張した[13]。松尾の主張の是非は別として、現在の刑事訴訟法学は、このような問いかけを改めて自己設定し、その姿勢を明確にしなければならない状況にあるのではないだろうか。このことを、戦後刑事訴訟法学の軌跡を振り返る中で確認しておきたい。

2　戦後刑事訴訟法学の軌跡と刑事訴訟法学の課題

(1)　戦後刑事訴訟法学が目ざしたもの

上述したように、日本国憲法の下に出発した戦後刑事訴訟法学は当事者主義論の展開過程として捉えることができる[14]。当事者主義論の理論的体系化は1958年の平野龍一『刑事訴訟法』（有斐閣）によって果たされたといってよいが、その後、平野理論の上に田宮裕のデュー・プロセス論等の当事者主義論が展開された。そのような当事者主義論の基調は、無辜の不処罰の理念の下で、被疑者・被告人の主体性の確立と防御権保障とを基軸として捜査・訴追機能を抑制することにあった。その意味で、当事者主義論は、糺問的捜査に依存した調書裁判の克服を目ざす現状変革の理論であったといってよい。戦後刑事訴訟法学は、総じて、必罰主義の理念に立った捜査・訴追権限強化

---

13)　松尾浩也『刑事訴訟法講演集』（2004年、有斐閣）345頁以下所収。
14)　戦後刑事訴訟法学の問題状況とその展開過程の素描として、拙稿・前掲注5)　1頁以下参照。

の理論ではなく、無辜の不処罰の理念に立った防御権保障と捜査・訴追抑制の理論の構築を目ざしたのである。しかし、1985年の時点で、平野が刑事裁判の現状は「病的」で「異常」であり、将来は「絶望的」だと断じた[15]ように、現状変革の視点からみると、戦後刑事訴訟法学は糾問的捜査依存の調書裁判を克服できず、現状変革の課題を達成することはできなかった。

松尾浩也が、上述のように、将来の刑事訴訟法の基本構造を「精密弾劾型」の刑事訴訟法として描いたのも、糾問的捜査依存の調書裁判を支える「強靱」で「根本的修正を許さない」「精密司法の岩盤」の存在を認識してのことであった[16]。このような精密司法論に対して、その「憲法的思考の後退化傾向」を批判して、刑事司法の抜本的改革をめざす「憲法的思考」の復権を対置したのが小田中聰樹であった[17]。刑事司法の現状変革のあり方をめぐるこのような理論的対抗軸は、1990年代の刑事立法の活性化の中で一層明瞭となった。

1999年の盗聴法の制定に象徴されるように、1990年代に入って、組織犯罪対策の強化の必要性が標榜され、捜査・訴追権限強化を基軸とした刑事立法が活発化した。そのような状況に相応じるように、刑事訴訟法学からは、とりわけ組織犯罪に象徴されるような犯罪現象の現代化に対する刑事法的規制の必要性が主張され、その中で、田宮裕は、刑事訴訟法の課題を「犯罪闘争の現代化」と「当事者主義という名の近代化」という「二重の課題」として把握し[18]、あるいは、松尾浩也は、「人権保障の前進及び当事者主義の貫徹」の下での「犯罪対策の強化」をめざす「逆説的調和」論を提起した[19]。「犯罪闘争の現代化」ないし「犯罪対策の強化」とは、盗聴法で導入された通信

---

15) 平野龍一「現行刑事訴訟の診断」団藤重光博士古稀祝賀論文集第4巻（有斐閣、1985年）407頁以下参照。
16) 松尾浩也「刑事訴訟の日本的特色」（1994年）（同『刑事訴訟の理論』（有斐閣、2012年）297頁以下所収）参照。
17) 小田中聰樹「現代刑事訴訟法学における憲法的思考の後退と復権」（1999年）同『刑事訴訟法の変動と憲法的思考』（日本評論社、2006年）359頁以下参照。
18) 田宮裕「変革の中の刑事法」（1998年）（同『変革の中の刑事法』（有斐閣、2000年）所収）参照。
19) 松尾浩也「アメリカ刑事訴訟法のヨーロッパ大陸法に対する影響」（1996年）（同『刑事訴訟の理論』（有斐閣、2012年）357頁以下）参照。

盗聴や、「新時代の刑事司法制度」として実施されようとしている通信盗聴の拡大、刑事免責や捜査協力型協議・合意制度の導入等の捜査・訴追権限強化の逆行的改革（反改革）の推進を意味しているのに対し、「近代化」ないし「人権保障の前進及び当事者主義の貫徹」とは、当事者主義論が目ざしてきた糺問的捜査依存の調書裁判の変革を意味しており、（「新時代の刑事司法制度」に即して言えば）「要綱」が限定的に制度化した取調べの可視化や証拠開示制度の拡充（一覧表開示の制度化）等の刑事司法改革の推進を意味している。反改革の推進に結びつく「犯罪闘争の現代化」とか「犯罪対策の強化」ということを刑事訴訟法の改革課題に正面から掲げたところに、この「二重の課題」論や「逆説的調和」論の新しさがあり、またそこに、これらの主張における当事者主義論としての問題性（矛盾）があった。問題性（矛盾）と表現したのは、「二重の課題」論や「逆説的調和」論が、上述のような戦後刑事訴訟法学の基調に照らしてみたときに、果たして正統性を主張できる理論なのか、疑念が残るということである[20]。もっとも、そのような問題性を孕みつつも、「二重の課題」論や「逆説的調和」論は同時に「当事者主義という名の近代化」あるいは「人権保障の前進及び当事者主義の貫徹」の課題を掲げており、糺問的捜査依存の調書裁判の改革という戦後刑事訴訟法学が追求してきた課題が残されていることを十分に認識していたことに留意しておかなければならない。その点では、「二重の課題」論や「逆説的調和」論は、無辜の不処罰の理念に立った被疑者・被告人の防御権保障の理論として、戦後刑事訴訟法学の当事者主義論に包摂できる論理を内在させていたのである。問題は、そこに「犯罪闘争の現代化」や「犯罪対策の強化」の反改革の論理を織り込んでいるために、当事者主義論としての基軸が揺らぎ、空洞化する理論的危険性を孕んでいたことにある。小田中が指摘した「憲法的思考の後退化」傾向とは、この側面を捉えてのことであったと思う。いわば、「近代化」や「人権保障の前進」あるいは「当事者主義の貫徹」が反改革を推進する方便と化し、改革を限定する方向に作用することを懸念したわけである。そして、この懸念は「新時代の刑事司法制度」の「要綱」で現実

20）拙稿・前掲注5）20頁以下参照。

化した感がある[21]。「新時代の刑事司法制度」特別部会において市民的刑事司法改革構想に対して抵抗的阻害的姿勢を取った刑事訴訟法学の姿勢には、「二重の課題」論や「逆説的調和」論では保持されていた当事者主義論への志向がより一層希薄化しているようにみえる。その意味では、小田中の「憲法的思考の後退化傾向」という指摘は、現時点の刑事訴訟法学の一部の傾向に対する警告として一層妥当するのである。

(2) 刑事訴訟法の変貌と刑事訴訟法学の課題

現行刑事訴訟法は1949年に施行されたが、1990年代以降の相次ぐ刑訴法改正によって、その容貌を大きく変えた。1999年の通信傍受法（盗聴法）の制定、2000年の犯罪被害者保護のための刑訴法改正（犯罪被害者等の意見陳述、ビデオリンクによる証人尋問等の導入等）、2004年の裁判員裁判制度や公判前整理手続導入等の刑訴法改正、2007年の犯罪被害者の刑事手続参加制度の導入等の刑訴法改正がそれである。これに、「新時代の刑事司法制度」の「要綱」に基づき、被疑者取調べの限定的可視化、通信傍受（盗聴）の拡大と秘密処分化、刑事免責や捜査・公判協力型協議・合意制度等の制度化等の刑訴法改正が加わることになるわけである。いずれも刑訴法の部分改正ではあるが、1990年代以降に集積された多岐にわたる改正内容に照らすと、現行刑事訴訟法が質的に変貌しようとしているものと捉えることができる[22]。

たしかに、裁判員制度の導入とそれに伴う公判前整理手続における証拠開示制度の創設は、被告人の防御権を強化し、公判中心主義を促進する側面を持っていた。そして、この2004年改正では放置されていた被疑者取調べの規制について、今回の「要綱」に基づく刑訴法改正により、（一部事件に限定された）可視化が制度化され、証拠開示についても検察官保管証拠一覧表開示が制度化されることになっている。これらの改正は、現行刑訴法における糺

---

21) 拙稿「刑事司法改革の原点と『新時代の刑事司法制度』」川﨑＝三島編・前掲注1）3頁以下参照。
22) 新屋達之「『新時代の刑事手続』のめざす刑事手続像」（大宮ローレビュー10号（2014年）38頁以下）は、この変貌を「市民事件刑事手続法」から「組織犯罪事件刑事手続法」へのシフトあるいは「事後処理型刑事手続法」から「危機管理（ないし危機介入）型刑事手続法」へのシフトと捉えるべきことを提言している。

問的取調べ依存の調書裁判の変革につながる改革として評価できる側面であり、刑事弁護の実践の如何によっては被疑者・被告人の防御権を基軸とした捜査・訴追機能の抑制に向けた改革が進展する可能性もある。しかし、これらの改革方策も、事前全面証拠開示は排除し可視化も限定するという点では、微調整的な部分的改革であり、糾問的取調べ依存の調書裁判の抜本的改革に至ることは難しいであろう。むしろ、そのような限定的改革の反面、1999年の盗聴法以降の刑訴法改正の上に今回の「要綱」に基づく刑訴法改正が加わることで、通信傍受（盗聴）の大幅な拡大や秘密処分化、取引的制度（刑事免責や捜査公判協力型協議合意制度）の導入による捜査・訴追機関の裁量的な取調べ権限の拡大・強化、そして被害者の刑事手続参加権の強化とそれに伴なう被告人の防御権（証人対質権等）の制約による捜査・訴追機能の補完・強化が進行することが予測され、それは糾問的捜査依存の調書裁判を促進する逆行的な反改革を推進するものとなるだろう[23]。それは、必罰主義の思想に連動しており、戦後刑事訴訟法学の当事者主義論の志向とは逆向きの反改革である。

このようにみると、現代刑事訴訟法学は、戦後刑事訴訟法学が未完のままに残した糾問的捜査依存の調書裁判の克服を引き続く課題として承継しているのみならず、反改革の諸制度によって強化された糾問的捜査依存の調書裁判の克服という新たな課題を加えた「二重の改革課題」に直面しているというべきことになる。それは、1990年代以降の法改正の中で拡大強化されてきた捜査・訴追権限を統制・制御し、その秘密処分性と裁量性を排除するとともに、捜査・訴追過程の可視性と透明性を飛躍的に高めるという2つの法改革課題を包含している。このような課題の基軸に置くべきは無罪推定原則と無辜の不処罰の理念に基づく被疑者・被告人の防御権強化であり、被疑者・被告人の防御権保障を基軸として、刑事弁護の実践に依拠して糾問的捜査依存の調書裁判を抜本的に改革し、捜査・訴追過程の可視性と透明性を高めることでなければならない。それは戦後刑事訴訟法学における当事者主義論の思想と論理に他ならず、この当事者主義論を、刑事弁護を担い手として、憲

---

[23] 拙稿「改革か、反改革か」法学セミナー720号（2015年）1頁以下参照。

法的刑事訴訟法理論として人権論の骨太い筋の上に構築することが、現代刑事訴訟法学の理論的課題なのである。

3　「刑事訴訟法理論の探究」——その展望

　上述のように、小田中聰樹は、2006年の時点で、1990年代における刑事訴訟法学における「憲法的思考の混迷」状況を捉えて「憲法的思考の後退化傾向」を指摘し、憲法的刑事訴訟法理論の確立にこそ刑事訴訟法理論の進むべき道があると指摘した[24]。戦後刑事訴訟法学の展開過程と1990年代以降の法改正による刑事訴訟法の変貌を直視したとき、この問題提起は現在も通用力を持つ、正鵠を射た指摘であったと思う。私の理解によれば、刑事訴訟法における「憲法的思考」とは、憲法31条以下に表明された人権条項の思想的歴史的意義に立脚して、その人権条項を現実化すべく組み立てられた刑事訴訟法の理論を志向する。それは、理念的には無罪推定と無辜の不処罰を、理論的には被疑者・被告人の主体性と防御権の強化・確立を、機能的には捜査・訴追権限の抑制（その拡大強化や裁量性・秘密処分性の排除）を基軸とするものということができる。そのような理論であって初めて、糾問的捜査依存の調書裁判の現実を「統制・制御」して変革する理論たり得るのであり、抜本的改革を前進させ逆行的な反改革を止める刑事司法改革の理論たりうると考える。

　問題は現状変革と刑事司法改革の理論として、このような「憲法的思考」をいかに現実化させるのか、という点にある。戦後の刑事訴訟法の現実を振り返ってみると、1960年代には、通常手続における無罪率や令状請求却下率の上昇傾向がみられるとともに、別件逮捕勾留違法説や代用監獄例外説など下級審判例における違法捜査規制の顕著な動きと、最高裁判例における自白法則の活性化の兆しがみられた。しかし、1970年代に入って、司法反動を経て、逆に通常手続における無罪率や令状請求却下率は減少の一途をたどり、裁判例でも捜査・訴追利益偏重と防御権軽視の傾向が強まった。このことは、

---

[24]　小田中・前掲注17）393頁以下参照。

裁判所による刑事訴訟法の運用がもたらした事態であり、戦後刑事訴訟法学における当事者主義論は裁判所を担い手として設定していたが、そのような担い手論が現実的基盤を失ったことを意味していた。上述した平野龍一の「絶望」発言が1985年時点で登場した背景には、このような状況があった。田宮裕が、上述のように、刑事訴訟法学は「現代的」課題とともに当事者主義化という意味での「近代法原理の貫徹」という「二重の課題」を追求しなければならないと指摘したのも、このような事態の進行を直視してのことであったと思われる。しかし、刑事裁判の状況がいかに「絶望」的であろうとも、被疑者・被告人や弁護人は「絶望」して手をこまねいているわけにはいくまい。「絶望」的状況とは被疑者・被告人の防御権の形骸化・空洞化が進行しているという状況に他ならないから、防禦権の担い手としての刑事弁護は事態打開の責務を担わざるをえないのである。ことは、反改革を推進する「刑事司法改革」の動きに対しても同じであり、「新時代の刑事司法制度」を標榜する今回の「改革」における反改革の側面を刑事裁判実務に浸透させるのか、それともこれを阻止し、可視化等の改革の制度を拡充・強化した形で刑事裁判実務に浸透させ、刑事司法の抜本的改革への道筋を切り開いていくのかは、あげて刑事弁護の実践の如何にかかっている。この意味において、刑事司法の現状変革と抜本的な刑事司法改革の実現の課題が何よりも刑事弁護に課せられているとすれば、現代刑事訴訟法学の課題は、刑事弁護を担い手とする防御権論としての憲法的刑事訴訟法理論の構築にあるといわなければならない[25]。つまりは、「憲法的思考」に刑事弁護担い手論という主体的精神を吹き込んだ刑事訴訟法理論が、目ざすべき憲法的刑事訴訟法理論だということである。

　このような憲法的刑事訴訟法理論の構築はさしあたり、個別論点の各論的研究を積み上げることから始めるよりほかないであろう。本書は、これからの刑事訴訟法理論を、以上のような「憲法的思考」の上に構築しようという編者らの思いを受け止めた、若い研究者のチャレンジングな学問的営為の結

---

25) 以上の点につき、拙稿「刑事弁護と権利運動」井戸田侃先生古稀祝賀論文集『転換期の刑事法学』（現代人文社、1999年）184頁以下参照。

晶である。

　なお、本稿では、これまでの「慣例」と異なり、学説や文献等の引用に際して肩書きや敬称を付さなかった。学術論文では、そのような作法は無用とすべきではないかと考えたためである。御海容を賜りたいと思う。

【追記】校正段階で、本稿が取り上げた藤田論文に対して、その「究極の良識」論と「法学の存在意義」論を批判する小田中聰樹「裁判にとって法解釈学は無力か──『究極の良識』か『良心』か」（東北ローレビュー第2巻〈2015年〉89頁以下）に接した。ここで注目したいのは後者の論点（法学の存在意義）である。小田中は、この論稿の中で、「法学は……裁判あるいは裁判官にとって無力であり、法学者は『言語能力』を磨くべきである」という藤田の主張に相対して、「法学は、実定法の各条文に法の理念に統一的体系を付与し、その統一的体系から各条文の解釈に指針を与えるもの」であって、「その指針とは、市民の自由、平等、人権、平和、幸福、安全を護るための解釈の指針であり、このような指針を裁判官、検察官、弁護人、そして訴訟当事者や一般市民に提示することこそ法学（者）の任務であり、責任である」とする主張を対置している。すなわち、法学は裁判実務に対して決して無力な存在ではなく、その使命は市民の自由、平等、人権、平和等の「法の理念」で裁判実務を指導・慫慂し、方向付けることにある、というのが小田中の主張なのである。まさしく、憲法論・人権論に立脚した裁判実務の「統制・制御」に法学の役割が求められている。これを刑事訴訟法の分野に引きつけて、私なりに表現すれば、刑事訴訟法学（者）の「任務」と「責任」は刑事弁護を担い手とする防御権論としての憲法的刑事訴訟法理論の構築にある、ということになるように思われる。

［編著者］
川﨑英明（かわさき・ひであき）　関西学院大学教授
白取祐司（しらとり・ゆうじ）　神奈川大学教授

［執筆者］
斎藤　司（さいとう・つかさ）　龍谷大学准教授
緑　大輔（みどり・だいすけ）　一橋大学准教授
京　明（きょう・あきら）　関西学院大学准教授
内藤大海（ないとう・ひろみ）　熊本大学准教授
德永　光（とくなが・ひかる）　獨協大学教授
石田倫識（いしだ・とものぶ）　愛知学院大学准教授
高平奇恵（たかひら・きえ）　九州大学助教・弁護士
伊藤　睦（いとう・むつみ）　三重大学教授
関口和徳（せきぐち・かずのり）　愛媛大学准教授
笹倉香奈（ささくら・かな）　甲南大学准教授
中島洋樹（なかしま・ひろき）　関西大学教授
渕野貴生（ふちの・たかお）　立命館大学教授
豊崎七絵（とよさき・ななえ）　九州大学准教授

刑事訴訟法理論の探究

2015年5月30日　第1版第1刷発行

編著者	川﨑英明・白取祐司
発行者	串崎　浩
発行所	株式会社日本評論社

〒170-8474　東京都豊島区南大塚3-12-4
電話　03-3987-8621（販売）　-8592（編集）
FAX　03-3987-8590（販売）　-8596（編集）
振替　00100-3-16　http://www.nippyo.co.jp/

印刷所	精文堂印刷
製本所	牧製本印刷
装　幀	神田程史
検印省略	Ⓒ　H.Kawasaki, Y.Shiratori

ISBN 978-4-535-52112-4　Printed in Japan

JCOPY〈（社）出版者著作権管理機構　委託出版物〉
本書の無断複写は著作権法上での例外を除き禁じられています。複写される場合は、そのつど事前に、（社）出版者著作権管理機構（電話03-3513-6969、FAX03-3513-6979、e-mail: info@jcopy.or.jp）の許諾を得てください。また、本書を代行業者等の第三者に依頼してスキャニング等の行為によりデジタル化することは、個人の家庭内の利用であっても、一切認められておりません。

刑事裁判における心理学・心理鑑定の可能性

白取祐司／編著

刑事裁判における人的証拠に関する心理鑑定活用の重要性、必要性を刑事法と心理学の分野から検討、分析し、適正な事実認定の実現を提言する。

◆ISBN978-4-535-51924-4／A5判／本体5,700円＋税

プロブレム・メソッド 刑事訴訟法30講

後藤 昭・白取祐司／編

判例を参照しながら具体的事案の解決を考えるプロブレム・メソッドを基本とする教材。法科大学院等での双方向的授業に最適。

◆ISBN978-4-535-52058-5／A5判／本体3,400円＋税

刑事訴訟法の理論と実務

白取祐司／著

適正手続と人権の立場から学界をリードしてきた著者が、刑事訴訟法における実務、判例、立法の諸課題を、理論的かつ果断に論じ切る。

◆ISBN978-4-535-51899-5／A5判／本体5,800円＋税

日本評論社　　http://www.nippyo.co.jp/